水资源经济与可持续发展研究

A Research about Water Resource Economics and Sustainable Development

张国兴　何慧爽　郑书耀　著

科学出版社

北京

内 容 简 介

资源经济学是一门新兴学科,由于水资源的稀缺性,已成为资源经济学的重要研究对象。本书立足水资源经济与可持续发展,展示了作者水资源经济学的最新研究成果,全面阐释了水资源供求系统、水资源配置、水资源绩效评价、水资源安全等问题,提出我国水资源可持续发展的战略思路。本书内容共分九章,主要包括导论、水资源需求、水资源供给、水资源配置、水权水价与水资源市场、水资源绩效评价、水资源管理、水资源环境保护和水资源安全战略等内容。

本书可作为高等院校经济学专业高年级本科生、研究生的试用教材,或科研院所相近方向研究人员的参考用书,还可作为水资源管理系统在职人员培训的参考读本。

图书在版编目(CIP)数据

水资源经济与可持续发展研究/张国兴,何慧爽,郑书耀著 . —北京:科学出版社,2014

ISBN 978-7-03-042738-0

I.①水… Ⅱ.①张… ②何… ③郑… Ⅲ.①水资源-资源经济-可持续性发展-研究 Ⅳ.①F407.9

中国版本图书馆 CIP 数据核字(2014)第 288730 号

责任编辑:李 莉 / 责任校对:胡小洁
责任印制:霍 兵 / 封面设计:无极书装

科 学 出 版 社 出版
北京东黄城根北街 16 号
邮政编码:100717
http://www.sciencep.com

三河市骏走印刷有限公司 印刷
科学出版社发行 各地新华书店经销

*

2016 年 1 月第 一 版　　开本:720×1000 1/16
2016 年 1 月第一次印刷　　印张:14 1/2
字数:292 000

定价:72.00 元
(如有印装质量问题,我社负责调换)

前　　言

经济快速发展、人口持续增加给环境和有限的资源带来沉重的压力。目前水资源研究以工程技术类居多，而在政治学、经济学、管理学、法学等社会科学领域角度开展的研究较少，导致水资源开发利用综合协调机制欠缺。我国作为世界上资源贫乏的国家之一，许多水利工程年久失修，加之相关部门缺乏有效的管理，配套资金不到位，形成"重工程、轻管理、重开发、轻治理"的局面，不仅没有从根本上解决水资源短缺和水资源环境问题，甚至加剧了水资源危机和水环境恶化。解决水资源危机和水环境恶化的根本途径是树立一种开发、利用、保护和管理的理念，以实现水资源的可持续利用。要正确认识当前及未来水资源开发利用中的问题，准确把握社会经济和生态环境发展的问题，破解经济社会发展和水资源之间的矛盾，调整水资源管理策略，在不破坏水资源生态系统的基础上不断探索新方法，以达到在实现水资源系统社会福利最大化的同时确保水资源生态环境的完整性、均衡性和持久性，水资源经济与可持续发展研究就变得非常重要。

如果从 20 世纪 30 年代开始的水利项目的评价算起，水资源经济学的研究历史不到 100 年。在"开发时代"，水资源经济学的主要内容理所当然围绕水利工程展开。在"保护时代"，水资源保护的经济问题成为研究热点。从 20 世纪 90 年代开始了"多元冲突时代"，这一时代水的研究也是多元的，但与以前相比明显增加或强化了水资源管理、公众参与、水市场研究等内容。本书基于水资源经济学的基本分析理论和方法体系，立足水资源经济与可持续发展研究，综合运用宏观/计量/产业/资源经济学、水资源与水环境学、水资源综合规划和水资源综合配置等理论方法，运用数理统计、预测分析等分析方法，在充分认识水资源经济基本规律的基础上，从水资源经济所包含的水资源供求系统、水资源配置、水资源绩效评价、水权、水价、水资源安全等方面进行综合判断。本书内容共分九章，主要内容包括导论、水资源需求、水资源供给、水资源配置、水权水价与水资源市场、水资源绩效评价、水资源管理、水资源环境保护和水资源安全战略等。

本书由张国兴、何慧爽与郑书耀共同撰写，其中第 1 章、第 6 章、第 7 章由张国兴执笔，第 4 章、第 5 章、第 8 章、第 9 章由何慧爽执笔，第 2 章、第 3 章由郑书耀执笔，全书由张国兴统稿。在此，非常感谢何慧爽、郑书耀两位老师的通力合作。

　　本书系河南省高等学校哲学社会科学研究"三重"重大项目（专项）（项目编号：2014－SZZD－23）的阶段性成果。本书借鉴国内外水资源经济学学科的思想和经验，结合水资源领域的特点，进行水资源经济与可持续发展研究，希望为促进水资源经济学学科发展尽绵薄之力，书中难免存在不足之处，需要进一步地深化和完善，敬请读者批评和指正。

　　本书得到了河南省哲学社会科学规划办公室、河南省教育厅社会科学处和华北水利水电大学等单位的资金支持，在此深表感谢。还要感谢科学出版社李莉老师为本书的顺利出版所提供的大量无私帮助。

　　本书在写作过程中参考了大量相关文献，引用了国内外许多专家学者的理论、方法、学术观点和研究成果，已在参考文献中列出，若有遗漏敬请谅解。由于作者水平有限，在全书的内容组织和取材上难免存在有待商榷之处，热切期望广大读者不吝赐教。

　　谨以此书献给所有给予作者帮助的人！

作　者
2015 年 11 月

目　　录

第1章 导 论

1.1 资源与水资源

1.1.1 资源

1. 资源的含义

"资源"一词源自经济学科，是天然存在的自然物，它是作为生产实践的自然条件和物质基础提出来的，具有实体性。因此，人们对资源一词的认识尽管有些差异，但大体一致。《辞海》把资源概括为"资财的来源，一般是指天然的财源，不包括人类加工制造的原料，如土地资源、水力资源、生物资源和海洋资源等"。联合国有关组织在1970年出版的文献中指出：人在其自然环境中发现的各种成分，只要能以任何方式为人类提供福利的都属于自然资源；从广义上来说，自然资源包括全球范围内的一切要素，它既包括过去进化阶段中的无生命的物理成分，如矿物，又包括植物、动物、景观要素、地形、水、空气、土壤和化石资源。1972年联合国环境规划署（UNEP）指出：所谓自然资源是指在一定时间条件下，能够产生经济价值以提高人类当前和未来福利的自然环境因素的总称。

英国编撰的《不列颠百科全书》把自然资源定义为：人类可以利用的自然生成物，以及生成这些成分的环境功能。自然生成物包括土地、水、大气、岩石、矿物及其群体森林、草地、矿产和海洋等；环境功能则指太阳能、生态系统的环境机能、地球物理化学的循环机能等。阿兰·兰德尔（1986年）认为，资源是由人发现的有用途和有价值的物质。自然状态的或未加工过的资源可被输入生产过程，变成有价值的物质，或者可以直接进入消费过程，因给人们以舒适而产生价值。"资源"是一个动态的概念，没有被发现或发现了但不知其用途的物质不是资源，信息、技术和相对稀缺性的变化都能把以前没有价值的东西变成宝贵的资源。

我国学者李金昌等认为，自然资源是在一定的技术条件下，自然界中对人类有用的一切物质和能量。"资源"是为了满足人类的生活和生产需要而被利用的自然物质和能量，而由于经济条件的限制，现在还难以利用的自然物质和能量，称为"潜在资源"。封志明等认为，自然资源是在一定的社会经济条件下，能够产生生态价值或经济效益，以提高人类当前或可预见的未来生存质量的自然物质和自然能量的总和。

综上所述，尽管他们对自然资源理解的广度和深度各异，文字描述不同，但以下三点是相同的：①自然资源是自然的，来源于自然界，但又具有社会经济属性；②自然资源是有价值的，能给人类带来福利、舒适或价值，是生产要素；③自然资源是动态的，受社会经济技术发展水平的限制，不同时代和不同地点的资源种类、数量、质量等不同。

2. 资源的特点

资源既然是社会生产和人类生活不可缺少的基本源泉，就必须使资源的开发、利用、保护和管理建立在科学的基础之上。依据一切资源所具有的共同特征，大致可把资源概括为有限性、整体性、地域性和多用性等四个特点。

1）资源的有限性

有限性又称稀缺性，是资源最重要的特征。资源的有限性表现在两个方面：一是在总数量上的有限性；二是可替代资源的品种的有限性。美国学者梅多斯（1974 年）在《有限世界增长的动力》中指出，全世界的金银最多可开采 20 年，石油、汞、铜、铝可开采 40 年，天然气可开采 60 年，镍可开采 75 年，锡、钼可开采 90 年，锌、锰、铁、煤、铬可开采 100 年。目前看来这种估计显然是有误差的。随着科学技术和经济力量的不断发展，一些未被发现的资源将被发现，还有一些目前不具备开采利用价值的矿产也将被逐步开发利用。尽管煤、石油、天然气和水力、风力、潮汐、地热等资源都可用于发电，但可替代的投入类型是有限的。譬如作为人类生存必须具有的两种资源，即淡水和氧气，至今还没有找到可以替代它们的物质。

2）资源的整体性

各种自然资源之间是互相联系、相互制约的统一整体，在一定水热条件下，形成一定的土壤、植物群体及其相应的动物、微生物群体。如果其中某种因素（资源条件）改变了，就会引起其他组成因素（资源条件）的相应变化。各种资源在不同时间、空间条件下，是按不同的比例、不同的关系联系在一起的，形成不同的组合结构，并构成不同的生态系统，并且这些生态系统在一定条件下是可以相互转化的。因此，自然资源的整体性，决定着资源的开发、利用、保护和管理应具有全面的观念、实行综合利用，否则就不能收到更好的经济效益、社会效益和生态效益。

3）资源的地域性

资源不可能均匀地出现在任一空间范围，在地域分布上极不平衡，总是相对集中于某些区域，形成了各具特色的相对的地区性资源优势。我国自然资源在全国分布上是不平衡的，不论地面资源和地下资源都存在相对富集和相对贫乏的现象，农业生物资源由东到西，由南到北逐渐下降，水资源南多北少，能源资源南少北多。从世界范围来看，资源的分布也是不均匀的，波斯湾石油沉积盆地面积不过 $106km^2$，已探明石油蕴藏量约占世界总储量的 58%，有 77% 的铬，65% 的铂、钒，50% 的黄金集中在南非等国家或地区。由此可以看出，在经济发展的过程中要特别注意发挥地区性优势，对资源进行择优利用。

4) 资源的多用性

资源一般具有多种功能和用途，同一种资源可以作为不同生产过程的投入因素，不同的行业对同一种资源存在着投入需求，同行业的不同部门以及同一部门的不同经济单位，甚至同一经济单位的不同企业或同一企业的不同车间、班组或工序都会同时存在着对同一种资源（如电力）的需求。因此，资源也存在着多用性，如稀缺的土地资源，既可用于农业，也可用于工业、交通、旅游以及改善居民的生活环境等。

3. 我国资源管理体制中存在的问题

资源作为一种生产力要素，其作用主要表现在资源的原料作用和资源的环境作用两个方面。资源的原料作用是指资源作为社会生产的最初投入，与资本、劳力并称为生产三要素。资源的环境作用主要体现在资源是环境的重要构成要素，资源系统的优劣，对人类的生存环境起着重要的积极作用或是消极作用。因此，良好的资源系统，是经济持续发展的物质基础。目前我国资源的管理体制存在如下缺陷。

1) 资源定价不合理

在传统的经济和价值概念中，认为资源没有价值，或者认为没有劳动参与的东西没有价值，或者认为不能交易的东西没有价值，由此导致在现实生活中的原材料加工产品价格长期偏低，产生"产品高价、原料低价、资源无价"观念。正是这种资源无价的观念及其在理论、政策上的表现，导致资源的无偿占有、掠夺性开发和浪费使用，造成资源损毁、生态破坏和环境恶化，成为经济社会持续协调发展的制约因素。实际上，原料之所以价低，就是因为它的价格构成不完全，没有包括资源本身的价值在内。无论是生产价格定价法，还是市场价格定价法，原料即资源产品的价格，都只包括资源的开发成本与利润等项内容，没有包括资源本身的价值。这反映出我国目前资源价格体制上存在的紊乱现象，不利于资源的合理开发利用。

2) 资源的产权界定模糊

尽管我国在法律上规定资源归国家所有，但现行体制实际体现的是部门所有、地区所有，而且由于资源总需求大于总供给，造成资源分配无序，争抢纠纷不断，资源乱开滥采和浪费现象十分严重，资源形势不断恶化。这种现象产生的根源在于资源的产权界定不清，所有权和使用权相互混淆。谁是国有资源的人格化代表，谁代表资源所有者，没有明确的规定和完善的管理制度。对资源使用者的管理也极不完善，资源被长期无偿占有，对经营不善或破坏浪费资源严重的企业缺乏有效的制约机制。上述弊端导致在资源开发利用中，常常是以使用权的管理压所有权的管理，以使用权的利益挤所有权的利益，导致谁占用资源谁就垄断资源使用权，最终影响了资源的优化配置。

3）资源再生产产业链条不完整

所谓资源产业，就是通过社会加入进行保护、恢复、再生、更新、增殖和积累自然资源的生产事业。资源的再生产过程是自然再生产过程和社会再生产过程的结合，目前资源的再生、更新和增殖还只局限于自然再生产。在现代社会化大生产的情况下，人口激增不断加大对资源的压力，经济持续增长日益扩大对资源的需求，单纯依靠自然再生产来增加资源量已远远不能解决资源短缺的矛盾，必须强化其社会再生产。目前，由于我国对资源产业的社会再生产投入不足，资源的再生产大多仍依赖资源本身的自然再生产过程。因此，资源恢复和再生的速度远不及其耗损的速度，资源系统的承载能力已达到极限，所以，确立并发展资源产业链条是必然选择。

4）国民经济核算体系的不科学

目前未将资源的消长纳入国民经济核算体系，是资源管理中的又一问题。现行的国民经济核算体系只注重经济产值及其增长速度，忽视资源基础和环境条件的缺陷，是造成资源耗竭、环境恶化的重要根源之一。作为现行国民经济核算体系主要指标的国民生产总值（GNP）和国民生产净值（NNP），包括各部门生产的全部商品和服务的价值，考虑了固定资产折旧，但没有考虑资源的消长和环境质量的变化，完全忽视了越来越大的环境价值（包括有形的资源价值和无形的生态价值）。这种核算体系的缺陷对经济社会发展产生错误的导向作用，会造成经济发展的短视化和资源基础不断削弱的资源空心化。其结果可能是国家经济产值稳步上升，而国家矿产耗尽，林木伐光，沃土侵蚀，水源污染，环境污染等。

1.1.2　水资源

1. 水资源的含义

水资源是人类生产和生活不可缺少的自然资源，是自然资源中的重要一类。对水资源含义的准确理解是水资源经济研究的前提，也是针对水资源做经济学分析的重要基础。水资源是具有政治和经济意义的战略性资源，是国家综合国力的组成部分之一，随着社会的发展和研究的深入，不同部门、不同行业对水资源的定义也是多种多样。"水资源"一词最早出现于 1894 年美国地质调查局（USGS）水资源处（WRD）作为陆面地表水和地下水的总称。而水资源处的业务范围主要是地表河川径流和地下水的观测及其资料的整编和分析等，并未包括覆盖地球表面面积约为 71%、总量占全球水储量约为 96% 的海洋水。《不列颠百科全书》中"水资源"的定义是"自然界一切形态（液态、固态和气态）的水"。但在 1963 年英国国会通过的《水资源法》中，却定义水资源是"具有足够数量的可用水源"，即自然界中水的特定部分。1988 年，联合国教科文组织（UNESCO）和世界气象组织（WMO）定义水资源为"作为资源的水应当是可供利用或有可能被利用，具有足够数量和可用质量，并适合某地对水的需求而能长期供应的水源。"

我国开发利用水资源具有悠久的历史，形成了比较完整且具有中国特色的水利科学体系。秦代李冰于公元前 250 年左右，在四川灌县修建的都江堰水利工程，就是举世闻名的范例。因此，我国水利与水资源两词并行，具有一定的历史背景。随着时间的发展，西方的"水资源"也越来越具有"水利"的意义。《中国大百科全书》是国内最具有权威性的工具书之一，在"大气科学·海洋科学-水文科学"卷中把水资源定义为"地球表层可供人类利用的水"；在"水利"卷中把水资源定义为"自然界各种形态（气态、液态或固态）的天然水"。

综合而言，水资源应包含水量与水质两个方面，水资源是人类生产、生活及生命生存不可替代的自然资源和环境资源，是能够被人类开发利用并给人类带来福利、舒适或价值的各种形态的天然水体，是在一定的经济技术条件下能够为社会直接利用或待利用，参与自然界水分循环，影响国民经济的淡水。从人类社会发展的过程看，不同时代和不同地点的水资源的范围、种类、数量、质量等不同。广义上，地球上一切形态的水都有可能被人类利用；狭义上，在现有社会经济技术水平的限制下，水资源主要是指赋存于地球陆地的淡水水体。所以，本书所讨论的水资源是研究层面的，主要限于地球上有限的可利用的淡水资源。

2. 水资源特征

水是生命之源，是一切生命生存和发展的物质基础，是物质循环与能力交换的介质。作为不可替代的自然资源，水在自然演化、社会进步、经济发展的过程中，表现出一系列自然特征，以及社会特征和经济特征。

1）水资源的自然特征

水是自然环境中最活跃的要素，它是一种动态的资源。水资源的自然属性是指水资源在流域水循环过程中、在没有人类活动干扰的情况下的形成机理及其演化规律。

（1）流动性。水资源（特别是流域地表水资源）具有很强的流动性，这是水资源的最普遍特性。水的物质形态在常温下是一种流体，总是从能量高的地方向能量低的地方流动。受地心引力的作用，水从高处向低处流动，由此形成河川径流。河川径流是大气水循环的重要环节。这一特点，为人类开发利用提供了方便，也为水资源管理增加了困难。因此，对它的开发利用要采用工程技术手段进行拦蓄和控制。

（2）循环性。水资源与其他矿产资源的不同之处在于其在循环过程中不断地恢复和更新。水循环过程是无限的，同时，水循环受太阳辐射等条件的制约，每年更新的水量又是有限的，而且自然界中各种水体的循环周期不同，在定量估计水资源时，随统计时段的不同，水资源的恢复量也不同，这反映出水资源有动态资源的特点。

（3）有限性。水资源处在不断的消耗和补充过程中，在某种意义上，水资源具有"取之不尽"的特点，恢复性强。虽然地球上的水资源总量十分巨大，但是其中的绝大部分人类无法直接利用。从水量动态平衡的观点来看，某一期间的水量消耗量接近于该期间的水量补给量，否则将破坏水平衡，造成一系列环境问题。可见，水循环过程是无限的，水资源的储量是有限的，并非取之不尽、用之不竭。

（4）关联性。水资源是生态环境的基本要素，是生态环境系统结构与功能的组成部分。水以其存在形态与系统内部各要素之间发生着有机联系，构成生态系统的形态结构。另外，由于水资源是母体资源，水对自然和社会的存在与发展，比其他可替代资源显得更为重要和珍贵，水资源状况的重大改变，如形态、数量、质量、水事活动等变化将引起自然和人类行为的相应变化，具有极强的关联性。

（5）随机性。水资源分布存在明显的时空不均匀性，且差异很大。自然界中可更新的水资源主要来源于大气降水和融雪水，虽然地球上每年的降水基本上是一个常量，但由于受气象水文要素影响，大气降水和融雪水在时间上、空间上存在着随机性，水资源的产生、运动和形态转化在时间和空间上呈现出随机特性。

（6）多态性。水可呈现为多个相态，包括液态、固态和气态的水。水量转化意味着水的相变，包括液态、固态水的汽化，水汽凝结降水等反复过程。降水在地球表面形成的地表水、土壤水、地下水的聚集，也可因热力场条件不同，而呈液态与固态形式。

2）水资源的社会特征

水是生命中不可缺少的要素之一。水资源作为一种原始的公共物品，所有权为国家所有，具有一定的垄断性。因此，水资源的社会属性关系到经济社会的发展、安定与和谐。

（1）利害关系的可转变性。水是重要的资源，又是自然资源的重要组成部分，是环境生命的血液，它兼有资源与环境的双重性，水过多过量会带来水灾、洪灾、涝灾，过少会出现旱灾，水若被污染，不仅损坏了环境，也失去了资源作用。

（2）用途的不可替代性。水资源对社会经济有多种用途，在人类生活、维持生态系统完整性和物种的多样性中所起的作用是其他资源无法替代的。所以，水资源是一种战略性物资。

（3）开发方式的多样性。为了满足需求，人类对同一水体可以从不同的角度进行开发利用，从中获得更大的社会、经济和生态环境效益，同时也可能产生一定的负面影响。如在河道上建坝，要改变地表和地下径流的天然状态（流量、流速、水位等），产生淹没和浸没，进而影响土地利用、生态环境和产业布局与结构。这些影响，有的是短期的，有的是永久的，有的可能是不可逆转的。尤其是水利水电工程规划设计不当时，产生的不利影响将是十分广泛、深刻和持久的。

（4）社会成员的共享性。水资源不仅仅是一种简单的经济商品，它是整个人类社会的共同财富，国际社会认为获得水的权利是人的一项基本权利，国际水与环境会议宣称，"重要的是首先承认以能够付得起的价格获得清洁的水和卫生条件是每个人的基本权利"。但文化、宗教等非经济因素对于水资源管理制度的选择发挥着异常大的作用。

3）水资源的经济特征

水资源是社会经济发展的基础性资源，是社会可持续发展的重要支撑。水资源的经济特征是由其自然特征所决定的，主要表现为水资源的稀缺性、区域性、准公共物品性、外部性等。

（1）稀缺性。资源稀缺性是经济学的基础。在过去，相对人们的需求而言，其水资源供给是充足的，不存在稀缺，但随着人口的增加和工农业的发展，人们对水的需求不断增加，终于导致20世纪70年代以来的水资源危机，水资源也渐渐地向商品化转变。目前世界水资源的特点是总量多，能利用的少，特别是淡水资源，具有稀缺性。

（2）区域性。水资源受区域自然条件的限制，在供给上呈现明显的区域性。水资源只能在当地开发，在输水工程覆盖范围内使用和消耗，水市场具有明显的区域性，致使区域内只有一家或几家水企业或生产者从事水资源开发利用和供水，易形成垄断，不存在市场竞争。

（3）准公共物品性。水资源具有生活资料和生产资料的双重属性，既有公共物品的特点，又有私人商品的特性，是一种准公共物品，具有"混合商品"的特征，具有公共性和非公共性。由于在水资源活动中各种目标或用途混杂在一起，造成不同目标之间不同的公共程度。

（4）外部性。外部性是指一种经济行为直接影响他人时，却没有给予相应的支付或得到补偿。水资源的自然特点是水资源经济外部性产生的根源。水的流动性、有限性等特点决定了水会对与之相联系的任何事物相应产生影响。由于水资源具有公共物品性质，决定了水资源使用过程中普遍存在外部性。因此，在某个流域中，上游的用水者使用后回到河流中的水的水质、水量等对下游用水者都有很大的影响。

4）水资源的生态环境特征

水资源是生态系统的控制性要素，是维系生物繁衍和生存的不可缺少要素，也是维系生态环境稳定的基础性资源。水资源生态属性主要体现在水资源条件对生态环境系统演变的控制和影响上，包括人工生态系统和天然生态系统，它是保持生物多样化、维护生态平衡的基本保障，给一切生命物质提供适宜的生存条件和发展环境的基础。此外，水资源具有稀释、降解污染物、吸附污沉、净化空气、美化环境和景观的作用。

3. 世界水资源概况

所谓的水圈是由地球地壳表层、表面和围绕地球的大气层中液态、气态和固态的水组成的圈层，它是地球"四圈"（岩石圈、水圈、大气圈和生物圈）中最活跃的圈层之一。在水圈内，大部分水以液态形式存在，如海洋、地下水、地表水（湖泊、河流）和一切动植物体内存在的生物水等，少部分以水汽形式存在于大气中形成大气水，还有一部分以冰雪等固态形式存在于地球的南北极和陆地的高山上。地球上的水量是极其丰富的，但是绝大部分人类无法直接利用。目前，世界水资源的发展中主要存在淡水资源短缺与污染严重等问题。

1）全球淡水资源短缺

继 1972 年联合国第一次人类环境会议发出"水将导致严重的社会危机"以来，水资源问题不仅没有得到根本解决，而且越来越严重。为此，1994 年，在近 80 个国家的环境部长出席的首次国际饮用水和环境会议上，UNEP 主任伊丽莎白·多德斯韦尔呼吁世界各国采取一致的行动，像解决臭氧层问题那样，认真解决水资源危机问题。1997 年 6 月，在纽约召开的联合国第二次全球环境首脑会议首次提出水资源的问题，并提出警告：地区性的水危机可能预示着全球性危机的到来。最近，受联合国粮农组织、环境署、开发计划署、教科文组织和世界银行资助的"世界水委员会"成立了"21 世纪水世界委员会"，其主要工作就是指导制定 21 世纪水、生命和环境的长期构想，站在人类未来的高度，满足未来对水的需求和保证水资源的可持续利用。

　　1996 年 5 月，在纽约召开的"第三届自然资源委员会"上，联合国开发支持和管理服务部（United Nations Department Development Support and Management）对 153 个国家和地区（占世界人口的 98.93%）的水资源，采用人均占有水资源量、人均国民经济总产值、人均取（用）水量等指标进行综合分析，将世界各国分为四类，即水资源丰富国（包括吉布提等 100 多个国家）、水资源脆弱国（包括美国等 17 个国家）、水资源紧缺国（包括摩洛哥等 17 个国家）、水资源贫乏国（包括阿尔及利亚等 19 个国家）。按此种评价法目前世界上有 53 个国家和地区（占全球陆地面积的 60%）缺水。其中包括：西班牙、意大利南部、达尔马提尼亚沿岸、希腊、土耳其、伊朗大部分地区、巴基斯坦、印度西部、日本、朝鲜、澳大利亚、新西兰的西部地区和南部地带、西北非和西南非沿岸、巴拿马、墨西哥北部、智利中部和美国西南部、中国。由此可见，世界水资源的供需平衡并不乐观。据统计，1940 年全世界总用水量为 8200 亿 m³，到 1970 年增加到 26 000 亿 m³。用水量的迅速增加使水危机在世界许多国家产生。进入 20 世纪 80 年代，世界上有 43 个国家用水告急，就连雨量丰沛的日本，也出现了水荒。早在 1973 年，日本全国就有 7 个地区缺水，每天供水时间只有 5～10h，部分工厂停水，居民排队等水的现象随处可见。1972 年日本政府就已把每年 8 月 1 日作为全国水日，8 月 1 日开始的一周为全国水周。而水荒最严重的地区是非洲、南亚、中东和拉丁美洲等欠发达国家，人畜用水和灌溉用水非常紧张。至 20 世纪 90 年代末，在发展中国家还有 20 亿人得不到廉价的符合卫生标准的水。

　　目前的趋势和预测已经表明，水危机将成为几乎所有干旱和半干旱国家普遍存在的问题，联合国发表的"世界水资源综合评估报告"预测结果表明，到 2025 年，全世界人口将增加至 83 亿人，生活在水资源紧张和经常缺水国家的人数，将从 1990 年的 3 亿人增加到 2025 年的 30 亿人，后者为前者的 10 倍，第三世界国家的城市面积也将大幅度增加，除非更有效地利用淡水资源、控制对江河湖泊的污染，更有效地利用净化后的水，否则，全世界将有 1/3 的人口遭受中高度到高度缺水的压力。

　　1998 年 3 月 19 日至 21 日，84 个国家的部长级代表团和许多非政府组织汇集法国巴黎，认真探讨了水资源与可持续发展的关系。会议指出，对水资源消耗的不断增加已经与可利用的水资源储量不相符。世界水资源研究所认为，全世界有 26 个国家的 2.32 亿人口已经面临缺水的威胁，另有 4 亿人口用水的速度超过了水资源更新的速度，世界上有约 1/5 的人口得不到符合卫生标准的淡水。世界银行认为，80 多个国家在供应清洁水方面有困难。其他研究单位的报告也并不乐观，预计在二三十年内，淡水拥有量不足的人口数将达 15 亿人。由于受气候和地理条件的影响，北非和中东很多国家（如埃及、沙特阿拉伯等）降水量少、蒸发量大，因此径流量很小，人均及单位面积土地的淡水占有量都极少，相反，冰岛、厄瓜多尔、印度尼西亚等国，以每公顷土地计的径流量比贫水国高出 1000 倍以上。

2）世界水资源污染严重

在美国和西欧等一些发达国家和地区的某些河流的污染现象很严重，如美国的尼亚加拉河、德国的易北河、欧洲莱茵河的某些河段、俄罗斯的拉多加湖等。此外，在发达国家中的一些河流还经常发生重大的水污染事故。例如，1971 年发生的阿尔代什河的氰化物污染；1973 年由于油船事故有 3600m³ 的碳氢化合物污染了密西西比河；1975 年塞纳河的六价铬的污染；1976 年罗纳河的丙烯醛污染；1977 年 2 月，70t 四氯化碳污染了辛辛那提区内俄亥俄河 22.4 km 的河段；1977 年 3 月，六氯代苯污染了俄亥俄河长达 5920km 的河道；1977 年新墨西哥州的一座铀矿向埃尔科河排放了 45m³ 放射性污水，造成自来水停产，地下水被污染；1979 年依那尔河发生除虫菊酯污染；1987 年瑞士某仓库火灾，将农药、溶剂和汞冲入莱茵河，造成数百万条鱼被毒死，并威胁着德国和荷兰的饮用水，使水质本已明显改善的莱茵河，重又处于严重污染状况。

由于没有基本的卫生设施，不发达国家的城镇居民不仅面临传染病和流行病的威胁，而且水污染给居民健康带来的危害极大。在邻近河川、湖泊及沿海的许多城市居民中，往往传播着几种严重的以水为媒体的传染病，如痢疾、伤寒、霍乱和肝炎等。这类疾病的死亡人数占这些国家死亡人员总数的 40%，此类疾病的人数占被传染国家各类疾病总发病人数的 60%。

一项新的地区淡水资源的全球评价结果表明：目前世界人口中有 1/4 得不到安全的供水，近一半人口缺少适当的卫生用水设施，而这些人绝大部分生活在发展中国家。许多人由于缺乏安全的供水患上疾病而死亡。全球的水质仍在继续恶化，使生态系统遭受破坏。从 1977 年阿根廷马德普拉塔召开的联合国水会议以来，联合国有关机构组织了大量专家研究水的问题，召开了多次关于水与环境、水与发展的国际会议，向国际科学界、世界水资源管理者和决策者提出了建议，旨在实现可持续发展的目标和对付迫在眉睫的水资源危机。尤其是 1992 年 6 月在巴西里约热内卢召开的联合国环境与发展大会上，大家关注的热点就是包括水环境在内的环境和水资源问题。面对世界性水危机，联合国教科文组织和世界气象组织于 1999 年 2 月共同在日内瓦召开全球水文大会，再次动员世界各国为解决日趋严重的水资源危机而积极行动起来，加强各国之间的合作，以寻求解决或缓解越来越严重的全球性水资源危机的有效途径。

4. 中国水资源概况

1）中国水资源情况

从水利部水资源公告所公布的数据分析来看，目前我国水资源供求矛盾比较突出，部分地区缺水严重，国民经济布局与水资源分布不相适应，制约着国民经济的发展。由于水源不足，农田供水不能完全满足农作物需求，有的灌区只能做到不充分灌溉。城乡用水分配上的矛盾，日益突出。水资源利用效率低，浪费严重，缺水与水的浪费现象并存。我国灌溉水利用系数平均较发达国家有较大差距。工业用水平均重复利用率也远远小于发达国家，虽然节水潜力很大，但是生活用水浪费比较普遍，跑冒滴漏和"长流水"现象普遍存在。过度开发利用水资源已成严重的环境问题。从 20 世纪 70 年代起，黄河下游开始断流，90 年代以来，断流日期越来越提前，断流时间越来越长，断流河段越来越向上延伸。1999年以来，由于加强了管理，发挥了小浪底水利枢纽调蓄作用，断流情况好转。内陆河流域因过量利用径流，使下游河湖萎缩、干涸，荒漠化加剧。内河水运通航里程受水资源量短缺影响，有萎缩趋势。华北平原和辽河平原地下水过量开采，地下水位大幅度降低并形成大范围漏斗，产生了一系列的水环境问题。水体污染使宝贵的水资源失去使用价值，造成污染型缺水。许多地方将未处理达标的废污水直接用于灌溉，使农产品也遭受污染。需要指出的是，由于水资源开发利用中存在着众多的利益关系，在各地统计水资源的相关数据以及对水资源现状进行的评价中，或多或少存在着管理的漏洞，致使数据出现误差。事实上，现实存在的水资源问题要比通过水资源公报所披露的信息更严重。

2）中国水资源的特点

充分认识到中国水资源的特点，有效地加以调控，可以促进水资源与环境、经济的协调发展，也是解决 21 世纪中国水问题的关键。基于中国受所处地理位置、气候、降水等自然条件的影响，水资源具有以下特点。

（1）水资源总量丰富，人均偏少。世界各国都将河川径流量作为动态水资源，近似地代表水资源总量。与世界各国河川径流量比较，中国河川径流量约占全球河川径流量的 5.8%。平均径流深度为 284mm，为世界平均值的 90%，低于印度尼西亚、日本、巴西、印度、美国和加拿大，居第 7 位。因此，从水资源总量来看，还是比较丰富的。但是我国以占世界陆地面积 7% 的土地养育着占世界总人口 22% 的人口，如果按 2000 年人口统计，我国人均水资源量为 2171m^3，只相当于世界人均水量的 1/4，预测到 2050 年我国人口增至 16 亿人，人均水资源量将降到 1760m^3。按国际上一般承认的标准，人均水资源量少于 1700m^3 的为用水紧张国家。因此，我国未来水资源利用的形势是严峻的。

(2) 水资源分布极不平衡。中国水资源的地区分布很不均匀，北方水资源贫乏，南方水资源较丰富，南北相差悬殊。水资源地区分布不均匀的特点，是我国北方和西北许多地区出现资源型缺水的根本原因，水资源年际变化大，年内分配不均，则是我国半干旱、半湿润地区甚至南方多水地区经常发生季节性缺水的原因，也是导致我国大部分地区水资源短缺问题的重要因素之一。由于受季风气候影响，我国各地降水主要发生在夏季。雨热同期是我国农业发展的一个有利条件，在发展灌溉农业的同时，还有条件发展旱地农业。但由于降水季节过分集中，大部分地区每年汛期连续 4 个月的降水量占全年的 60%～80%，不但容易形成春旱夏涝，而且水资源量中大约有 2/3 是洪水径流量，形成江河的汛期洪水和非汛期的枯水。而降水量的年际剧烈变化更造成江河的特大洪水和严重枯水，甚至发生连续洪水年和连续枯水年。

(3) 水资源与生态环境需求不匹配。中国国土辽阔，降水和蒸发在不同地域变化较大，生态环境空间特征差异明显，单位面积水资源产水量严重不平衡。全国单位面积产水量平均为 29.3 万 m³，但 15 个省级行政区低于平均值，且集中在干旱、半干旱的北方地区。这些地区生态环境建设和保护对水资源的需求较大，而这些地区水资源又相对不足。此外，中国降雨集中在夏秋季节，易形成洪水灾害，而枯水期和枯水年又易形成干旱灾害。这种水资源时空分布易对生态环境产生不利影响。

(4) 江河含沙量高。我国河川径流矿化度分布与降水分布相反，由东南向西北递增。西北大部分河流矿化度在 300mg/L 左右，东南湿润带最小，在 50mg/L 以下。我国水流的总硬度分布与矿化度分布相同，淮河、秦岭以南硬度普遍小于 3，以北大部分地区总硬度为 3～6，高原盆地水流的总硬度超过 9。我国河流年总离子径流量为 4.19 亿 t，相当于每平方公里面积上流失盐类 43.6t。我国西部地区是长江、黄河、珠江和众多国际河流的发源地，地形高差大，又有大面积的黄土高原和岩溶山地，自然因素加上长期的人为破坏，使很多地区水土流失严重，对当地的土地资源和生态环境造成严重危害，也使许多江河挟带大量泥沙，黄河的高含沙量更是世界之最。我国每年被河流输送的泥沙约 34 亿 t。其中外流直接入海的泥沙约 18.3 亿 t，外流出境泥沙约 2.5 亿 t，内陆诸河输沙量 1.8 亿 t。总的来说，我国诸河含沙量较大，尤其以北方河流最为突出。

3) 中国水资源开发利用中存在的问题

新中国成立 50 多年来，我国水利事业取得了举世瞩目的成就。但是由于种种原因，伴随全国经济的高速发展，水资源在开发利用中也出现了一些新的矛盾。概括起来，主要包括以下几个方面。

(1) 防洪安全缺乏保障。我国江河的防洪工程系统大多还没有达到已经审批的规划标准。长江荆江河段和黄河主要堤防在三峡和小浪底水利枢纽及相应的配套工程完成后，可以达到防御百年一遇洪水的标准；淮河、海河、辽河、松花江、珠江等江河，除少数重点城市外，大部分堤防都还只能防御 20 年一遇的常遇洪水。一些大江大河的堤防工程普遍存在堤顶高程不足、堤身断面单薄、堤基渗漏严重等问题，致使洪水泛滥期间有的堤段临时抢修子堤挡水，不少堤段产生管涌等渗透变形（破坏），甚至发生溃堤等事故。据 1999 年水利部组织编制的《全国病险水库、水闸除险加固专项规划》统计，目前全国三类坝病险大型水库 143 座，占大型水库总量的 42%；中型 1092 座，占中型水库总量的 41%；小型 29 146 座，占小型水库总量的 36%。尚有 40% 的重点堤防未能达标，80% 的灌区未能配套，绝大部分蓄滞洪区安全建设尚未完成。崩岸是我国大江大河两岸的主要灾害之一，1998 年在长江、嫩江、松花江发生全流域洪水的情况下，崩岸险情就高达 500 多处，不仅使两岸大片土地流失，而且还造成堤防开裂，严重危及防洪大堤的安全，同时破坏了河床的稳定。我国已建各类水库大坝 86 000 余座，其中绝大多数都是在 20 世纪 70 年代以前建造的，已经运行 40 多年，随着运行期的增长，建筑物不可避免地会出现老化和损伤，形成病险或隐患。据初步统计，目前我国病险水库占总数的 40% 左右。

（2）资源紧缺与浪费并存。目前，我国干旱缺水的地区涉及 20 多个省份（其中 18 个省份接近或处于严重缺水边缘，有 10 个省份在最低的要求线以下），占我国陆地面积的 52%，其耕地面积占全国的 64%，人口占全国的 45%。当前我国农业正常用水缺少 300 多亿 m^3，受旱面积达 3 亿～4 亿亩，我国每年因旱灾减产粮食达几百亿千克。在全国 600 多座建制市中，有近 400 座城市缺水，其中缺水严重的城市达 130 多个，全国城市每年缺水 60 亿 m^3，日缺水量已超过 1600 万 m^3。缺水已成为制约我国社会经济进一步发展和人民生活不断改善的重要因素。据分析估计，全国如果按目前的正常需要，同时不超采地下水，那么缺水总量约为 300 亿～400 亿 m^3。与此同时，用水效率不高、用水严重浪费的现象也普遍存在，我国的用水总量和美国相当，但 GNP 仅为美国的 1 / 8。这主要是农业用水量大、周期长以及工业工艺水平低、水的重复利用率低和单位产品的耗水量高等原因导致水资源的巨大浪费。

（3）水质污染严重。水资源是水资源数量与质量的高度统一，在特定的区域内，可用水资源的多少并不完全取决于水资源数量，还取决于水资源质量。水利部门于 2000 年对全国约 700 条大中河流近 10 万 km 河长检测的结果表明：我国现有河流近 1/2 的河段受到污染，1/10 的河长污染严重，水已失去使用价值，这使前述缺水状况雪上加霜。由于污染严重，目前，淮河上游一半支流的河水完全失去利用价值，干流在枯水期完全不能利用的水占 62.5%。淮河流域自 1979

年以来，共发生水污染事故 160 多起，其中特大水污染事故有 6 起，使淮河上游
一半支流的河水完全丧失了利用价值。水资源占全国总量 12% 的珠江也出现缺
水，不少河道发黑发臭；广州市区河段水质已劣于五类标准，江水中含有毒物质
超过了 20 种，为此广州市被迫花巨资改向几十公里以外的西江和东江去取水。
进入 20 世纪 90 年代，长江流域的污水排放量与日俱增，年均 142 亿 m³，占全
国年均排污总量的 40%，上海市的取水口已由昔日的黄浦江伸向了长江干流中
心。海河流域是全国七大江河水资源最匮乏和水污染最严重的地区，除引滦专线
未受到严重污染外，河系中完全不能利用的河长达 1821km。据水利部组织的全
国六大流域的入河排污口抽样调查推算：目前全国年排放污水量已达 560 亿～
600 亿 t，其中 80% 以上的污水未经处理直接排入水域，90% 以上的城市水域污
染严重，对居民生活用水和当地经济发展带来严重影响。

　　（4）水资源开采过度，环境问题严重。由于缺乏统筹规划，水资源和土地资
源都有过度开发的现象。全国水资源的开发利用率在 1997 年为 19.9%，不算很
高，但地区间很不平衡，北方黄河、淮河、海河流域的开发利用率都超过 50%，
其中海河流域的开发利用率已近 90%。有些内陆河流域的开发利用率超过了
40% 这一国际公认的合理限度。水资源的过度开发利用导致河川断流，湖泊干
涸，连中华民族的摇篮——黄河，近年来每到灌溉季节也要断流，且断流时间不
断提前，不断延长，黄河首次断流是在 1972 年，在 1972～1997 年的 26 年中有
19 年出现断流，断流次数、历时、河长不断增加。地表水不足就向地下索取，
使得许多地区地下水处于超采状态，华北平原地下水累计超采量超过 300 亿 m³，
北京的西部、河北的石家庄，地下水几近干涸，更严重的是深层地下水水位迅速
下降，由十几米、几十米甚至达上百米，随之而来的是地面下沉，带来一系列经
济、环境问题。

　　（5）人口增加、经济增长，水资源供求矛盾突出。经济和社会的高速发展，
对水资源提出了更高的需求。人口增长，城市化进程加快，生活用水大幅度增
加。预计 2050 年我国人口达到高峰，接近 16 亿人，城市化水平达到 40%，生活
用水比例将进一步提高，预测届时生活用水定额为：城镇 218L/（人·d），农村
114 L/（人·d），城乡生活用水量约 1000 亿 m³ 左右。产业结构调整，工业用水
将适度增长。预计 2050 年，三种产业的结构调整为 7.9∶48.5∶43.6。随着工业
化进程的加快，2050 年前后第二产业占 GDP 的比例将达到最高值，逐步成为工
业化国家，届时工业需水量达到 2000 亿 m³ 左右。农业用水将逐步趋于稳定，生
态环境用水逐步提高。估计全国生态环境用水量约 800 亿～1000 亿 m³，其中约
600 亿 m³ 由各河流目前尚未控制利用的地表和地下水供给，约 200 亿 m³ 由工农
业和生活用水的退水量供给，尚有 110 亿 m³ 的缺口。

综上所述，预计我国将在 2050 年达到 16 亿人口极限值，用水也将达到高峰，在充分考虑节水的情况下，估计用水总量为 7000 亿～8000 亿 m³，要求供水能力比现在增长 1300 亿～2300 亿 m³。扣除必需的生态环境需水后，全国实际可能利用的水资源量约为 8000 亿～9000 亿 m³，预计的用水量已经接近合理利用水量的上限，水资源进一步开发的难度极大。如果不采取有力措施，我国有可能在未来出现严重的水危机。由此可见，我国水资源面临的形势非常严峻，如果在开发利用上没有突破，在管理上不能实现科学规划，水资源危机将成为所有资源问题中最为严重的问题。因此，必须对水资源实行精打细算，以便实现水资源的可持续利用。

1.2　水资源经济

1.2.1　经济与经济学

什么是经济学，人们通常认为它是对经济的研究，但是几乎没有任何一个词典对"经济"一词进行过权威的定义，散见于各类工具书中对经济的解释有如下几种。一是指生产或生活上的节约、节俭。前者包括节约资金、物质资料和劳动等，归根结底是劳动时间的节约，即用尽可能少的劳动消耗生产出尽可能多的社会所需要的成果。后者是指个人或家庭在生活消费上精打细算，用消耗较少的消费品来满足最大的需要。总之，经济就是用较少的人力、物力、财力、时间、空间获取较大的成果或收益。二是指国家或企业、个人的收支状况，如国民生产总值、社会总产值、企业的产量与效益、个人的收入与支出等。三是指经邦济世、经国济世或经世济民等词的综合和简化。隋王通《文中子中说》卷六中有"皆有经济之道而位不逢"记载。它的含义包括国家如何理财，如何管理各种经济活动，如何处理政治、法律、军事、教育等方面的问题，即治理国家、拯救庶民的意思。四是指家庭管理。西方的经济（economy）一词，源于希腊文 oikonomia，原意是家计管理。古希腊哲学家色诺芬的著作《经济论》中论述了以家庭为单位的奴隶制经济的管理。五是指一种谋生术，是取得生活所必要的并且对家庭和国家有用的具有使用价值的物品，古希腊亚里士多德所著《政治学》中有此记载。其中第 1、第 2 种解释反映了人们在日常生活中的习惯用法；第 3 种解释是我国古代对经济一词的用法；第 4、第 5 种解释是古希腊对经济一词的用法。所以说经济学不仅仅是对经济的研究，而且具有多样性的解释。为了界定水资源经济学，首先必须阐明人们所理解和采用的经济学定义。

根据《中国大百科全书》的定义，经济学（economics）是研究人类社会在各个发展阶段上的各种经济活动和各种相应的经济关系及其运行、发展的规律的科学。经济活动是人们在一定的经济关系的前提下，进行生产、交换、分配、消费以及与之有密切关联的活动，在经济活动中，存在以较少耗费取得较大效益的问题。经济关系是人们在经济活动中结成的相互关系，在各种经济关系中，占主导地位的是生产关系。经济学是对人类各种经济活动和各种经济关系进行理论的、应用的、历史的以及有关方法的研究的各类学科的总称。经济学又可称为经济科学（economic sciences）。

近代经济学在产生时称为政治经济学。法国重商主义者蒙克莱田（约1575～1621年）的《献给国王和王太后的政治经济学》最早采用政治经济学为书名。重商主义者认为对外贸易是财富的源泉，因此他们研究的经济学的重点是流通过程。17世纪中叶以后，随着工业资本的扩大，逐渐产生了由流通过程进入生产过程的古典经济学。古典经济学的先驱是英国的配第（1623～1687年）和法国的布阿吉尔贝尔（1646～1714年）。出现于18世纪50～70年代初，以魁奈和杜尔哥为主要代表的法国重农学派，用租地农场主的生产经营活动来分析资本的流通和再生产，被马克思称为"现代政治经济学的真正鼻祖"。斯密（1723～1780年）是英国古典经济学的杰出代表和理论体系的创立者。他所著的《国民财富的性质和原因的研究》一书，把资产阶级经济学发展成一个完整的体系。他分析了国民财富增长的条件以及促进或阻碍国民财富增长的原因，分析了自由竞争的市场机制，把它看成一只"看不见的手"，支配着社会经济活动。李嘉图是英国古典经济学的完成者，他在1817年出版的《政治经济学及赋税原理》一书中建立了以劳动价值论为基础、以分配论为中心的理论体系。古典经济学家研究的重点是生产和分配，如何创造经济剩余和怎样对其进行分配是其核心问题。

19世纪新古典经济学把研究的重点转向了交换问题，其主要代表人物是英国剑桥大学的马歇尔（1842～1924年），他在1890年出版的《经济学原理》一书中，继承了19世纪以来英国经济学的传统，兼收并蓄，以折中主义手法把供求论、生产费用论、边际效用论、边际生产力论等融合在一起，建立了一个以完全竞争为前提、以"均衡价格论"为核心的相当完整的经济学体系。新古典经济学家去掉了"政治经济学"中的"政治"，把他们研究的学问称为"经济学"。1844年米勒（John Stusrt Mill）对政治经济学的定义是："它是探索社会上各种现象规律的一门科学，而这些现象是人们为了生产更多的社会财富而采取联合行动的结果。至于这些现象，它们必须没有被出于其他目的的行为所影响"。

20世纪30年代，英国经济学家莱昂内尔·罗宾斯（1898～1984年）把经济学定义为是研究稀缺资源在给定但是有竞争的目的之间的配置的科学。"经济科学研究的是人类行为在配置稀缺手段中所表现的形式。""经济学家研究如何配置稀缺手段，对不同商品的不同稀缺程度如何使不同商品之间的估价比率发生变化感兴趣，对稀缺条件的变化（不论是目的的变化造成的，还是手段的变化造成的，也不论是需求造成的，还是供给造成的）如何影响这种比率感兴趣。经济学是把人类行为当做目的，将其与具有各种不同用途的稀缺手段之间的某种关系来研究的科学。"罗宾斯认为任何只要存在冲突的选择都是经济学研究的对象，他说："我们不说生产马铃薯是经济活动，生产哲学不是经济活动，而说任何一种活动只要涉及放弃其他想要的东西，便有其经济的一面。除了这一点，经济科学的研究内容是不受限制的。"同样，萨缪尔森（1970 年）对经济学的定义是："经济学是研究人和社会是如何进行选择的科学。不管是在现在还是在未来，不管是在何种人和社会群体中，不管是否涉及使用资金，这些选择都是利用有限的可用于不同用途的生产资源，生产不同的商品，并分配给人们消费"。从而几乎把所有人类活动都纳入经济学的研究范围。薛兆丰更进一步将经济学定义为"解释人类行为的学问"。这可能是最宽泛的经济学定义了，仿佛心理学、政治学、社会学等所有人文社会科学都是经济学的分支，甚至生理学也是经济学的基础学科，因此这一定义受到刘正山等的批评。梁小民认为：古典经济学关心一个国家如何才能富裕起来，中心是分工与专业化思想。分工与专业化是经济学真正的核心问题。新古典经济学把中心转移到资源配置上，成为主流经济学，但它忽略了古典经济学中真正有意义的分工与专业化思想，这种忽略甚至在今天的微观经济学中仍然存在。杨小凯等把经济学定义为"研究经济活动中各种两难冲突的学问"就涵盖了这两种定义。

新古典经济学在 20 世纪处于主流经济学地位，并且越来越强调经济学的数学化。新古典经济学就是在给定偏好、技术和制度不变以及既定资源条件下，研究经济行为者如何最优地对强加给他们的假定条件作出反应，这些假定条件的变化被看成是外生的，或者完全不给予解释，或者把它留给其他学科，这遭到了非主流经济学家的反对。非主流经济学家试图建立新的经济学范式，并恢复政治经济学的称谓，创立新政治经济学。显然，对经济学的定义因为流派不同而有多种。笔者认为：经济学既可以定义为研究经济活动的科学，又可以定义为研究稀缺资源配置的科学，两者是统一的。这是由于所有经济活动都存在资源配置问题，所有资源配置行为都属于经济活动，资源配置问题贯穿生产、交换、分配、消费等所有经济活动。同时，经济学既研究给定偏好、技术和制度及既定资源条件下的资源配置，也研究影响资源配置效率的偏好、技术和制度及资源的变化。也就是说经济学所研究的资源配置是广义的。

1.2.2 水资源经济

水资源作为一种可再生的有限资源，如何兴利除害为社会可持续发展服务，如何在实践中解决水资源经济等问题，如何在理论上丰富和发展"水资源经济"，就成为当今亟待研究的一个问题。

1. 水资源经济的含义

资源经济由一般经济学中分立出来，水资源经济属于资源经济中的一个组成部分，水资源经济学正是在这种形势的推动下发展起来的。尽管美国在20世纪30年代就提出对河道整治和防洪工程等进行效益与成本的计算，但直到50年代以后才提出由政府批准的各项政策、标准和方法的文件，将经济环境、总的国民经济和地区经济、水资源工程的财务分析、不同方案的年效益比较、综合利用水资源工程的投资分摊等逐渐完善起来。其他国家也多在这个时期开始重视水资源经济方面的工作。同其他自然资源一样，水资源在被人类开发利用过程中，必然会出现人与水资源间的各种联系，并扩展到有关各类自然资源与环境的联系。水资源经济则主要是研究水资源的开发、利用与保护过程和社会经济发展的关系，以及这些过程的经济、社会和环境效益，研究在这些过程中投入与产出的最大经济效益。

水资源既是一种自然资源，又是一种行业，所以水资源经济的研究领域包含这两个方面的内容。在国外，水资源经济的范畴包括水资源治理（防洪、治涝及河道整治）、利用（工农业及城市供水、水力发电、内河航运等）、保护（污染监测和废污水治理）等每个过程中各个环节的经济问题。但在中国，由于水利业务和水利科学的发展，水利经济已初步形成了独立的学科体系，在中国当前平行存在"水利"和"水资源"用语，但两者之间有所不同。同样，"水利经济"和"水资源经济"的内涵也有所不同，水利经济应当研究探讨的问题，包括全部水利工作的各个方面的经济和社会效益，这些问题在有些国家就被全部列入水资源经济学的范畴。由于我国存在综合性很强的水利事业，水资源作为一种行业的代称只作为综合水利行业中的一个分支，但在各部门职能有所分工的情况下，又可超出水利的行业范围，而涵盖了其他用水的行业。因此，水资源学与经济学相结合而产生的这个经济学中的新分支——水资源经济学，也自然具有其必要性。但根据中国的具体情况，水资源经济应当是水利经济中的一个独立分支。水资源经济和水利经济的不同点在于它们范围的不同，水利经济学范畴中除水资源经济外，还包括防洪经济和治涝经济、水工程建设技术经济、工程移民安置中的经济问题等；而水资源经济则侧重于对水资源规划中的合理分配与调度、水资源管理与资源保护等方面的经济问题。所以水资源经济应当是研究在水资源的开发利用和保护过程中，运用经济学的原理和方法，探讨水资源在不同自然条件下对不同用水部门和地区间的合理调配、综合利用及改善环境中如何以最小的人力、物力和财力代价，取得在经济、社会和环境方面的综合效益。

2. 水资源经济的特点

1）特殊性

水资源经济的主要研究对象和其他自然资源相比具有特殊性，主要是水资源。在过去，人们往往有一种误区，认为地球上淡水资源通过自然循环可以源源不断供给，几乎在地面上除极特殊的少数地区外，都可以比较容易地获取水，可以取之不尽，用之不竭，因而对水的认识大大不同于各种矿产资源。因为后者在地球形成过程中一旦形成，开采后就很难再生，而水则通过降水补充更新，可继续使用。尽管人们在实际生活中也意识到水的重要性，却对水的经济观念十分淡薄。水作为维持生命需要不可分割的生活要素，在当地水资源能满足人们的生活需要时，并不感到水的珍贵，而当水的缺少危及人的生命安全时，水就成为无价之宝。

2）商品性

在商品社会中，由于许多商品的生产过程中需要用水，水也就具有了一定的经济价值。为了用水，从开辟水源地到把水以各种方式送到用户手中，都需投入一定的人力、物力和财力，这种送到使用者手中的水也增加了经济价值。在1992年召开的联合国环境与发展大会上通过的《21世纪议程》中，对水的社会性和商品性作出如下的说明："水是生态系统的重要组成部分，水是一种自然资源，也是一种社会物品和有价物品。水资源的数量和质量决定了它的用途和性质。为此目的，考虑到水生态系统的运行和水资源的持续性，水资源必须予以保护，以便满足并协调人类活动对水的需求。在开发利用水资源时，必须优先满足人的基本需要和保护生态系统。但是，当需要超过这些基本要求时，就应该向用户适当收取水费。"这表明水有时需要被视为一种商品，而且水是一种具有特殊性质的商品，是人类生存条件最基本的要求，所以有时又不能完全以商品来对待。因而在水的分配上，有时不能完全按经济法则办事。如当洪水泛滥时，水成为一种有害物，又完全脱离了商品属性。

3）价值性

水虽然在地球陆面上几乎无处不在，但无论是出于什么目的来利用水，几乎不付出任何一点代价（劳动），都是不能直接把水送到需要点的。因而用水要通过人的加工，简单的如到河、湖边舀水、提水或担水，复杂点的要通过泵、管道或渠道把水送到用户手中，再有就是需要建设蓄、引、提工程，凿井工程等，以及天然水先经过过滤、净化和杀菌后再通过管网等给水设施送到用户手中，如市政公用水。经过这些加工，自然也就增加了水的经济价值，水的价格也会因所采取的工程措施的代价不同而各异。

4）分布的不均衡性

由于水在地球上是可以通过全球水文循环不断得到更新和补充的资源，但因地球上各地的气候和地理条件不同，可更新的水资源数量在地球上各地的年分布有很大的不均匀性，在年际之间的变化和在一年内各季间的变化也很显著，从而使各地从自然界获得的水资源数量并不能每时每刻保持为一个固定数值，而呈现空间和时间上的随机性变化。

综上所述，水作为一种自然资源，既从属于土地，又因其可流动性从而不完全从属于具有一定边界的特定土地。在现实世界中，几乎不论其国家的社会制度如何，都公认水资源属于国家所有。即使在土地私有的国家里，也多规定流经土地上河流中的水不是归土地所有者所有。因此，在水资源的经济分析中，只以对把水送到用户手中的耗费的劳动（也包括物化劳动）作为计算水成本的根据。然而，如同对待其他类别的非再生性自然资源的办法一样，为节约资源，控制开采量，国家作为自然资源的所有者，可以征收开采资源税。对水资源在一些水供需紧张的地区或国家，也有征收水资源税的做法。这种做法在中国，则称为征收水资源费，且暂时不由国家税务部门统一征收，而由水主管部门收取。

1.3　水资源经济学的研究内容

1.3.1　水资源经济学的研究对象

根据人们对经济学的理解，水资源经济学可以定义为：水资源经济学是研究有关水资源经济活动的科学，是研究水资源配置的科学，旨在使消费者以同样的水资源消耗获得尽可能大的效用满足或者以尽可能少的水资源消耗获得同样的效用满足，使生产者以同样的水资源投入获得尽可能高的产出水平或者以尽可能少的水资源投入获得同样的产出水平。

水资源的研究对象是有关水资源的经济活动，核心是水资源的配置问题。水资源具有十分广泛的用途和极其丰富的功能，大体上具有生活用水功能、生产用水功能和生态用水功能。水资源的这种多功能性，说明水资源经济活动包括人类对水资源的勘探、开发、利用、治理、保护、管理、节约、替代等各种活动，这就需要经济学研究如何将稀缺的水资源配置到人们最急需的地方去，以产生最高的效用。

一般来讲，在水资源经济活动中，水资源经济再生产活动包括生产、交换、分配和消费等过程。但经济再生产过程中的分配指的是收入的分配，包括收入的一次分配和二次分配过程。收入一次分配是企业通过市场竞争实现的收入分配，收入二次分配是通过政府税收、财政实现的收入分配。水资源经济活动中的分配过程应该指从事水资源经济活动的企业与其雇员和国家对经营所得收入的分配过程，这个分配过程不是对水资源的分配，而是对收入的分配。因此，不能混淆作为经济再生产过程一个环节的水资源经济活动中的收入分配过程与水资源配置。所以水资源经济学就是研究日渐稀缺的水资源优化配置问题的经济科学。

由于水资源的功能广泛，所以，对水资源经济学的研究对象进行界定十分复杂。目前国外只有斯蒂芬·麦立特（Stephen Merrett）在《水资源经济学导论：国际视角》（*Introduction to Econanics of Water Resources an International Perspective*，1997）一书中用英语单词 Hydroeconomics 表述"水的经济学"或称"水资源经济学"。他认为水资源经济学的研究客体包括：河流、湖泊、湿地、近海水域的保护；陆地的排水系统；洪水防范和海岸保护；大坝项目；洁净水的供给；家庭、农业、工业和其他部门的水资源的使用；废水的处理及其排放。同时阐述了水资源经济学理论和政策分析的十大领域：一是向家庭、农业、工业和其他部门供应符合质量标准的足够的水资源；二是确保低收入家庭的洁净水的使用；三是确保农牧业水资源的供给和使用；四是净化家庭、农业和工业排放的污水；五是防止洁净水供应和废水收集企业垄断权力的滥用；六是保障城乡抗洪及其排水；七是保护地表水和地下水循环流动的能力；八是保护在所有洁净水和海洋水环境中的生物物种及其生活习性；九是减少和消除国际水资源冲突；十是确保政府为了达到上述目标进行公共投资的支出的透明性。他的分析概括了水资源经济学研究的可能领域，但是并未对此进行严格界定。国内学者沈满洪教授认为：水资源经济学涉及三个大的问题：一是如何把过多的水化害为利，这一部分可以称为水利经济学；二是如何使有限的水资源优化配置，这一部分可以称为水资源经济学；三是如何防止和处置超过环境容量的废水排放，这一部分可以称为水环境经济学。同时把水资源经济学的研究对象概括为三个层次：第一层次，"狭义的水资源经济学"，只包括符合一定水质要求的水资源数量配置的研究内容；第二层次，"中义的水资源经济学"，同时包括水资源数量配置和水环境质量配置的研究内容；第三层次，"广义的水资源经济学"同时包括水资源数量配置、水环境质量配置和水灾害防范等研究内容。

1.3.2　水资源经济学的性质

水资源经济学属于资源经济学的分支学科，又是资源科学的分支，属于经济学与资源科学的交叉科学。随着水资源经济学研究的深化，该学科本身又出现了一些分支，不同的分支学科均有其独特的研究对象，并具有很强的工程经济学和技术经济学色彩。由于水资源经济活动在相当长时期里主要研究水利工程建设及水资源开发利用项目的经济可行性评价。工程经济学、技术经济学是研究技术和经济矛盾关系的科学，是专门研究技术方案经济效益和经济效率问题的科学。主要包括技术经济性评价要素、经济性评价方法、可行性研究、可持续发展、价值工程和技术创新等内容。因此，水资源经济学的性质介于资源经济学与工程经济学、技术经济学之间，但更偏向于资源经济学，其背景是水资源经济活动已从强调水利工程建设转向水资源的可持续高效利用。正如水利部部长汪恕诚（2000）指出的：水利工作要从工程水利向资源水利转变。所以，水资源经济学除了水利工程项目经济评价外，更应该研究水资源供需变化的规律，重视水资源可持续利用与社会经济可持续发展之间的关系的研究。

1.3.3　水资源经济学的研究内容

在社会主义市场经济前提下，水资源经济学既要承认水作为一种可以利用的自然资源，是一种有价商品，又要兼顾水开发治理的社会公益性质，不能完全按市场经济规律办事。所以水资源经济学的研究内容包括水资源的合理配置和水资源优化配置的制度创新设计等方面。

1. 水资源配置的制度环境研究

水资源配置的制度环境包括：水权制度、水市场制度、水行政管理体制和公众参与制度等。水权制度即水资源的产权制度，包括水权的初始划分制度和水权交易制度；水市场制度指水商品的生产和交易制度，包括水商品市场准入与退出制度、水价制度等；水行政管理体制包括水行政管理权限的划分、部门设置原则、职责、编制、工作程序等内容；水资源配置的公众参与制度指公众参与水事讨论、决策的制度。

2. 水资源价值的增损与转移规律研究

在水资源的开发利用过程中，水资源的价值是如何变化的？随着水的利用，水本身由清洁水变成废水，其本身的价值肯定也被消耗了，甚至从可被人类利用的正价值变成了对环境、对人类有害的负价值，对这一价值变化过程应该有定量的评价。但同时，水资源的价值也不是被白白消耗了，而是在其利用过程中转化到了其他地方。例如，工农业用水的价值转化到了有关产品中、生活用水的价值转化成了人的生长和健康的价值。

3. 水资源供给与需求规律研究

水资源供给规律既包括一定地理条件下水资源自然特性对供水的影响，也包括供水者在一定供水制度和环境下的行为选择对供水的影响规律，如干旱对供水的影响、水价对供水的影响等。水资源需求规律研究包括各类用水及其相互关系研究、单个用户的微观需水规律研究、社会总体的宏观需水规律研究、短时间尺度的短期需水规律研究与长时间尺度的长期需水规律研究等方面。

4. 水资源合理配置及项目可行性评价研究

主要包括合理配置可行性方案设计与选择、水资源配置的合理性评价及合理配置的技术。水资源项目经济可行性评价的核心是水资源利用的效益和成本分析，水资源利用效益是一切水资源开发利用活动的最终目的，也是水资源开发利用活动得以存在的意义所在。因此，对水资源开发利用效益的评价除了经济效益的评价之外，还包括社会效益和生态效益的评价。

1.3.4　水资源经济学的研究方法

每门学科都有自己相对固定的研究方法和工具，水资源经济学也不应例外。水资源经济学是一门融合水文学、经济学的交叉学科，这一特点决定了水资源经济学研究方法的综合性和复杂性。水资源经济学的研究需要以多门学科为基础，充分利用空间和时间分析工具，模拟和反映人类涉水活动的行为规律。总之，水资源经济学的研究需要运用不同经济理论，并将其融合到统一的分析框架中，进而建立水资源经济学独特的分析方法。

1. 规范分析法

规范分析在于如何建立价值观的表达和实现的一般规律，是以一定的价值判断为基础的经济分析法，通常是制定经济政策的基础。规范经济分析不仅表现在目标的确立、社会价值观的表达方面，实际上，还体现在对资源经济政策的研究和制定上。如何确定水资源的经济政策目标，如何权衡不同方案与措施的社会损益，这些都涉及价值标准的判断和评估问题，需要规范研究方法加以解决。如本书中对水资源管理的制度安排、政策取向的论述就应采用规范分析方法。另外，规范研究还体现在具体的水资源项目投资问题上，如水资源项目是好还是坏，不能单纯地用成本效益分析原理来确定的，就需要采用规范分析方法来判断。

2. 实证经济分析

所谓实证经济分析，就是从经济现象本身的实际情况出发，提炼或抽象出事物的经济变量，以及经济变量之间的函数关系，从基本逻辑和经验证据两方面进行检验。实证经济理论与物理学等一样，通过对现象的观察，感知现象之间的联系与变化，以及反复的归纳和求同存异得出变量，变量之间是否相关往往需要采用统计学方法进行验证和测量。从实证层次上说，实验是重要的经济理论形成和验证方法，最早来源于自然科学，经济学作为一门社会科学，也借鉴自然科学的研究方法，进行社会和经济实验。但社会和经济实验不同于自然科学实验，因为自然科学实验的条件可控，可尽量排除掉不相关因素，而社会、经济实验的条件控制难度大，容易受到不相关因素的干扰，有时甚至难以确定究竟哪些属于相关因素。尽管如此，社会和经济实验仍然具有相当重要的价值，如中国水资源的时空分布差异性等研究都应实事求是，区别对待，实证研究。

3. 动态分析方法

动态分析是考察各种经济变量在不同时期的变动情况，引入时间的概念，考虑经济变量随时间的变化，要求经济变量所涉及的时间必须被明确地表示出来，并且认为某些经济变量在某一时点上的数值受到前一时点有关变量数值的影响。这就要求把经济现象的运动过程划分为连续的分析期间，以便考虑有关变量在各个时期的变动情况。如水资源规划中的动态模型主要采用动态分析法。

4. 边际分析方法

边际分析方法是西方经济学中常用的一种分析方法。"边际"在经济学中是增量或增值的意思，是总量（或总值）曲线上的斜率，或称为导数。边际分析就是利用微积分原理分析具有函数关系经济变量之间的变化率，从而找出经济变量之间的变动规律。譬如，当水利工程管理的产品生产者考虑要不要增加某一单位产量时，他就需要用边际分析方法来决策，即将增加这一单位产量所增加的成本（边际成本）与所增加产量带来的收益增加（边际收益）进行比较，以决定是否增加这最后一单位产品的生产。显然，只要边际收益大于边际成本，增加这一单位的产量总是有利可图的。这一法则是实现水资源帕雷托最优配置的充分和必要条件。

5. 定性分析法和定量分析法

定性分析法是指依靠预测人员的丰富实践经验以及主观的判断和分析能力，推断出事物的性质和发展趋势的分析方法，主要适用于一些没有或不具备完整的历史资料和数据的事项。定量分析法是对社会现象的数量特征、数量关系与数量变化进行分析的方法，是依据统计数据，建立数学模型，并用数学模型计算出分析对象的各项指标及其数值的一种方法。定性分析与定量分析是统一的，相互补充的，定性分析是前提，定量分析是定性分析的具体化，没有定性的定量是一种盲目的、毫无价值的定量；而定量分析能使定性的结论更科学、更准确。本书中运用众多的定性描述和大量数据资料来说明水资源特点、现状，并运用这些数据和资料对我国水资源相关问题进行模型分析，为构建水资源管理体制和创新水资源制度体系提供了数据基础和现实依据。

6. 成本-收益分析法

成本-收益分析法是现代经济学的基本理念和分析工具。水资源经济学也同样采用成本-收益分析法。由于水资源的特殊性，考察水资源的成本收益时，既要考虑内部成本又要考虑外部成本，既要考虑内部收益又要考虑外部收益。在收益给定时，如果存在外部成本，就意味着存在负外部效应，如某个企业对水环境的污染就是一种典型的负外部效应，水资源经济学就是要研究解决这种负外部效应的内部化问题；在成本给定时，如果存在外部收益，就意味着存在正外部效应，如水源地的居民为了保护水源所获得的收益只是社会收益的一部分，这时就存在正外部效应，水资源经济学就要研究解决这种正外部效应的内部化问题。从理论分析看，成本-收益分析方法的运用是检验一部著作是否属于经济学著作的标志。水资源经济学要成为经济学的一个分支学科，必须自觉运用成本收益分析法。从实践角度看，水资源定价、水价改革、水工程分析、水环境评价等都必须以成本-收益分析法作为基本分析工具。

1.3.5　水资源经济学研究进展

水资源经济学是伴随着水资源危机和水资源在社会经济发展中的重要地位而产生的，是自然资源经济学的分支，是水文水资源学和经济学的交叉学科。它是应用经济理论及定量分析方法分析水资源开发经济系统的运转方式、经济系统与社会系统和生态环境系统的相互影响，主要研究水资源的开发、利用和保护过程和社会经济发展的关系，以及这些过程的经济、社会、环境效益，尤其是在水资源日趋变化的条件下，如何运用经济学的手段，解决经济发展的问题，实现水资源的科学管理。当然，随着水资源经济学研究的深入，它的研究侧重领域也有所不同。

1. 国外水资源经济学的研究进展

水资源经济学在西方发达国家有较长的发展历史，对水资源经济问题的研究开始得最早。早在 20 世纪 30 年代，美国水资源工作者就将成本-效益分析方法引入水资源工程项目的评价中，与实际部门的工作结合得最紧密。前期研究的侧重点主要在于水资源本身的价值研究以及对水资源和其他经济环境的估价。如有学者认为水的价值是在给定时间和给定地点为购买单位体积水的社会愿意和能够支付的最大值，或者采用机会成本的方法，即在既定时间、地点和水流条件下，当某人取走用水时，水资源所有者可以接受的每单位水的最小费用。1972 年，杨格和格雷考察了几项实验，认为水的价值不可能超过最经济水源的边际成本。Schneider 研究了一定用户需水量弹性，为研究节约用水提供了有益的经验，Murdock 分析研究了用水预测中社会经济和人口统计特性的作用，将需水量与社会经济相结合，拓宽了水资源价值研究的范围。Wichelns（2004）的研究表明，通过灌溉用水划区收费促使减少排放量，提高了用水效率。Hayward 对收费产生的反应——水管理议案进行了分析，1995 年 9 月在瑞典召开城市地区水综合管理国际研讨会，水资源和废水定价被列为重要议题。综上所述，研究的主要内容是水资源的定价和水资源的价值。进入 20 世纪 90 年代后，可持续发展的观念被广泛接受，也成为水资源经济学科的热点内容。

2. 国内水资源经济学研究进展

我国关于水资源经济学的研究起步较晚，结合国内的实际情况，在国外研究的基础上进行有侧重点的改进。20 世纪 70 年代，侧重于水资源价值的评估，水价制定和水服务费用的收取，是水资源经济学研究的萌芽阶段，如 1979 年 11 月上海市革命委员会发布《上海市深井管理办法》。20 世纪 90 年代以来，国内学者对宏观经济的水资源管理进行了探索性的研究，中国水利水电科学研究院水资源研究所采用投入产出模型与线性规划模型相结合的方法，建立了宏观经济的水资源优化配置模型，水利部、中国科学院、国土资源部共同建立了西北地区的宏观经济水资源模型，为水资源开发利用提供依托。进入 21 世纪后，我国经济在快速发展的同时，也带来了一系列的生态环境问题。水是生态环境的控制因子，所以研究的重点是以水为核心因子的生态系统为人类提供的服务价值，如丰华丽于 2004 年提出水的服务功能主要是指水资源的供给功能，即供给社会一定质量的水资源量的多少，用以维持人类健康支持经济生产、稀释和运输废物、提供娱乐休闲等。我国水资源经济学的学者已经形成了既面向全球又结合具体情况的新思路。

综上所述，如果从 20 世纪 30 年代开始的水利项目的经济评价算起，水资源经济学的历史不到 100 年。水资源经济学早期围绕水利工程展开，中期研究水资源保护的经济问题，现在增加或强化了管理、公众参与、市场的研究等内容。所以，随着水资源学和经济学的发展，水资源经济学的研究内容也在拓展，其学科发展也在不断完善，水资源经济学的研究前景将会非常广阔。

第2章 水资源需求

2.1 水需求与水需求函数

需求是经济学的一个基本概念，是指在一定时期，某种商品在各种可能的价格下，消费者愿意而且能够购买的该种商品的数量。需求函数以商品的需求量作为因变量，用影响需求量的因素（如价格、收入）等作为自变量。一般商品的需求函数可表示为

$$Q_d = f(P, P_r, P_e, M, F, \cdots) \tag{2-1}$$

其中，Q_d 为需求量，P 为产品的价格，P_r 为相关产品价格，P_e 为预期价格，M 为收入，F 为偏好，影响需求的因素可以很多。

由于影响需求量的因素中，商品自身的价格最重要，人们也最关心价格本身的变化，所以一般假定其他条件不变，而着重研究商品自身价格变化对需求量的影响，把它称为需求价格函数，简称需求函数。其表达式为

$$Q_d = f(P) \tag{2-2}$$

研究价格变动对需求量的影响，可采用需求价格弹性指标。

水需求是指在一定的价格水平下用户愿意而且能够购买的水量。它与购买欲望有关，即对水有需要的愿望，还与支付能力有关。水需求是价格和其他经济变量，如收入、偏好、预期等的函数。水资源需求主要依赖于价格和收入，因为前者影响消费者愿意购买的水的数量，后者决定消费者的支付能力。在处理节约用水时，水资源需求是个重要的概念，因为通过对水资源的合理定价调配配置水资源，可以引导消费者合理消费水资源。

与水需求对应的一个概念是水需要，它是指人们生活、生产或自然生态系统在满足一定水平时，根据其物理、化学或生物的运动规律所需要的水量，也可以理解为对水的潜在需要量。

水需求是有效需求，即有购买能力的购买欲望，或能够被满足的水需要。这包括两层含义，一是愿意为一定的用水量支付，二是能够支付。"愿意支付"意味着用水的边际收益要大于等于其边际成本（也称边际支付）。水资源的有效需求不同于按纯自然规律和工艺过程达到最大产量时的需求量，而是在一定的价格下，按照用水的边际收益等于边际成本的原则所决定的用水量。水资源的潜在需求即水需要，是不考虑水价影响情况下，对水资源的需求量，可以看成当用水的

边际收益为零时的需求量。如果水是自由取用物品，即水可以免费获得，则水需要就是水资源无限充足情况下的最大用水量。而水需求是随着水价变化而变化的，对水的需求符合需求定律，即当水价上升时，对水的需求量会减少，当水价下降时，对水的需求量会增加。这也就是水资源微观需求规律，反映微观用水单位，如企业、家庭、政府机关、非营利机构等对水资源的需求规律。当其他条件不变时，水需求随着水价格变化而变化的曲线称为水需求曲线。每个用户的用水需求能用相似的需求曲线表示，所有的这样的曲线都向右下方倾斜，即价格上升，用水量减少；价格下降，用水量增加。当一个群体的多个用户的水资源价格都相同时，将他们的个体需求曲线横向加总（价格不变，单个单位的需求量加总），就可以得到该市场的需求曲线，如农业用水、工业用水、居民用水等需求曲线。加总后的市场需求曲线仍然满足需求规律，向右下方倾斜。增加收入会使整条需求曲线右移，因为水是正常的消费品（若是劣等品，收入增加有可能使该产品的需求曲线左移），这种整条需求曲线的变动，称为需求的变动：右移称为需求增加，左移称为需求减少。如果单是水价变动引起的购水量变动，称为需求量变动。需求量的变动表现为点在需求曲线上的移动；如果是因为收入等其他因素引起的购水量变动，称为需求的变动。需求的变动表现为整条需求曲线向左或向右的移动。

2.2　水需求的价格弹性

2.2.1　弹性的定义

水既是一种资源，也是一种商品。通过水资源价格的变动，可以促进水资源的优化配置，提高水资源的合理开发和利用。按照经济学原理，供求决定价格，价格引导供给量与需求量的调整，实现资源的优化配置。价格是反映供给与需求的重要信号，通过水价的调节，对水资源管理效果是明显的，而且价格应作为水资源需求管理的主要手段，水价在长期供水规划和保护中起着重要作用。

价格对水资源需求量的调节机理：价格上升，需求量减少；价格下降，需求量增加。通过调节价格、价格结构（即不同用水的相对价格），引导需求量的变化。这里用到一个关键的概念，水需求量对其价格变化反应程度的指标即需求价格弹性（price elasticity of demand），简称需求弹性。需求弹性表示在一定时期内一种商品的需求量变动对于该商品的价格变动反应的敏感程度，也就是在一定时期内当一种商品的价格变化百分之一时所引起的该商品的需求量变化的百分比。用价格弹性系数加以表示：

需求价格弹性系数＝需求量变动的百分比/价格变动的百分比

它也是衡量区域水资源管理功效的主要依据。因为需求定律决定着需求量与其自身价格反向变动的关系，所以需求价格弹性值一定是负的，由于没有必要研究两者变化的方向，笔者关注的是弹性绝对值的大小，而两个负数比较绝对值大小容易引发错误，所以特意在计算需求价格弹性时，直接取其绝对值。需求弹性有点弹性与弧弹性之分。需求点弹性公式：

$$e_d = -(\Delta Q/Q)/(\Delta P/P) = -(\Delta Q/\Delta P)/(P/Q) \qquad (2-3)$$

当需求函数 $Q_d = f(P)$ 连续可导时，可直接用式（2-4）来求解：

$$e_d = -\frac{\dfrac{dQ}{Q}}{\dfrac{dP}{P}} = -\frac{dQ}{dP} \times \frac{P}{Q} \qquad (2-4)$$

计算区间不同或计算时考虑不同的初始点变化时，计算得出的点弹性值会有差异，也就是说，即使价格在同一个区间变化，因选择的初始点不同，其需求价格点弹性会不一致。为了消除计算弹性时起始点不同带来的计算结果不一致问题，引入弧弹性（也称为中点弹性）的概念，它表示价格在一定区间变化时，整体的弹性情况。

弧弹性公式：

$$e_d = -\frac{\dfrac{(Q_2-Q_1)}{(Q_2+Q_1)}}{\dfrac{(P_2-P_1)}{(P_2+P_1)}} \qquad (2-5)$$

其中，Q_2 为变化后的需求量，Q_1 为初始的需求量，P_2 为变化后的价格，P_1 为初始的价格。

弹性受价格、数量组合与需求曲线斜率的影响，因此，即使在同一条需求曲线（直线）上，价格变化时，需求弹性也会随之变化。根据需求价格弹性系数的大小可以把商品需求划分为五类：完全无弹性、缺乏弹性、单位弹性、富有弹性和无限弹性。若弹性系数小于 1，则为缺乏弹性；若弹性系数大于 1，则为富有弹性；若弹性等于 1，称为单元弹性。完全无弹性与完全有弹性是两种极端情况，其弹性值分别为 0 和无穷大。

同样还可以定义需求的收入弹性。收入弹性被用来表示消费者对某种商品需求量的变动对收入变动的反应程度。以 Em 表示需求收入弹性系数，Q 代表需求量，ΔQ 代表需求量的变动量，M 代表收入，ΔM 代表收入的变动量，则需求收入弹性系数的一般表达式为

$$Em = (\Delta Q/Q)/(\Delta M/M) \qquad (2-6)$$

它衡量当消费者的收入水平变化 1% 时，对某种商品需求量变化的百分数。它测度的是某种商品的需求量对收入水平的变化作出反应的敏感程度。不同的商品，

收入弹性系数不相同。即使同一商品，其收入弹性系数也可因收入阶层和地区的不同而不同。从国家的统计数字可以分析出按人口平均收入每增加 1％ 时，对某些消费品的消费量增减情况，衡量某种商品的收入弹性，进而分析其产品产业发展趋势。如果收入弹性大于 0，则该商品为正常商品；正常商品中，如果收入弹性大于 1，则该商品为奢侈品；如果收入弹性介于 0 和 1 之间，则该商品为生活必需品；如果收入弹性为负，则该商品为劣等品。

　　运用弹性理论可以分析弹性与用水支出的关系。用水支出为水价乘以用水量，即 PQ。还可以得到用水支出与水价变化的关系：

$$\frac{\mathrm{d}(PQ)}{\mathrm{d}P} = Q + P\frac{\mathrm{d}Q}{\mathrm{d}P} = Q\left(1 + \frac{P}{Q} \cdot \frac{\mathrm{d}Q}{\mathrm{d}P}\right) = Q(1 - e_\mathrm{d}) \tag{2-7}$$

可以看出，如果水需求价格弹性系数大于 1($e_\mathrm{d} > 1$)，需求有弹性，上式值为负，则消费者的用水支出会随水价的下降而增加；如果水需求价格弹性系数小于 1($e_\mathrm{d} > 1$)，需求缺乏弹性，则消费者的用水支出会随水价的上升而增加；如果水需求价格弹性系数为 1($e_\mathrm{d} = 1$)，即为单元弹性，则水价变化不影响用水支出的变化。

2.2.2　弹性理论与节水

　　对节水影响程度而言，提高水资源的价格，对需求弹性明显的非生活用水的节水量会更显著，而生活用水相对而言，节水效果较差，因为它的需求弹性较小，即依赖程度大，替代程度小。当水资源短缺时，可以根据需求弹性，采取不同用水的不同价格，即通过结构水价来调节用水量，还可以对同种用水的不同用水段（量）来进行调节，即阶梯定价。超过一定量的用水需求，放在了不太重要的用途上去，其需求弹性变大，依赖性相对变小了。通过设计合理的价格（理论上讲，分时定价也可以调节在不同时段的用水量，抑制用水高峰时的用水量），以达到提高单位用水效率，引导不同时段用水需求的目的。

　　雷社平等（2002）还将需求价格弹性公式进行变换，推导出可以精确计算节水潜力的公式：

$$Q_2 = Q_1\left[\frac{P_1}{P_2}\right]^{e_\mathrm{d}} \tag{2-8}$$

其中，Q_1、Q_2 分别为调整价格前后的用水量，P_1、P_2 分别为调整价格前后的水资源价格，e_d 为 P_1 到 P_2 的弧弹性值。根据公式可计算出水价提高后节约水资源的潜力。

　　水资源是不可替代的自然资源，它虽然是可再生资源，但数量与再生速度都是有限的，况且水资源的分布往往不均匀。随着经济与社会、人口的增加，世界用水量都在逐年增加。美国经济学家罗斯托曾提出经济发展阶段论，他把经济发展分为六个阶段：传统社会、为"起飞"创造前提条件的阶段、"起飞"阶段、向"成熟"发展阶段、"高额群众消费"阶段、"追求生活质量"阶段。世界银行按人均国民收入划分经济发展水平,将各国分为低收入、下中等收入、上中等收入和高收入四个等级。在不同的发展阶段,经济社会发展对水的需求呈现出不同的特征。在低收入阶段,安全性需求往往是主要的需求,并且随着收入水平的提高而快速增长;在下中等收入阶段,安全性需求仍然较快增长,经济性需求伴随快速的经济发展而快速增长;在上中等收入阶段,经济性需求仍然较快增长,舒适性需求开始较快增长;到高收入阶段,舒适性需求快速增长并成为主要的新增需求,安全性需求和经济性需求得到较高程度保障而趋于平稳。

伴随着经济的发展和人们生活水平的提高,三类需求的增长具有不同的特征,若用需求的收入弹性表示,在安全性水需求阶段,水的经济特性为生活必需品,收入弹性为 $0\sim1$;安全性水需求因为直接满足最基本生命生活用水,表现为极大的弱替代性,也就是明显表现为需求的刚性。

第一阶段,安全性水需求阶段。此时经济性水需求还较低,且随着发展水平的提高,增长相对较缓慢,舒适性需求尚不明显。这一阶段对应低收入发展水平,城市化水平较低,产业结构以农业为主。该阶段的水利发展需求结构相对单一,主要是需要能够较快提高安全性需求的保障水平。在这一阶段往往开展的水利基础设施建设,以"单目标开发为主的大规模水利建设"为特征,如我国落后地区的饮用水保障工程。

在舒适性需求阶段,水的经济特性为奢侈品,收入弹性大于 1。因为舒适性水需求相对安全性水需求而言,其可替代性较强,表现为需求弹性变大;经济性水需求的特征介于生活必需品与奢侈品之间。

第二阶段,经济性需求快速增长阶段。此时安全性需求增长略有放缓,经济性需求开始较快增长,舒适性需求刚刚出现。这一阶段大体对应收入水平从低收入向中等收入过渡的发展时期,城市化水平快速提高,工业化快速推进,第二产业在产业结构中的比例显著提高。随着经济发展水平的提高,水利发展的需求结构变得多元化,同时面临多种水利发展需求。在加强安全性需求保障的同时,要大力应对经济性需求的快速增长,同时还要关注刚刚兴起的舒适性需求。这一阶段也可以称为"以多目标开发为主的水利建设时期"。

第三阶段,多种需求持续增长阶段。该阶段,安全性需求增长趋于缓和,经济性需求仍然较快增长,舒适性水需求开始快速增长。对应在收入水平上,大体为中等收入向高收入过渡阶段,城市化水平继续提高,经济结构快速变动,进入工业化中后期。随着经济发展水平的提高,水利发展需求结构保持多元化,在继续提高安全性需求保障的同时,仍然需要应对经济性需求的较快增长,同时还要大力应对舒适性水需求的快速增长。这一阶段也可以称为"水利综合治理时期"。

第四阶段，舒适性水需求为主要新增需求的阶段。当发展水平达到较高水平后，安全性水需求和经济性水需求趋于稳定，舒适性水需求成为主要的新增需求。这一阶段大体对应高收入发展阶段，城市化水平达到较高水平后逐步稳定，进入工业化后期，第三产业在产业结构中的比例持续上升。由于全面进入富裕社会，社会公众对舒适性水需求持续增长，主要是对良好生态环境的需求。水生态环境的保护被置于优先发展的位置，各类水利发展需求得到较高程度的保障，这一阶段也可以称为"水生态环境修复和保护时期"。

2.3　水需求的种类

用水的特征包括质量与数量两个方面的内容。用水有居民消费者、公共设施、商业和工业使用者、热电厂和农庄。对水的需求相应有生活需求、商业需求、工业和电力需求、农业需求、娱乐和环境需求。

2.3.1　生活需水

根据 20 世纪 80 年代中期的美国水资源数据显示，公共供给传送占每天总用水量的 8.3%，直接传送到居民用户，部分传送到商业和工业用户，其余的绝大多数是自给自足，包括部分的水循环和再利用。在公共供水中，最大的部分是供应给美国 2 亿户居民。这种需求花费成本最大、质量最高，超过了公共供给传送总量的 2/3。但它包括家庭的不同水需求单元，包括饮用、食物准备、衣物和洗涤用水、盥洗冲刷、草坪和公园灌溉。这种需求的差异在于，不同居民特性、家庭结构、居民覆盖率、水价及是否使用仪表测量等。由于它不受气候变化的影响，生活用水实际上很少有季节性变化的规律。引起居民社区的短期需求波动的因素主要来自于景观美化用水量变化。自然景观的用水量依赖于气候影响和灌溉效率。气候因素有水量、温度和空气流动程度。灌溉效率则依赖于灌溉体系的设计和土壤吸收能力。用水量较多的公共设施包括公园、高尔夫球场、学校、医院、教学和其他公共设施。它们构成了城市总需水量的重要部分，尤其在那些制造业较少，或者注重公园或类似设施维护的地区更为重要。根据公共设施服务的数据，用水量与天气、季节和地区差异关系很大。随着城市人口的增加，生活水平的提高，城市生活用水量平均每年递增 3%～5%。在城市生活用水中，家庭生活用水量约占 50%，机关、医院、宾馆、学校、商业等部门的用水量也占50% 左右。目前我国城市生活用水量的标准还是比较低的，人均用水量约为60～100L/d，远远低于发达国家的人均用水量 300～500L/d。

2.3.2　商业需水

商业使用包括谷仓、商店、餐厅、商场、电影院、剧院、各类商业办公楼、展厅等。一般地，商业用水与生活用水的决定因素相同。在城市供水系统中，商业用水量占的比例不大。生活用水占全部供水量的 65%～70%，而商业用水在正常情况下仅占 10%～15%。随着经济结构中服务业占比的不断增大，工业占比的下降，服务部门在用水消费方面将会逐步增加，因此需要重点研究商业用水的需求规律。与生活用水相比，技术进步在商业用水上潜力更大。商业方面，为了吸引消费者，制造人文景观，景观需水可以通过改进技术，增加低质量水与循环水的使用量。此外，管制、定价政策、宣传教育、房屋朝向、供水成本、节水技术变化等都会影响商业用水的需求。由于雇员对水成本不直接承担价格，所以商业用水的节约更多的靠员工的自觉。但如果用水量有限且价格上升幅度增加时，商业性用水会对价格变化更加敏感。

2.3.3　工业和电力需水

工业用水主要有以下几种用途：冷却、制造运行、空调制冷、产品用水、其他目的。冷却水是指在工业生产过程中，用来吸收多余的热量，以冷却生产设备。在火力发电、钢铁冶炼和化工等工业生产中的冷却用水量较大，在某些滨海城市大量采用海水作为冷却水，以弥补当地水资源的不足。在城市工业区，冷却水需求量一般占工业总用水量的 70% 左右。制造企业的蓄水量受原料的质量和品种、工厂的设计水平和工业处理流程的效率等因素的影响。由于制造工艺流程和不同质量水的可利用程度不同，工业对水数量和质量的需求在不同的地区、不同产业、不同公司、不同环节都呈现出很大的差异。在水质要求上，工厂内部的人员用水和蒸煮食物的用水要严格符合质量标准。它们的需水多来自于公共用水系统和其他可饮用水源，是工业内部用水系统中成本最昂贵的部分。空调水主要用以调节生产车间的温度和湿度。在纺织工业、电子仪表工业、精密机械工业生产中均需要较多的空调水。产品用水包括原料用水和洗涤用水。原料用水是把水作为产品的原料，成为产品的组成部分。洗涤用水是把水作为生产介质，参与生产过程，用过的水再排出，水中往往会有较多杂质，对于污染比较严重的工业废水，需要再处理，以确保对环境影响最小。据 1983 年美国用水数据所显示的工业用水资料，在总数超过一万个实体中，约有 95% 的用水是用于采矿和制造业，总共用水量达到 12 870 亿 L，其中循环和再生水占 70%。在这一年中，这些实体总共排放 3407 亿 L 水，相当于全部用水量的 1/4，也只有一半左右经过了处理。

热电部门与商业、工业和生活需求等密切相关，它是一个比较特殊的部门，该部门的用水主要靠自身内部的循环。在美国，这些循环水相当于日全部用水总量的一半左右。这些水可以为食物提供冷却和蒸煮，其中冷却用水超过了其他用途的水需求。随着每年产量的增加，冷却塔、凉水池和喷淋池规模也在逐步扩大，在冷却水处理过程中，有必要采用更好的处理流程，以减少有毒物质对水体的污染。

2.3.4　农业需水

农业用水需求大体上分两类，一类是灌溉，另一类是牲畜使用，包括养鱼。农业部门的牲畜用水包括牲畜的生产用水和处理过程的用水。灌溉水一般被认为是生产投入品，与土壤、种子、农药、化肥、杀虫剂、劳动力、机械、阳光一样的投入品。灌溉水有一些重要特征，如季节性、区位、质量要求。灌溉水需求是农业产品需求的引致需求。当农产品价格上升时，农业投入的引致需求也会上升：在农产品产量不变的情况下，产品价格上升会使边际产品价值向右移动，利润最大化的要素投入量会增加，这包括对灌溉水的需求增加。灌溉水的可用性取决于水的化学物质、农作物对盐分和其他可融成分的敏感性、被灌溉土壤的化学特征。例如，在干旱和半干旱地区，土壤中给定污染的可能累积量是非常重要的。农作物产出则与一系列气候因素有关，这些因素也直接影响这些农作物对水和能量的需求。在美国西部灌溉用水量大约占所有消费用水量的 80%～90%。灌溉用水的关键在于水保存的技术和政策。当灌溉效率较低时，大部分水量通过水土流失和渗漏流出该地区。除部分地区存在过度流失，或者由于干旱地区农作物对水需求严重，缺乏灌溉之外，低灌溉效率在通常情况下与缺乏定时和非统一水供应相关。提高灌溉效率的有效途径是对用水工具的改进和对用水在时间和数量等方面与农作物水需求相匹配。

在中东和北非，87% 的水用于灌溉，只有 13% 的水用于居民和产业使用，国际上用于灌溉的水，平均占 69%，用于居民和产业的平均占 31%。来自灌溉地区的额外需求和城市人口的用水需求的不断增加与现有水资源不断消耗和污染之间形成了空前严峻的用水矛盾，特别是像我国这样处于快速城市化过程中的国家。根据世界银行 1995 年的报告，污染水成为农村地区发病的主要原因之一，卫生设施和饮用水的水质与水量不能满足需求。

2.3.5　娱乐和环境需水

娱乐性水需求有游泳、洗浴、划船、钓鱼、滑水、溜冰和其他运动等，都是对水的末端需求，这种需求是为了满足消费者的娱乐休闲需要。随着工业化和城市化，以及户外娱乐需求的逐步增加，娱乐行为的水需求也在不断增加。娱乐性水需求对水质要求一般较高。娱乐对特定质量的水需求面临的问题之一是测算娱乐对社会的收益。但是娱乐性水需求作为可选的需求，其重要程度在生活用水之下，所以当城市生活用水出现短缺时，往往会增加对娱乐水需求的限制。娱乐用水往往被管理者和公共管理者在水稀缺的季节中作为低一等级的考虑对象。随着人均可支配收入的提高和小时工资率的上升，人们的劳动供给曲线会出现后弯的情况。即使没有出现整体的后弯情况，工资率上升的收入效应在收入和财富增加到一定程度后，会逐步接近或超过工资率上升的替代效应，表现为人们增加每天工作时间的意愿下降，增加休闲时间的意愿上升，从而增加对郊外娱乐休闲时间的需求。人们对健康的关注和对生命价值的体验会让人们更愿意接近大自然。在繁忙紧张的工作之余，人们还需要放松身心。在周末或节假日，人们选择远离喧闹的城市，到郊外体验户外生活和其他水上生活，这增加了娱乐方面的用水需求。而且随着生活水平的提高，这方面的需求会逐步增长，其增长速度会超过人口自身增长的速度。尤其在许多滨海城市，渔业在商业和娱乐方面已经扮演了重要角色。例如，佛罗里达州的商业和娱乐渔业是该州最有价值的资产，它们通过提供渔业满足消费和休闲，与该州旅游业紧密地联系在一起。

2.4　作为引致需求的水需求

　　水是一个多产品质量的复合商品，可以分析当价格和其他因素变化时，任意质量下各种用水需求和再配置。任意质量条件下的总用水需求可分为两类：一类是生活和娱乐使用，它们以效用标准为基础；另一类是工业、农作物和其他使用，它们以生产率为标准。它是中间产品，这种需求是作为中间产品的需求，是作为生产要素的需求，所以称为"派生需求"，也称为"引致需求"，如农作物的灌溉、工业的冷却、处理、清洗或用于发电。作为中间产品的水需求与消费需求的主体不同。消费需求的主体是居民户，而中间品需求的主体是生产单位。从需求满足的对象来看，消费需求的目标是直接用来满足效用，生产需求的目标是为了生产最终产品（农产品、工业品、服务），后者的目的是为了获得利润。最终消费品的需求弹性反映了人们消费某种商品时对其价格变化的敏感程度。和最终产品需求弹性一样，生产要素在最终总产品成本中的份额和能被其他要素替代的程度，都直接决定了这种要素的引致需求弹性。需求函数作为不同用途的集合，体现出两种不同的经济行为。

2.4.1　作为最终消费的水需求

　　生活和娱乐使用的水需求，由于直接满足人们需要，是作为最终消费品特征的需求。它符合消费者均衡的特点，所以消费者对生活与娱乐水的需求，就像消费其他商品组合一样，在预算约束条件下，在既有商品组合中各种商品价格给定和消费者收入、偏好不变情况下，追求效用的最大化。作为消费水的特征，在达到消费者均衡时，消费者最后一单位货币购买各种商品（包括水商品）带来的额外满足（边际效用）都相等。如果该条件不相等，如：

$$\frac{\mathrm{MU}_{x_1}}{P_{x_1}} > \frac{\mathrm{MU}_{x_2}}{P_{x_2}} \tag{2-9}$$

x_1、x_2 为两种商品，同时也表示其消费数量。上式表示，最后一元钱购买 x_1 带来的额外满足大于购买 x_2 带来的满足，可以通过将 x_2 上的支出一部分转移到 x_1 上，在预算不变情况下，提高消费者的效用水平。由于均衡时，有下式成立：

$$\frac{\mathrm{MU}_{x_1}}{P_{x_1}} = \frac{\mathrm{MU}_{x_2}}{P_{x_2}} = \lambda \tag{2-10}$$

即给定其他条件不变，如果 P_{x_1} 的价格提高，就要减少 x_1 商品的消费量（边际效用递减规律起作用），这样就可以得到该种商品价格变化与其购买量的关系，即价格和给定商品的需求量反向变化的关系，这就是需求定律，可表示成需求曲线或需求函数。

　　家庭用水选择可以被一般化为污水费，即如果消费者面临每单位被管理的污水费用支付，则污水费与进水和排水存在明确的关系。另一种因素是由家庭引起的增加水供给的直接成本。其中的家庭处理成本有热沸水、饮用水净化的过滤使用、洗烫中的软化水使用及饮用和烹饪水的直接采购。

　　现在假定每一种用水需求满足最低质量要求，若设最低质量为 K 等级，$1 < K < n$，n 为一共有的水质等级。再假定水质越高，水的价格也越高。则 $P_{w1} < P_{w2} < P_{w3} < \cdots < P_{wn}$。效用最大化不允许用低质量水代替高质量水。给定其他商品价格、其他质量水的价格及收入，则第 j 种质量用水需求可以视为其自身价格的函数：

$$Q_j = f(P_j) \tag{2-11}$$

其中，$j = 1, 2, \cdots, n$。第 j 种质量用水需求与其自身价格成反向变化，其他商品及其他水质量的价格和消费者收入都看成是影响第 j 种质量用水需求外的影响因素，即看成外生变量。其他消费性物品的价格下降，会使第 j 种质量用水需求曲线向右移动；饮料产品价格上升，会导致饮用水需求的上升，使第 j 种质量用水需求曲线向右移动；单纯的收入上升也会使需求曲线向右移动。理论上需求曲线的形状，取决于替代效应与收入效应之和。替代效应是当维持原效用不变情况下，因为该种商品价格变化影响消费者用便宜的商品替代相对变贵的商品；收入效应是价格改变引起实际收入变化，进而影响该消费品数量的变化。收入效应大小、正负值与该商品是正常品、奢侈品还是劣等品有关。正常品、奢侈品的收入效应与替代效应同向变化，与自身价格反向变化，劣等品收入效应与替代效应反向变化，与自身价格同向变化。

　　家庭一般不希望直接面对水资源短缺问题，城市里即使短短的半天停水也会给人民生活带来极大不便。当停水一天以上时，人们会更深刻地体会到水资源的重要性。水资源的便利性可通过家庭购买特定质量水的费用来体现。如果水供给者（市政自来水公司）在处理和获得任意质量水的过程中面临更高的费用，它就可能会相应地提高家庭支付的水费。因为水是生活必需品，需求缺乏弹性这一点表明，家庭用水量难以通过提高水费来降低。根据经济学原理，缺乏弹性时，提高价格会增加用户的用水支出。这也说明为什么有些国家和地区采用阶梯水价（按人均或家庭，在生活必需的用水量范围内定较低的价格，超过该范围后的不同用水量段，水价逐步上升）的原因。阶梯水价一方面给每个居民有生活用水的基本权利保障，另一方面鼓励人们节约用水。家庭用水也可以根据不同水质，提高水的利用率，如生活用水中洗刷后的水可供生畜使用，用洗菜水浇花、冲厕所等。除此之外，水的再利用项目也会减少公用处理工程的废水排放成本和提高未利用水和清洁水供应的便利性，这可以通过农业和工业用水的减少，以及有效的流域内配置（特别是在一些城市整体水资源严重短缺的情况下，不得不采取该种跨流域调水的措施，当然这需要耗资巨大的调水工程）来缓解。降低公共处理工程的成本就会有降低水价的空间，当然这需要对供水的自然垄断行业进行产量和价格的规制。

　　假设为某城市或较大城市的某区域供水，由一家企业供水可以达到最优规模，如果有两家企业进入反而都不能达到最优规模，即每家企业的平均成本都不能降到较低水平。从社会福利角度来看，就会出现虽有竞争但无效率的情况。实际上往往规模大的企业，因为有低成本优势会排除竞争对手，自然地行业逐渐被一家企业垄断，所以称为自然垄断。如图 2-1 所

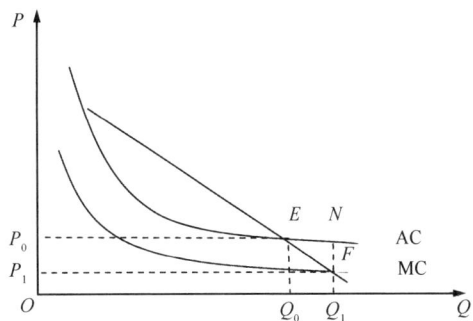

图 2-1　自然垄断下的定价

示，从社会资源配置最优角度看，有效率的水价应根据边际成本等于价格来制定，即 P_1，但此时企业会有亏损。如果要让企业持续经营，政府持续的补贴，单位补贴 NF 的金额。次优的办法是按照平均成本定价，即 P_0。这里的关键问题是政府需要知道企业的平均成本，而且政府需要从社会最优角度去管制供水企业，这要根据激励性规制的理论来规制企业，还要防范规制者被俘获等问题。另

外还需要知道同行业现有效率下的成本信息，尽可能降低管制者与被管制者的信息不对称等。

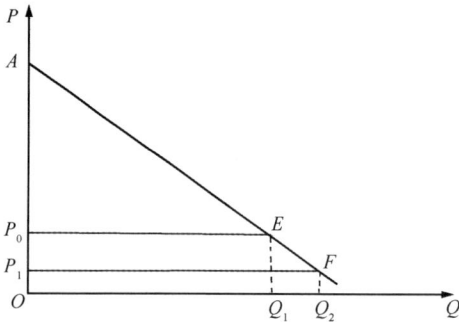

图 2-2　价格变化前后消费者剩余变化

当水价下降时，居民可以获得消费者剩余，福利也会得到提高。家庭水供应中的水工程项目可能会在两方面改进：一是以更低的价格向家庭提供第 j 种质量的水；二是根据水的特性和可靠性，改善水质量。

图 2-2 反映了水价下降后，消费者剩余的提高。当水价为 P_0 时，消费量为 Q_0，消费者剩余为三角形 AEP_0 的面积；当水价降为 P_1 时，消费量为 Q_1，消费者剩余为三角形 AFP_1 的面积，增加 P_0EFP_1 的面积，它衡量消费者福利的增加，福利的增加来自消费价格的降低和消费数量的增多。

家庭支付第 j 种质量的水费下降，使得家庭可以相应地提高用水的数量，也可以用将第 j 种质量的用水替代其他用途的更低质量的水。这种福利的净增加可以用低于第 j 种质量的需求曲线和高于水费用之间的区域面积（P_0EFP_1）表示。

还可以计算家庭在没有提高水费的条件下，改善水质形成的收益。消费者剩余的增加表现为因水质提高而获得的福利改善。任何水质量参数的改变都会改变需求方程，使需求曲线向左（水质变好）或向右（水质变差）移动，区别于自身价格变动（如果由于自身价格变动而其他因素不变，称为需求量变动，表现为因价格变动引起的在原需求曲线上点的移动），这种情况称为需求的变动，表现为整条需求曲线的移动，如图 2-3 所示。

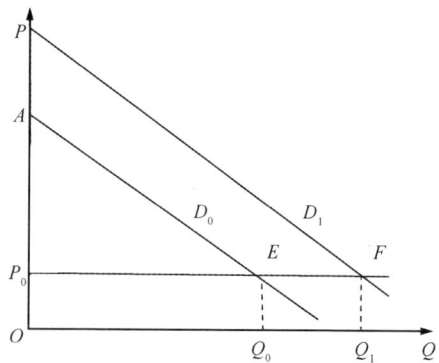

图 2-3　水质变化对消费者福利的影响

给定水费在 P_0 处，保持不变。第 j 种质量水质提高（如从 q_j^0 提高到 q_j^1），消费者更加偏好该种水，愿意在同样价格下消费更多的量。家庭由此所获得的收益为面积 $PFEA$，用公式表示为

$$B = \int_0^{Q_1} f(Q)\,\mathrm{d}Q - \int_0^{Q_0} f(Q)\,\mathrm{d}Q \qquad (2\text{-}12)$$

$P = f(Q)$ 是反需求函数。

此外，水质的提高和便利性形成，还会有间接收益。假定一家企业提供产品 i，由于水再利用获得收益，降低其产品价格 P_{xi}，其价格从 P_{xi}^0 降到 P_{xi}^1。家庭收益可以通过衡量以下产品需求曲线下的区域的消费者剩余来表示，用公式表示：

$$B = \int_{P_{xi}^1}^{P_{xi}^0} x_i(P^{xi})\mathrm{d}P_{xi} \tag{2-13}$$

$Q_{xi} = x_i(P_{xi})$ 是需求函数。

由于不考虑企业的决策过程和成本函数，这种方法不全面。如果企业有稳定的边际成本，产品 i 的市场是完全竞争的，有 $P_{xi} = \mathrm{MC}_{xi}$，则该式是企业成本下降时社会总收益的一种衡量。因为只有在完全竞争市场的条件下，企业成本的下降才会变为价格的下降，才会成为消费者的福利。如果该条件不能满足，社会收益的衡量一定也要包括企业的生产者剩余的增加，因为这也是社会福利的一部分。

2.4.2　作为中间产品的水需求

企业对水的需求称为中间需求，因为其需求的目的不是直接用来满足最终消费者，而是为了生产其他产品。但也有相同的地方，即企业用水与家庭用水相同，也有对数量与质量的要求。相对家庭对水的需求而言，制造企业根据其获得的水资源质量不同，相对富有弹性。因为企业能够利用自身内部处理水的规模优势，故面临较多选择。企业可能会接入多种水源，而不仅仅是市政用水，如可以循环使用其他企业的循环水、直接从江河抽取水、使用地下水、从私人水源购水。企业可以比较不同成本的水，根据企业对水质量的不同要求，从利润最大化角度来综合利用水资源。此外，企业用水面临环境规制的约束，政府的税收和补贴政策也会影响企业对水质量与数量的决策。补贴的社会成本可能超过其私人收益，对水权的分配可能限制其取水量，当然也会使企业提高用水效率。对于再利用水的补贴政策，可能会引起所有相关水的价格下降，由此导致区域内比没有补贴时消耗更多的可用水。但如果企业在提供水再生利用时，采用适当收费的方式能够自我维持，对于以提供水循环和再利用的中间产业来说，这些项目是有益的。如果能发挥规模效应，开发再循环水的公共工程，对一定区域内企业降低成本可能都是有利的。

以完全竞争性企业为例，分析对中间投入水的最优需求决策问题。假定企业生产 X 产品，生产过程需要一定质和量的水。给定企业生产函数：

$$X = f(y, w, q) \tag{2-14}$$

其中，y 为非水的投入品，$y = (y_1, y_2, \cdots, y_n)$，包括资本、劳动、土地等要素，对应的价格为 $p_y = (p_{y1}, p_{y2}, \cdots, p_{yn})$，投入的不同质量水 $q = (q_1,$

q_2, …, q_m), 对应价格为 $p_q = (p_{q1}, p_{q2}, …, p_{qm})$。

企业的成本约束函数：

$$C = yp_y^T + qp_q^T \tag{2-15}$$

构造拉格朗日函数来求极小值：

$$L = yp_y^T + qp_q^T + \lambda(X - f(y, w, q)) \tag{2-16}$$

其中, λ 为生产约束下的影子价格, 通过分别对非水投入要素和水投入要素求一阶偏导数, 得出 X 产品产出水平的引致需求函数：

$$y_h^d = y_h(X, p_y, p_q, q), \quad h = 1, 2, …, n \tag{2-17}$$

$$q_j^d = q_j(X, p_y, p_q, q), \quad j = 1, 2, …, m \tag{2-18}$$

在不同的非水投入和不同质量用水投入条件下, 给定投入品价格、水质量和产出水平, 最小化企业的生产成本时, 得到不同质量水的需求价格函数。作为变量的质量特征和产出水平对质量 j 的引致需求具有正的外部效应, 则会引起需求曲线向左或向右移动。在不改变用水价格情况下, 水质量的改善将提高生产率和推动水需求曲线右移。非水要素投入品价格的上升, 可能推动质量 j 的水需求曲线向左或向右移动, 这取决于与水相关的要素与水投入品是替代还是互补的关系；农业土地租金率的上升, 会降低农业利润, 从而引致灌溉水需求的减少, 使某种质量水的需求曲线左移。

水费改变会引起社会利益的变化, 可以从生产者剩余与消费者剩余的变化来衡量。生产者剩余为利润加租金总和, 其中租金为固定要素的支出, 即固定成本。在产出 X 和产品价格 P_x 下, 生产者剩余 S 为：

$$S = P_0 X_0 - \int_0^{X_0} \frac{\partial}{\partial X} C(X, P_y, P_q, q) dX \tag{2-19}$$

即初始生产者剩余 S 为 $P_0 EA$ 的面积。

消费者剩余为 MEP_0 的面积, 如图 2-4 所示。

用水价格 p_q 的变化导致的生产者剩余变化, 一定会涉及生产者剩余在市场均衡前后福利的变化。水费是企业投入要素的价格, 其下降会使企业用该便宜要素替代其他要素, 投入增加, 产出增加。同时要素价格下降, 使企业的边际成本下降, 供给曲线右移。新的生产者剩余 S_1 为 $P_1 NB$ 的面

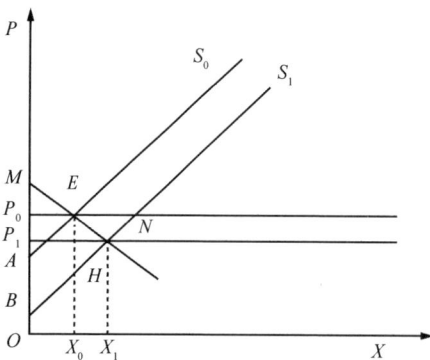

图 2-4　水费改变对社会福利的影响

积, 用公式表示为：

$$S_1 = P_1 X_1 - \int_0^{X_1} \frac{\partial}{\partial X} C(X, P_y, P_q, q) \mathrm{d}X \qquad (2\text{-}20)$$

消费者剩余为 MNP_1 的面积。

在给定质量条件下，家庭需水可分为两种情况，它取决于这种收益是直接获得还是间接获得。对于家庭来说，一种直接收益，来自于用水数量和质量的改善，来自于水费的下降和水质的改善，及供水的可靠性及时性等。另一种直接收益来自于湖泊和江河水的质量提高。家庭可以从不断减少的水污染和降低的排放量中获益，包括对环境的各种需求，如娱乐、健康收益和产权价值的提高等。多类型的水利用，为消费者（家庭和企业）使用低质量用水满足特定使用目的提供了选择，也促使高质量水可以不再被用到不需要纯净水的领域，通过更有效率地分类使用各种质量的水，对于解决水资源短缺和提高水资源效益意义重大。但不同的水需求，也需要不同质量水供给的配套体系。

对任意 j 质量用水的总需求，可以通过加总不同消费者、生产者对第 j 种质量用水需求函数获得。同其他私人物品需求加总一样，其加总方法是，在某一价格下，需求量的横向加总，如图 2-5 所示。

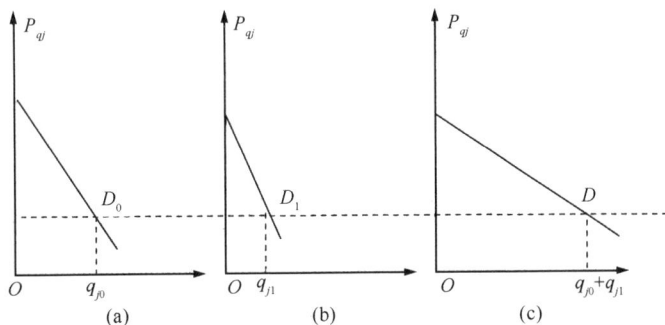

图 2-5　第 j 种质量水需求的加总

2.4.3　水需求的最优配置

对某种商品的潜在需求不能实现有两种情况：一是虽然需要但没有支付能力，二是尽管有支付能力但从经济收益来讲不合算。对于前者而言，需求者是现实购买力达不到，如生活贫困、收入低、企业效益不佳，无能力购买足够的用水量；对于后者而言，需求者的行为表现为节约、寻找替代品、调整产品和产业结构，认为目前水的价格过高而不愿意购买较多的水。所以在进行水资源需求预测时，预测有效需求而不是潜在需求是更合理的。

按照水资源有效需求的概念，水资源预测必须综合考虑供水价格、用水收益和节水收益。也就是说，水资源需求预测不是独立的一方面的预测，不能脱离供水，也不能脱离用水的收益和节水的成本，水资源需求预测要与用水成本、用水收益和节水成本联系起来。

合理配置和优化水资源的利用，要充分考虑用水的收益与用水的成本。水是有价商品，因为水本质上是稀缺的，不是免费获得的自由物品。水资源的开发、利用、节约、保护、治理都要遵循客观经济规律。从供水预测和供水工程的规划来说，必须考虑供水成本、水价和一定水价下的销路。从水资源的需求预测来说，必须考虑水价对水资源需求的影响。水价的高低不仅影响用水数额，还影响水用户的规模。较高的水价，必然会抑制高耗水用户的需求和用水数额。对农业灌溉而言，水价提升必将抑制灌溉水的需求量。

水需求管理，要充分考虑水的有效需求，也为按照可持续发展原则管理水资源需求提供了一个思路。为了实现经济和社会的可持续发展，实现水资源的可持续利用，再也不能走"以需定供"的路子，而必须根据保护生存环境前提下的水资源开发利用潜力"以供定需"，让水价反映水供给的稀缺程度和可持续发展程度，引导水需求和水利用，用水价作为水管理的间接指标，引导水资源用户的微观配置。统筹安排经济社会的发展，在水价的作用下，通过水资源的有效需求实现水资源的供需平衡。

用水需求大体上包括四种，即人们基本生活用水需求、生态用水需求、农业用水需求、工业用水需求等。人的基本用水需求是指人们为满足基本生存与发展的需要而必需的水量。这部分用水需求不能通过市场解决，每个地区按人口计算的水资源基本需求在水资源配置中必需优先满足，这体现了生存权的基本权利；生态用水需求是维持生态系统和水环境而必需的水资源量，是一种非排他性（非排他，指在消费中无法排除免费搭便车者）的公共物品，应由政府来保障和提供；农业用水需求是指农田灌溉、林牧业需水；工业用水是工业生产过程中需要冷却等的用水。后两种用水具有私人性质，应该通过水权配置、市场机制转让水权的形式实现水资源在地区、行业间的优化配置。所以，水市场中的水需求就是生活用水、农业、工业、第三产业因生产生活需要对水的需求。

在一定时期内，各种用水需求会有所变化，各种水需求对水的依赖程度不同，即水需求的价格弹性不同。基本生活用水和生态用水的需求价格弹性较小，其主要影响因素是人口数量的变化、气候的变化、生态环境的变化。农业用水需求弹性较大，其主要因素是各个季节或长期的温度、降水状况及节水设施和节水技术的发展情况。非农业用水对水的需求价格弹性也较大，其主要影响因素是市场经营状况、节水设施和节水技术的发展状况。

我国水资源不足的矛盾突出表现在城市的水资源不足问题。在农业用水方面，我国目前的粮食产品能够保障近 13 亿人口的粮食安全，到 2030 年，我国人口总数将达到 16 亿人，即使我国的农业用水总量不增加，保障全国人口粮食安全也是没有问题的。但随着我国社会经济的进一步发展，淡水资源需求总量还将有较大增加，主要体现在工业和生活用水需求的增加上，而且主要是城市用水的增加。城市用水主要包括生活用水、工业用水、郊区农副业生产用水。生活用水主要指家庭生活、环境、公共设施和商业用水；工业用水主要指工厂、矿业企业在生产过程中用于制造、加工、冷却、空调、净化等部门的用水。据统计，在现代化大城市用水中，生活用水约占城市总用水量的 $30\% \sim 40\%$，工业用水约占 $60\% \sim 70\%$。

　　通过对水价的调节和优化水资源配置，可以实现基本水需求的满足，以及社会经济发展和生态环境保护之间的均衡。水资源的需求不仅是水量的需求，还包括水质、水环境和水生态的需求；水不仅是人的需求，还要考虑自然界的需求；不仅考虑当代人的水需求，还要顾及水需求的持续发展。只有综合考虑各方面需求和未来的需求，才是合理的水需求。水需求的调节难以自发形成，需要通过需求管理来实现。

　　可以用图 2-6 和图 2-7 来表示这种关系。以灌溉面积的需求水量为例加以说明。在不考虑灌溉成本的情况下，高产的灌溉水需要量为 W^*。当灌溉水的边际产量为零时，农业产量达到最大。MPV_W 为用水的边际产品价值曲线，有 $MPV_W = MP_W \cdot P$，即最后一单位用水带来的边际产量销售获得的边际收益。如果考虑灌溉水的成本对水需求的影响，并假设边际灌溉成本不随灌溉水量的变化而变化，即边际灌溉成本曲线是一条直线 MC，根据边际产品价值（在此假定农业产品市场是完全竞争的卖方）等于边际成本的原则，当灌水价格为 P_2 时，农民的水资源需求量即灌水量为 W_2，当灌水价格为 P_1 时，农民的水资源需求量即灌水量为 W_1。显然，在考虑供水成本的情况下，灌溉量不是一个不变的常数，而是随价格的变化而变化的，而且总是比不考虑灌水成本的数量要小。同时，现实的需求数量所对应的边际灌水成本还需满足小于边际节水成本的条件。

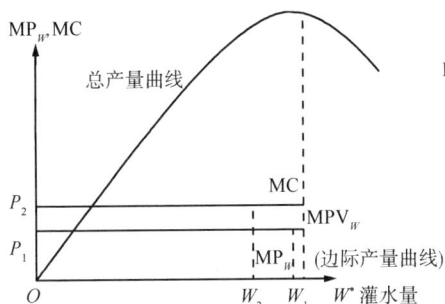

图 2-6　单位灌溉面积的水资源需求　　　　图 2-7　工业有效需水量

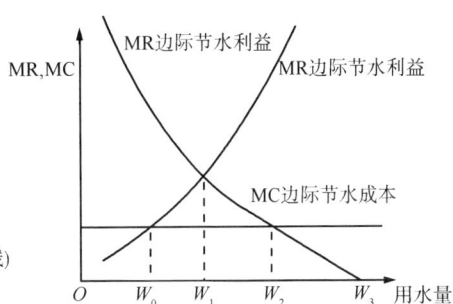

　　边际用水成本是在一定的用水规模上，增加单位用水量所需的成本，均衡时

等于供水价格。在市场经济条件下，供水价格应反映供水成本，并保证供水企业有微利。长期来看，供水价格是随着供水规模的扩大、水源减少、开发利用难度加大而上升的。边际用水收益是在一定用水水平下，在其他各种投入不变，增加单位用水所增加的收益。边际节水成本是在一定的用水规模上、在不降低效益的条件下减少单位用水所需的节水成本，边际节水成本随着节水量的增加而变大。在不考虑用水成本时，需求量会达到 W_3 的数量，当考虑到用水成本和节水成本时，如果在边际用水收益与边际用水成本的交点处，边际用水成本大于边际节水成本，则最优水需求量不是出现在边际用水收益等于边际用水成本交点的 W_1 的数量，而是出现在边际用水成本与边际节水成本的交点处对应的用水量 W_0 处。合理的用水规模出现在边际用水收益等于边际节水成本处，用水量为 W_2。

第 3 章　水资源供给

3.1　水的自然供给

生命的诞生、存在与延续都离不开水。水的自然供给是指自然界水的存在与更新。大自然是水的供给者。水系统的循环与周转，形成地球上持续的水自然供给。水资源供给能力可以用水资源可供水量表示。水资源可供水量是在考虑到技术经济因素、水质状况、开发不同水源的有利和不利条件及其对水生态与环境的影响，在现有水资源开发利用模式下可能的供水量。水资源可供水量由资源、环境和工程三部分组成。

在地球形成之初，大气中包含水蒸气，当古老的岩浆冷凝成地壳，温度降低到 100℃ 以下时，液态水出现在地表。在温度低于 0℃ 时，固态的水——冰或雪就形成。地球表面大部分是水，有所谓"三山六水一分田"的说法。实际上，海洋面积占了地球表面积的 71%，除了海洋中的水外，地球上的水还包括陆地上的、大气中的。陆地上的水又包括地表水、地下水、土壤水及生物体中存在的水等。可惜的是，虽然地球上的水很多，但对人类最有用的也是人类最需要和关心的淡水资源并不多。从静态的储量看，海洋水占 97.5%，陆地水占 2.4%，大气水占不到 0.001%，淡水量只占地球总水量的 2.5%，而且大部分淡水都分布在南极洲和北极的冰层中。分布在河流、湖泊、地下含水层，这些容易为人类所利用的水，只占全球水总量的 0.007%，如表 3-1 所示。

表 3-1　全球水的分布及存在形式

水体	水量/km³	比例/%	水体	水量/km³	比例/%
大洋	1 320 466 521	97.24	土壤水	66 648	0.00
冰盖冰川	29 158 567	2.15	大气	12 913	0.00
地下水	8 331 019	0.61	河流	1 250	0.00
淡水湖	124 965	0.01	总水量	1 358 266 020	100.00
内海	104 138	0.01			

资料来源：Nace，U. S. Geological Survey，1967，http：//ga. water. usgs. gov/edu/waterdistribution. html

3.2　水的社会供给

一切水资源均来自大自然的降水。人们的用水来源于两部分：一部分是自然水的直接利用，如直接引用河水灌溉、没有水利条件下的农业用水；另一部分来源于水利工程或经过适当加工后供给用户的水。现实中人们使用的水是水管单位和自来水企业等经过水利工程蓄、引、提、压、送、供的过程，其中包括水处理、净化后的中水（"中水"的定义有多种，在污水工程方面称为"再生水"，工厂方面称为"回用水"，一般以水质作为区分的标志。其主要是指城市污水或生活污水，经过处理后达到一定的水质标准，可在一定范围内重复使用的非饮用水。）和淡化过的海水。水利工程工作的过程就是赋予自然水以利用价值，使水资源演变为水利工程供水，从自然资源转变为经济资源并产生价值，以满足各类水资源需求的过程。

水的社会供给是指人类利用各种工程措施对水量水质进行调控以满足人类的用水要求。水的供给与其他商品供给具有不同的特征。表现在两个方面。一是水供给的波动性，一个地区可用水资源的供给量，在一年中的各个季节，随着气候变化而变化。在一个较长气候变化周期里，水资源可供量有规律地波动。由于自然和人类的原因，造成的全球气候变化更增加了长期水供给的波动。二是水供给的地域差异明显。任何地方的地下水和地表水都依赖于气候变化和蓄水层的储量变化。水需求和水质问题也与当地人口规模和经济发展水平紧密相连。此外，人为的输水、提水、储存水、调度水的工程和投资不同也引起了区域供水的差异。

研究水资源的供给，目的是为了实现经济社会的发展，使水资源的供给与水资源的需求相协调、可持续。一般情况下，水资源供给往往相对于资源需求表现为不足，所以解决水供给，既要开源，更要节流。要通过提高水资源的配置效率、利用效率，实现水资源的有效供给，以更小的用水增加来支持更大的经济增长和社会发展需要。通过合理的经济制度安排、科技进步和工程措施，提高用水效率（包括配置效率和使用效率）。具体地，从两个方面入手：一是提高宏观层次的水资源配置效率，及时地把与区域需求相适应的水分配到相应的区域和行业；二是从微观层次提高用水效率，即通过节水管理和节水方面的技术进步，提高用水单位用水效率，降低单位产品和服务的耗水量。在提高结构效率和产品效率的基础上，实现全社会用水效率的提高。通过用水效率提高来满足经济社会发展对水资源需求的增长，实现水资源的持续利用。

对于河道内的水，供水就是对径流的时间过程进行调节，以满足发电、航运、生物繁衍等对流量、水位、水深的要求。对于河道外的用水，供给就是从自然水体中取水供人类利用。一般来说，供水就是指河道外用水的供给。

3.2.1　供水系统的构成

供水系统由水源、取水系统、原水输配系统、水净化处理系统、用水输配管网系统、用户系统组成。因为用水还需要排水，所以供水系统还包括废水回收系统、废水处理系统、处理后污水回用系统和处理后的废水排泄系统。

图 3-1 中，A_1 为地下取水系统，A_2 为地表取水系统，B 为水净化处理系统，C 为用户水系统，D 为废水处理系统，E_1 为各环节损失水回归，E_2 为处理后的废水排泄，A_1B 为地下水原水配送系统，A_2B 为地表水原水配送系统，BC 为水厂与用户间的配送系统，CD 为用户与污水处理厂间的废水收集配送系统，DC 为处理后污水回用系统，DE_2 为从废水处理厂到河湖的废水排放系统。对于农业灌溉供水系统，一般没有图中的用水前后的两个水处理系统 B 和 D。对于落后地区城镇与生活废水，若未经处理直接排放到自然环境中去，就缺少了废水处理的 D 环节。

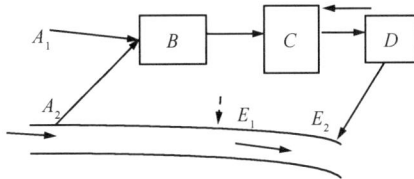

图 3-1　供水系统示意图

供水系统按供给范围还可区分为公共供水系统与自供水系统。公共供水是指供水者为很多用户提供供水服务，不论其供水系统是否国有，自供水系统是指供水者只为自己供给水。

供水系统各环节的水平衡是了解供水系统效率的重要指标。取水工程从地表、地下水体提取的原水水量称为取水量，被称为毛供水量，也称毛用水量，用 W_d 表示。真正进入用户系统的水量，称为净供水量，或称净用水量，用 W_u 表示。毛用水量与净用水量的差，包括取水工程与水厂之间的输水损失，用 L_1 表示，水厂损失用 L_2 表示，水厂与用户之间的输水损失用 L_3 表示。从水用户废水排泄口排出的水量称为废水排放量，用 D_w 表示。没有排放而被用户在用水环节消耗的水量称为净消耗量，用 C_n 表示。不论是否经过处理，取水后再回到天然水体的水量称为回归水量，用 R_e 表示，它包括两部分：一部分是经正常使用，排放后回归的水量 R_{e1}，另一部分是各个环节损失的水量中回到自然水体的那一部分 R_{e2}。废水排放量 D_w 与回归量 R_{e1} 之间的差额，包括经废水处理厂处理后回用的水称为回用水量（用 R_u 表示）和废水处理及输送系统的损失（用 L_4 表示）。取水量与回归量之差为总耗水量 C_g。则有下列水平衡关系：

$$W_d = W_u + L_1 + L_2 + L_3$$
$$= C_g + R_e$$
$$= C_g + R_{e1} + L_1 + L_2 + L_3 + L_4 \tag{3-1}$$

$$R_e = R_{e1} + R_{e2} \tag{3-2}$$

$$C_g = C_n + L_1 + L_2 + L_3 + L_4 - R_{e2} \tag{3-3}$$

供水的有效利用率为：

$$\alpha = W_u / W_d \times 100\% \tag{3-4}$$

供水的总消耗率为：

$$\beta = C_g / W_d \times 100\% \tag{3-5}$$

供水的回归率为：

$$\gamma = R_e / W_d \times 100\% \tag{3-6}$$

3.2.2　常规取水工程的供给

常规水资源指可以动态更新的地表、地下淡水径流。按取水的水源不同，常规取水工程可分为地表水取水工程与地下水取水工程两大类。地表水取水工程，按取水方式的不同，可进一步划分为引水工程、蓄水工程和提水工程。蓄水工程是利用调蓄设施把丰水期用不了的水调蓄到需水季节利用的工程。引水工程是直接从河道自流引水，可以修建有调节流量、抬高水位以便引水的堤坝合闸门，但其本身没有调蓄能力。提水工程是利用抽水泵直接从河道抽水。从水库引水或提水都是蓄水工程取水，不能在引水工程取水和提水工程中重复计算。

地下水取水工程，根据所开发的地下水的压力类型，又分为潜水取水和承压水取水。根据开采条件和取水建筑物布置方式的不同，可分为垂直取水、水平取水和双向取水三类。其中垂直取水类型有管井、大口井、筒管井。水平取水类型有坎儿井、卧管井和截潜流工程。双向取水类型主要是辐射井。管井是钻孔法开凿的，也称机井，适用于开采深层承压和浅层潜水，一般由井孔、井壁管、滤水管、沉砂管和井台组成。

1. 地表水的可供水量

目前我国供水工程的供水效率，即实际供水量与供水能力之比为86%。通过改造挖潜，将供水效率可提高5个百分点。预计2030～2050年可新增100亿～150亿 m³的供水量，其中北方五大流域可挖潜新增25亿～35亿 m³的供水量。

目前全国在建和拟建的蓄水、引水和提水工程，可使全国新增300亿 m³供水能力。预计全国新建地表水供水工程的新增供水能力，到2030年可达830亿 m³，到2050年累计新增950亿 m³。南方片累计新增850亿 m³，北方片因地表水资源不足，开源潜力不大，约有 100 亿 m³ 的潜力可增加，主要集中在内陆地区的国际河流和松辽流域。预计 2030 年和 2050 年全国累计新增当地地表水的供水能力分别为 930 亿 m³ 和 1100 亿 m³。从区域看，地球水新增供水能力主要集中在长江、珠江等水资源比较丰富的地区，2050 年累计新增 965 亿 m³。北方增长潜力有限，约为 135 亿 m³（表 3-2）。

表 3-2　当地地表水供水能力与供水量预测　　　　　　（单位：亿 m³）

年份	流域片	供水能力	更新改造	当地新建	新增能力	供水效率	可供水量	新增供水量
2030	全国	5780	100	830	930	0.91	5280	867
	松辽河片	415	8	42	50	0.95	396	42
	海河片	152	4	2	6	0.73	111	−1
	淮河片	452	5	3	8	0.85	385	2
	黄河片	343	5	3	8	0.78	268	−1
	长江片	2360	60	550	610	0.95	2247	597
	珠江片	998	8	140	148	0.94	935	143
	东南诸河片	345	5	25	30	0.89	308	27
	西南诸河片	137	2	40	42	0.88	120	35
	内陆河片	578	3	25	28	0.88	510	22
	北方五片	1940	25	75	100	0.86	1670	65
	南方四片	3840	75	755	830	0.94	3610	802
2050	全国	5950	150	950	1100	0.91	5390	977
	松辽河片	425	9	51	60	0.95	403	49
	海河片	153	5	2	7	0.73	111	−1
	淮河片	455	8	3	11	0.85	386	3
	黄河片	346	7	4	11	0.76	264	−5
	长江片	2450	90	610	700	0.95	2325	675
	珠江片	1024	14	160	174	0.93	950	158
	东南诸河片	347	7	25	32	0.88	306	25
	西南诸河片	154	4	55	59	0.87	134	49
	内陆河片	596	6	40	46	0.86	511	23
	北方五片	1975	35	100	135	0.85	1675	70
	南方四片	3975	115	850	965	0.93	3715	907

供水效率受降水时空分布不均、供水设施老化和泥沙淤积等因素的影响，供水能力不可能完全转化为供水量，需在供水能力预测的基础上，再进行可供水量的预测。

2. 地下水可供水量

中国的地下水资源约为 8288 亿 m³/年，相当于河川径流总量的 30% 左右。但地区分布很不均匀，北方 15 省和苏北、皖北地区的地下水资源约为 3000 亿 m³/年，南方各省份的地下水资源约为 5000 亿 m³/年。

我国地下水资源从开发利用来看，集中分布在几个大平原和盆地。全国 14 个主要平原和盆地的面积为全国的 16%，而其地下水资源约为 1900 亿 m³/年，占全国地下水资源的 23%。这些平原和盆地主要分布在秦岭-淮河以北的北方地区，其中地下水资源最多的有松辽平原、黄淮海平原、天山山前平原、三江平原等。北方地区平原面积大，耕地面积占全国的 50% 以上，因地表径流不丰富，所以地下水具有重要的地位。全国现有井灌面积约 1130 万 hm²，地下水年开采量 400 亿 m³，具备井灌条件的耕地面积共约 3300 万 hm²，因而地下水还有很大的开发前景。至于山区，主要是基岩裂隙水，一般埋藏深且水量贫乏。

在技术经济合理和生态环境允许的前提下，我国地下水的利用量约为 1300 亿 m³。目前我国多年平均超采地下水量约 80 亿 m³，主要集中在相对缺水的华北和西北地区。地下水开发具有潜力的地区主要分布于北方片区的松辽河、新疆、淮河、黄河下游两岸等地，可新增 350 亿 m³ 的可开采量。海河流域的地下水开采严重，应结合取水许可，对总量进行控制，保持在 200 亿~210 亿 m³ 的开采量为宜（表 3-3）。

表 3-3　地下水开发利用能力与可供水量预测　　（单位：亿 m³）

流域片	地下水资源总量	2030 年			2050 年		
		供水能力	实供水量	新增供水量	供水能力	实供水量	新增供水量
全国	8149	1250	1170	139	1300	1210	179
松辽河片	625	340	325	59	350	330	64
海河片	265	210	200	−64	210	200	−64
淮河片	393	225	215	30	235	220	35
黄河片	406	155	145	11	155	145	11
长江片	2464	98	80	7	100	88	15
珠江片	1116	55	54	13	58	54	13
东南诸河片	474	21	20	13	31	28	21
西南诸河片	1544	6	6	4	11	10	8
内陆河片	862	140	125	66	150	135	76
北方五片	2551	1070	1010	102	1100	1030	122
南方四片	5598	180	160	37	200	180	57

3.3　非常规水资源的供给

3.3.1　雨水利用

雨水利用是指把雨水及其产生的地表径流拦蓄、收集起来，或者直接用于农村灌溉、人畜用水或城市用水，或者通过增大土壤入渗措施增加土壤水、地下水资源来间接利用。

雨水直接利用系统包括雨水收集系统、蓄水系统、处理系统和供水系统。雨水收集系统需要一定面积的集雨面，通过收集雨水，利用循环的淡水资源。由于入渗性好，城市不透水的屋顶、街道地面、广场等都是很好的集雨面。另外还需要雨水的蓄水系统，便于收集、储存与保持水分不被蒸发。在干旱的农村，经常挖旱井或修水窖来蓄水。在城市，可用蓄洪池塘、地下水池等设施来蓄水。

雨水利用的处理系统，可根据不同的用水水质要求，对水进行不同程度的处理。对于灌溉和城市用水，只要经过简单的沉淀、过滤，就可以利用。对于人畜用水，还需要进行杀菌等处理。通过对雨水的收集、贮藏、处理，在需要时还能及时地把收集的雨水通过取水系统供给需要的单位。

雨水间接利用系统由各种增加雨水入渗的措施组成，如水土保持中常用的水平沟、鱼鳞坑，平原地区的增渗沟、地下水回灌井，城市地区的透水路面等。

雨水的利用由来已久，已经成为当今世界水资源开发的潮流之一。但把雨水作为供水的一个正式水源是现代的事情。由于集水工程技术措施的进步，从 20 世纪 80 年代以来，全世界范围内已经提高了雨水资源的利用率。在我国，解决西北黄土高原与西南岩溶山区的人畜用水问题，就地收集雨水已经成为主要的出路。在半湿润、半干旱地区，雨水积蓄技术更是充分利用降水，保证旱地农业稳产高产的一项重要水利措施。同时，城市雨水收集，不仅使城市供水得到大量补充，也可以缓解城市暴雨对城市造成的灾害，变城市雨水为宝，北京市北海公园的雨水利用就是其中很好的例子。

本地径流与洪水的节流和储存，在历史上就是一种重要的水源，尤其对于农业活动来说，更是如此。径流河道不能因为季节性流速的增长或下降而同时发生变动。在通常情况下，一条大河道中的水流速度比较缓慢，但当洪水上涨时，同样的河道无法承载过多的水量，便发生洪涝灾害。作为一种供给方式，控制洪水并有计划地管理与使用洪水，可以变害为利。具体地，在方法和技术上有两类：一类是结构性的，另一类是非结构性的。结构性的方法指水库、防洪堤、河道改善以及其他方式；非结构性的则包括洪水检验、定位、分区，洪水保险、洪水预警系统和洪水平原清理。当洪水被用作一种水源时，要考虑其质量问题，因为大部分洪水都携带大量的有机营养物，或者其他有机物质、淤泥和排放到湖泊及水库里的污染物。洪水控制和暴雨的收集体系与洪水和暴雨的处理系统一样，可用于满足不同质量水平下的用水需求。

　　近年来，随着极端灾害性天气的频频出现，许多城市频繁遭遇强暴雨袭击，城市排水系统难以负担突如其来的大量雨水，导致在短时间内雨水无法排走。尤其对于像荷兰鹿特丹一样地处海平面以下的城市来说，问题尤为突出。为了解决这一问题，荷兰的城市规划师与工程师制定了一套"水规划"，通过采用景观与工程相结合的统筹途径，将城市内有效蓄水与公共空间结合起来，进而发展出包括下沉广场、灵活的街道断面、水气球，以及拦截坡面的坝等多个公共空间原型（prototype）。可以根据具体环境的尺度、空间的使用、储存雨水的能力要求应用于不同的地点。即便在常规的雨季里，广场仍保持干燥，雨水将渗入土壤或被泵入排水系统。只有当遭遇强降雨时，广场才会一改其通常的面貌和功能，成为暂时储存雨水的实施。收集的雨水将从特定的入水口流入广场的中央，并且水流动过程可见可听。设计还确保了广场被淹没是个循序渐进的过程，短时间的暴雨只会淹没雨水广场的一部分。此时，雨水将汇成溪流与小池，孩子们可以在其间戏水游乐。之后，雨水将在广场里停留若干小时，直到城市的水系统恢复正常。若暴雨延长，雨水广场将逐渐浸没，直到运动场被淹没，广场成为一个蓄水池，人们可享受雨水广场带来的乐趣。广场最多可以容纳 $1000m^3$ 的暴雨。雨水广场并不是一个污水处理设施，因此雨水在汇入广场之前，先通过一个分离的净水系统从公共空间和屋顶被收集到一起，收集到的雨水首先汇入一个"水匣子"，在此得到过滤，过滤后的雨水将逐步流入广场，直到可以被排至附近的水体。这样一来，可以避免目前污水溢流至沟渠和运河，造成二次污染。因此，许许多多这样的雨水广场在成为城市独特风景线的同时，又起到缓冲雨水、改善城市水质的目的。同时，用在地下排水基础设施上的资金可以用来建造更好城市公共空间，可谓一举多得。我国的雨水利用是从 20 世纪 80 年代末开始的，甘肃省 1988 年率先开展雨水集蓄利用技术研究。

3.3.2　污水回用与中水利用

　　污水回用是指生活和工业污水经过处理后，作为工业、农业或市政用水的水源。中水利用是指某些水质尚可，废水经过简单处理后用作对水质要求不高的用水，如家用卫生间用水、绿地灌溉用水、洗车用水等。

　　废水污水未经处理而直接排放，既浪费了资源，又污染了环境。如果处理回用，达到环境允许的排放标准和污水灌溉标准，使污水资源化，不仅可增加可用水源，解决农业缺水问题，还可以用作工业、市政、家庭用水，起到治理污染的作用。预计 21 世纪中叶，我国废污水排放量将高达 1100 亿～1500 亿 m^3，如能将污染治理与回用农业灌溉有机地结合，将对我国解决水资源的短缺和水环境的改善有重要意义。

通常把经过污水处理厂深度处理的水称为中水，其水质比自来水差但可以用作其他方面。更一般地，把介于上水（自来水）和下水（污水）之间的水称为中水。城市用水的利用率很低，一般不足 20%，有 80% 左右转化为污水，排入下水道是一种很大的资源浪费。如果经过处理循环使用，可节约 70% 的水资源。这样不仅节约了水资源，也节约了能源，还减少了环境污染。

城镇废水包括生活废水和工业废水。工业废水主要包括生产工艺废水和冷却废水。生产工艺废水指各种生产工艺生成的废水，如洗涤废水、电镀废水、各类浮选工艺废水等。这类水一般污染物含量较高，有时还有毒性，对水体污染影响较大。冷却水约占工业用水的 80%，如由冷凝器出来的水，这类设备水质较好，不宜直接排放，可有效循环使用。若直接排放不仅是水资源的一种浪费，还会造成水污染。如与其他废水混合，还会增加废水体积，使废水处理起来难度加大。研究表明，城镇废水污染杂质只占 0.1%，因此在除去杂质后绝大部分水都可再利用。经过处理可用于农业灌溉、工业生产、城市景观、市政绿化、生活杂用、地下回灌和补充地表水等，最大限度地再利用，减少对水资源的消耗，利国利民。

国外发达国家在中水利用方面值得我国学习。越来越多的行业开始利用处理后的废水，污水处理量和回用量都很高。美国加利福尼亚州有 200 多个污水处理回用厂，每年为 850 多个用户提供回用水约 4.96 亿 m^3。全美国每年回用城市污水量达 $9.37 \times 10^8 m^3$。日本早在 1962 年就开始污水回用的实践。20 世纪 70 年代的东京、名古屋和大阪等城市都已经将城市污水处理后的水回用于工业。南非不但工业使用再生水，而且在约翰内斯堡市，每日自来水的 85% 加入城市再生水，开创了使用污水回用到饮用水的先例。

我国城市污水净化处理是从 20 世纪 70 年代开始的。一些城市将郊区的坑塘洼地、废河道、沼泽地等稍加整修或围堤筑坝，建成稳定塘，对城市污水进行净化处理。我国城市污水再生利用在一些城市或区域已开始规划，有的已经付诸实施。例如，青岛市日产 4 万吨再生水工程于 2015 年投入使用；天津市计划在 2015 年将城市污水处理厂出水全部回用。

3.3.3　海水利用

海水利用主要包括海水直接利用和海水淡化。海水直接利用是将未经淡化处理的海水直接用于工业冷却、冲洗厕所等。海水淡化是把海水脱盐处理，达到饮用水标准后作为生活和工业用水。海水直接用于冷却的技术包括贯流冷却和循环冷却。海水贯流冷却指以原海水为冷却介质，海水流经换热设备完成一次冷却后，就直接排出到外部水体中。海水循环冷却技术是直接以原海水为冷却介质，经换热设备完成一次冷却后，再经冷却塔冷却并循环使用的冷却水处理技术。海水淡化技术包括多效蒸馏、多级闪蒸、反渗透和电渗析。多效蒸馏进一步发展为低温多效蒸馏。多效蒸馏和多级闪蒸都是利用蒸馏原理把水和盐分离来获得淡水。反渗透和电渗析都是用膜技术来获得淡水。

海水淡化的前景不在于技术，关键是经济方面的考虑。所以是否能够大规模开展利用，取决于制水技术的进步和成本的降低。国外先进水平国家，海水淡化成本已经达到 0.5 美元/m³。我国建成的海水淡化工程 12 个，具备了万吨级海水淡化的设计和工程能力，技术经济指标达到同等容量的世界先进水平，淡化成本已降至 5 元/m³ 左右。

我国海岸线很长，但海水利用量很小。青岛、大连利用海水有丰富的经验，其他沿海城市也应利用海水替代部分淡水，弥补当地淡水资源的不足。随着我国经济实力的不断增强，海水利用技术的进步和处理海水成本的降低，我国海水利用将具有很大的潜力。

3.4　水资源开发利用潜力与可供水量

3.4.1　我国河流供给的特征

据水利部门估算，我国的地表水资源情况：河川径流总量为 27 115 亿 m³，地下水资源量为 8288 亿 m³。由于地表水可以互相转化，因此两者之间有一部分重复量，经计算这部分重复量为 7279 亿 m³。扣除重复计算部分后，全国水资源总量为 28 124 亿 m³。我国地表水资源总量占全世界径流总量的 5.8%，占亚洲径流总量的 18.8%。但按人均平均，每人每年拥有的水量尚不及 2700m³，只相当于世界平均水平的 1/4。中国水能资源理论上蕴藏量达 6.76 亿 kW。中国河川径流量在地区分布上很不均匀，全国径流量的 96% 集中在外流流域，面积占全国总面积的 64%，内陆流域仅占 4%，面积占全国总面积的 36%。中国各河流径流量的大小相差悬殊：长江为中国最大河流，其多年平均径流总量为 9755 亿 m³，占全国径流总量的 1/3 以上，仅次于南美洲的亚马孙河和非洲的刚果河，居世界第 3 位。其次为珠江，为 3360 亿 m³。黄河虽是中国的第 2 大河，但水量却只居第 8 位。

我国河川径流还有一个特点，就是分布随季节差异较大。径流的季节分配主要取决于补给来源及其变化，四个季节河流水量的特点：

冬季（12 月至翌年 2 月）是中国河川径流最枯季节。除台湾东北部冬季径流可达年径流的 25% 外，南方地区河流占年径流的 8%～10%，华北和西北大部分地区占年径流的 4%～8%，东北和内蒙古地区均不足年径流的 2%。

春季（3～5 月）是我国河川径流普遍增多的季节，增长最多者为长江以南、南岭以北及内蒙古的锡林郭勒盟和新疆塔城等地区，春季径流可达年径流的 30%～40%，为一年中径流量最多季节。东北地区春季径流可占年径流的 15%～25%，华北山地可达年径流的 10%～15%，而平原地区仅占 6%～8%。滇中、滇南地区春季径流只占年径流的 6%～8%，为一年中径流量最少季节。

夏季（6～8 月）是中国径流量最多的季节，纬度越高，夏季径流越集中，东北、华北和西北地区夏季径流可占年径流的 50%～60%，甚至高达 60%～70%。南方除去云贵高原及四川盆地等夏季径流可达年径流的 50%～60% 外，长江以南和南岭以北地区的夏季径流一般只占年径流的 30%～40%。海南岛的夏季径流只占年径流的 30% 左右。从全国整体上看，夏季普遍进入汛期，河水容易暴涨，发生洪涝灾害。据不完全统计，从公元前 206 年至公元 1949 年的 2155 年间，发生较大水灾 1092 次，较大旱灾 1056 次，几乎平均每年发生一次水灾或一次旱灾。

秋季（9～11 月）是中国河流水量普遍减少季节。海南岛为中国秋季径流最多地区，其秋季径流占年径流的 50% 以上。其次为滇中、滇北、秦巴、关中地区，其秋季径流占年径流的 30%～40%。华北平原、松辽平原秋季径流占年径流的 30% 左右。秋季径流量最少的是长江以南、南岭以北地区，只占年径流的 10% 左右，为一年中径流最少季节。西北地区的秋季径流只有年径流量的 15%～20%。

不同河流的最大年径流量与最小年径流量的比值差异也很大。长江汉口实测最大年径流量为 3.11 万 m^3/s（1954 年），实测最小年径流量为 1.44 万 m^3/s（1900 年），最大年径流量与最小年径流量的比值为 2.2。淮河蚌埠站实测最大年径流量为 2280m^3/s（1921 年），实测最小年径流量为 117m^3/s（1966 年），最大年径流量与最小年径流量的比值为 19.5。

我国河流还普遍具有丰、枯水段交替的现象，各河流的循环期长短不一，大体可分两种：一种为循环期较短者。如长江的汉口站，自 1865～1969 年的 100 多年间，有个丰枯循环期，最长者为 26 年，最短者为 16 年，无固定周期。循环期中的丰水段为 8～18 年，枯水段为 9～16 年，长短不一。淮河和西江也属于此类。另一种是循环期较长者。如永定河的官厅站，近 40 年来的年径流变化基本上可视为一个循环期。1926～1948 年为枯水段，1949～1970 年为丰水段。丰、枯水段径流量的增减变化，一般北方河流都较南方河流幅度大。我国河流还会出现丰水和枯水现象，一般北方河流持续时间比南方河流长，丰、枯水段径流量的增减幅度变化较大。我国大河丰、枯水变化也呈复杂的变化。例如，1921年西江、长江、淮河、黄河都是丰水年，而永定河和松花江则为枯水年。相反，1929年、1941年长江、淮河、黄河和永定河都是枯水年，而松花江则为丰水年。类似情况历史上也多次发生，因此，在我国就形成了一种"南旱北涝"或"南丰北枯"的说法。但偶尔也会出现在一些年份，有几条大河同时出现丰水年或枯水年的现象，如1954年长江出现有水文纪录以来最大的丰水年，同年，从南方的西江到北方的松花江普遍出现丰水年现象。

3.4.2　我国河流的开发利用潜力

为了满足未来经济发展对供水的不断需求，根据各区域社会经济发展情况、生态发展状况，可在进一步节约用水的同时，适当建设当地水资源开发利用工程，增加供水，做到新建工程与工程配套并举，节流与开源并举，利用与保护并重。

衡量水资源利用程度的主要指标为"水资源开发利用率"。水资源开发利用率是指供水能力或保证率为75%时，可供水量与多年平均水资源总量的比率。它表示水资源开发利用程度。我国目前水资源利用率为20%。流域之间差异较大，海河流域开发利用率为83.5%，辽河、淮河、黄河流域开发利用率均超过或接近60%。松花江、长江、珠江及东南诸河流域开发利用率为10%～20%，而西南诸河流域开发利用率仅为1.3%。全国可利用的淡水资源量约为9500亿～11000亿m³。若不考虑从西南诸河调水，扣除珠江及东南诸河流域难以向外调水的水量，全国可利用水资源量大概为8000亿～9500亿m³。

我国河流众多，各河流自然条件和生态环境差异性大，总体上可把我国的河流分为四种类型。

第一类是七大江河，分别是长江、珠江、松花江、辽河、海滦河、黄河及淮河。七大江河的水资源开发利用限度，无论从总量还是利用程度都明显高于其他河流。七大江河的水资源量占全国水资源总量的59%，可供开发利用的水资源量约为7600亿m³，约占全国可开发利用（11 000亿m³）水资源总量的72%。其中长江和珠江达到5070亿m³，占全国的一半以上。七大江河平均最大限度的利用率为47%，其中"三江"为40%，"四河"超过70%。

第二类是沿海地区的短小河流。北面分布在辽宁沿海和山东半岛，东面主要在浙江、福建沿海，南面有粤东、粤西、桂南沿海及海南岛。除钱塘江、闽江、韩江河较长外，其余河流短小、水系分散、坡度陡、汇流时间短、建控制性工程难度大，不利于开发利用。沿海诸河水资源量占全国的13%，可利用量仅占全国的 8.7%，最大可开发利用平均值为 26%。

第三类是内陆河，不包括新疆中亚细亚出境河流在内，其面积占全国的 34%，水资源量仅占 3.6%。内陆河地区由于气候干燥、蒸发量大、水资源缺乏、植被稀少，所以是生态环境最易遭受破坏的脆弱地区。该地区水资源分布不均匀，开发利用程度差异也大，典型的如西藏北部羌塘地区，由于生存条件恶劣，基本无人居住，尽管那里的水资源量占内陆河区的 1/4，但却无法利用。而在甘肃河西走廊，水资源的利用率已超过 90%，因生态环境制约，再开发利用潜力有限。

第四类为国际出境河流。有西南的澜沧江、怒江、雅鲁藏布江等，西北的有伊犁河、额尔齐斯河，东北的黑龙江、乌苏里江、鸭绿江、图们江等。这些国际河流面积约占全国的 15%，我国境内产生的水资源量约为 6800 亿 m³，占全国水资源总量的 25% 左右。目前我国国际河流的开发利用率还较低，大致情况是，西北最高，达 27%，东北诸国际河流为 6.6%，西南诸国际河流为 1.3%，其中雅鲁藏布江等诸国际河流的利用率更低，不到 0.3%。西南诸国际河流为我国水资源开发利用潜力最大地区。

根据我国各类河流的特点，考虑到各流域未来水资源需求增长趋势、水资源开发利用程度、水资源对生态环境的影响等，估计到 21 世纪中叶，全国可供开发利用的水量约为 2400 亿 m³，占全国的 27%。但海河、黄河水资源开发利用程度均超过 70%，生态环境压力较大，需要外调水补充。西北内陆河流域，按生态用水和经济用水各一半考虑，水资源可利用量为 650 亿 m³，比现状可增加 100 亿 m³ 左右。南方长江以南诸河，水资源进一步开发潜力较大，未来可开发利用水量将超过 5700 亿 m³ 左右，占全国的 65%。目前我国水资源已经开发利用约为 5600 亿 m³，有 3000 多亿 m³ 水资源量尚待开发，可开发利用的水资源主要分布在南方地区。北方地区水资源可开发利用的数量不足 500 亿 m³，其中 3/4 分布在嫩江、松花江及东北周边和新疆的国际河流。

3.4.3　世界水资源的供给与利用

目前全球人均供水量比 1970 年减少了 1/3，因这期间地球上又增加了 18 亿人口。按照水文学家的估算，年人均拥有水量为 1000～2000m³ 的国家可定为水资源紧张的国家，当该数字下降为不到 1000m³ 时，该国就是缺水国家。目前共有 2.32 亿人口所在的 26 个国家被列为缺水国家，其中不少国家人口增长率还很高，所以其水紧张的问题也日益加剧。

地下水的抽取速度超过地下水恢复再生速度，最终会出现因抽水设备及抽水耗能费用昂贵而无法抽取，或因地下水耗尽而无水可取的局面。目前，地下水过度开采现象在中国、印度、墨西哥、泰国、美国西部、北非和中东等国家和地区的部分地方普遍存在。地下水不能持续利用，已储存了几百年上千年的古蓄水层目前已经很少得到补给。一些深蓄水层的水因为更新速度十分缓慢，因而几乎是不可更新的，像从油井里抽取石油一样，取水越多，水源就越少。据联合国统计，1975 年已经有 18 000 亿 m³ 的水不能恢复。

　　淡水资源的缺乏是全球发展中面临的问题。世界银行 1995 年的调查报告指出：占世界人口 40% 的 80 个国家正面临着水危机，发展中国家约有 10 亿人喝不到清洁的水，17 亿人没有良好的卫生设施，每年约有 2500 万人死于饮用水的不清洁。1992 年里约热内卢联合国环境与发展会议通过的《21 世纪议程》中指出：水不仅为维持地球一切生命所必需，而且对一切经济问题都有的重要意义。

　　200 多年来，世界人口趋向于集中在全球较小部分的城镇和城市中，20 世纪中期以来，城市化进程加快。我国在改革开放后的 30 多年中，城市的人口和规模越来越大。目前世界上城市居民约占世界人口的 41.6%，而城市占地面积只占地球上总面积的 0.3%。在城市和城市周围又建设了大量的工业区，因此集中用水量很大，往往超过当地水资源的供水能力。如日本年降雨量 1818mm，但由于 73% 的工业集中在太平洋沿岸，而且东京、大阪、名古屋三大城市周围 50km 以内，不到国土面积 1% 的土地上，居住了全国总人口的 32%，因此这些城市用水十分紧张。

　　世界各地自然条件不同，降水和径流相差也很大。年降水量以大洋洲（未包含澳大利亚）的诸岛最多，其次是南美洲，那里大部分地区位于赤道气候区内，水循环十分活跃，降水量和径流量均为全球平均量的 2 倍以上。欧洲、亚洲和北美洲与世界平均水平接近，而非洲大陆是世界上最为干燥的地区之一。虽然其降水量与世界平均值相当，但由于其沙漠面积大，蒸发量大，径流量仅为 151mm。相比之下大洋洲的澳大利亚最为干燥，其地面径流仅为 39mm，这是因为澳大利亚有 2/3 的面积为荒漠、半荒漠所覆盖的缘故。

　　通常人们将全球陆地入海径流总量作为理论上的水资源总量，全球水资源总量为 47 000km³，而这一水资源数量在全球分布不均匀，各国水资源丰缺程度相差很大。人类早期对水资源的开发利用，主要在农业、航运、水产养殖等方面，而用于工业和城市生活的水量很少。直到 20 世纪初，工业和城市生活用水仍只占总用水量的 12% 左右。随着世界人口的高速增长及工农业生产的发展，水资源的消耗量越来越大。世界用水量也在逐年增长，1900～1975 年，以每年 3%～5% 的速度增长，15～20 年左右增长 1 倍。到 2000 年，世界总用水量达到 6000 亿 m³，占世界总径流量的 15%。1985 年用水量为 1950 年的 3.5 倍。其中农业用水占总用水量的比例由 1950 年的 78.2% 下降到 1985 年的 61.5%；而工业用水与城市用水占总用水量的比例由 1950 年的 22.7％，增长到 1985 年的 34.6％。但可供人类使用的水资源却不会增加，甚至因人为的污染等因素而使其水质变差，可利用数量减少。加之，世界淡水资源的分布极不均匀，人们居住的位置与水的分布又不相称，使水资源的供给与需求之间的矛盾很大，尤其是在工业和人口集中的城市，这个矛盾就更加突出。据统计，近 40 年来，全世界农业用水量增加了 2 倍，工业用水量增加了 7 倍，而生活用水量增加的更多。

在人类消耗的淡水资源中，生活用水量只占总用水量的一小部分。目前全球的生活用水量只占河川径流量的 7％，但随着人类生活水平的不断提高，生活用水量在不断增长。

3.5　节水与水供给

水是国民经济和社会发展的命脉。我国水资源总量居世界第 6 位。由于人口众多，水资源人均占有量仅为世界平均值的 1/4 左右。近 30 年来，我国经济社会发展迅速，人类活动影响加重，出现河道断流、水体污染、生态退化，加剧了水资源的短缺形势。另外，我国经济产业布局与矿产资源分布具有紧密的关系，特别是高耗水产业主要集中分布在北方地区，进一步加剧了水资源的供需矛盾。近年来，全国约有 108 个城市先后发生了较为严重的缺水，北京、天津及滨海城市，如大连、青岛等大城市均曾出现过供水十分紧张的局面。同时，气候变化导致区域水循环规律和汇流条件发生了明显变化，水资源供需的空间差异更加显著。水资源短缺问题已成为我国 GDP 高度集中地区经济社会可持续发展的主要瓶颈，也给水资源管理提出了新的命题和挑战。采用先进的节约用水技术势在必行。所以要明确水资源不是无限的，要正视许多地区严重缺水的现实，水利建设也要把节约用水作为指导思想，采用先进的节约用水技术。

3.5.1　水资源短缺及其特征

从水的供给的角度来看，水资源短缺表现在资源型短缺、水质型短缺和工程型短缺三个方面。具体地，我国水资源短缺有如下特征。

1. 资源型短缺

资源型短缺是指当地水资源总量少，水资源可供水量不能适应经济社会发展的需要，形成供水紧张而引起的短缺。资源型短缺主要有两方面的原因引起：一是水资源时空分布不均。受大陆季风气候影响，我国全年 70％～80％的降水主要集中在 6～9 月，年际间的丰枯变化以及连丰连枯现象严重。北方地区人口占全国的 43.2%，国土占全国的 64%，而水资源量却只有全国的 19%。以单位水量相比，南方的人均水资源量约为北方的 4.4 倍，南方的亩均水资源量为北方的 9.1 倍。受全球气候变化的影响，这种地域性变化还在进一步加剧。二是我国人口众多。我国是一个水资源短缺程度较高的发展中国家，人均水资源量只有 2200m³，扣除难以安全利用的洪水径流和散布在偏远地区的地下水资源以及必须保留的生态基流后，现实可用的淡水资源量更少，约在 8000 亿 m³，若按 16 亿人的峰值人口计，人均可利用水资源量仅 500m³。除了因为总量匮乏而导致的北方地区水资源短缺以外，由于水体污染和水资源与产业结构的不匹配，东南沿海等一些水量相对丰富的地区也存在较严重的水资源短缺问题。利用效率低下与经济杠杆的失调又进一步加剧了各个地区的水资源短缺形势。一方面水资源短缺地区日益增多，另一方面，水资源短缺成因复杂，呈现出明显的地域性特征。水资源可供水量的上限是水资源可利用量。水资源可利用量少是造成水资源可供水量不足的主要原因。从环境的角度看，水体污染可导致有效水资源数量的减少，造成水资源可供水量的不足；从工程的角度看，水资源可供水量不足则主要是由于水工程建设严重滞后而导致供水能力偏低。

资源型短缺已经成为我国北方和东部沿海地区经济社会可持续发展的瓶颈制约因素。在黄淮海流域，由于水资源的过度开发，海河流域的河湖干涸，黄河下游经常断流，甚至淮河中游在 1999 年也出现了历史上罕见的断流现象。东部沿海地区包括广西、海南、广东、福建、浙江、上海、江苏、山东、河北、辽宁等 11 个省份，涉及我国 3 个 GDP 高度集中的珠江三角洲、长江三角洲和环渤海经济圈。这些地区人均水资源量仅为 1266m³，不到全国人均水资源量的 60%，相对于我国人均综合用水量 428m³ 的水平而言，北方沿海的天津、河北、辽宁和山东 4 省份人均用水量只有 273m³。考虑到人口增长、经济发展和生态环境用水需求等因素，预测到 2020 年北方沿海 4 省份水资源的供需矛盾将进一步加剧。

2. 水质型短缺

水质型短缺是由于水体质量下降到失去利用价值而造成的短缺。根据我国《地表水环境质量标准》，地表水水质依次划分为 5 类，其中Ⅲ类及其以上的水可被安全利用，超过Ⅲ类的水人体不宜直接接触，Ⅴ类和劣Ⅴ类水则已基本丧失了水体功能。另外，作为水源地的水质标准至少应达到Ⅲ类。目前，我国的水体污染（无论是地表水还是地下水）非常严重。据 2007 年中国水资源公报公布的河流水质监测评估结果，在 2007 年评价的 14 万 km 河长中，Ⅰ类水河长仅占 4.1%，Ⅱ类水河长占 28.2%，Ⅲ类水河长占 27.2%，Ⅳ类水河长占 13.5%，Ⅴ类水河长占 5.3%，劣Ⅴ类水河长占 21.7%。如果将Ⅲ类水以上进行统计，则我国河流长度有 40.5% 被严重污染,占监测河流长度的 2/5 以上,可见我国地表水资源污染非常严重。我国地表水资源污染严重,地下水资源污染也不容乐观,全国有近 1/4 平原区地下水受到不同程度的污染。在人口和经济社会活动密集的流域,地下水污染已经呈现大范围扩散的态势。

国内大多数工厂使用的仍是 20 世纪四五十年代的生产技术和设备,虽几经改造,技术和设备仍较落后,物料和动力消耗较高,是形成废料、产生污染的根源。大部分工厂多为合流制排污系统,没有按照污水、废物性质划分排放,冷却水不仅不能回收循环使用,反而造成低浓度大流量的污水,难以净化,是城市附近污染严重的又一原因。按 1985 年的统计,南方 12 省市的城市供水(含市政与自备)水源,全年取水量中有 80% 受到污染。每年要增加 3 亿元到 4 亿元的净化费用。全国 30 多个地下水供水为主的城市,地下水都受到不同程度的污染,使不少水井报废。仅北京、哈尔滨、沈阳、邯郸等报废的水井,日产水能力就达 32 万 m^3,经济损失上亿元。

水质型短缺已经成为我国特别是经济发达地区,如珠江三角洲地区、长江三角洲地区和环渤海经济圈地区面临的重要水问题。上海市符合国家饮用水水源标准的地表水只剩下 1%,水质劣于 V 类的却占到 68.6%。长江三角洲的许多城市因地表水污染而不得不大量超采地下水,造成地表沉降,加剧了洪水危害。珠江三角洲集中了全国 13% 的河川径流量,但各大城市污水泛滥,饮用水水源地被迫不断向上游迁移,饮用水源地水质堪忧。

3. 工程型短缺

工程型短缺是指由于水工程开发建设滞后,水资源的时间与空间调配失衡,造成供水量不足而引起的水资源短缺。在这些地区,水资源总量并不短缺,但受大陆季风气候的影响,水资源在时间上的不均匀性需要有水库等时间调配工程来调节,水资源在空间分布上的不均匀性需要远距离水源开发和长距离输水等空间调配工程进行调节。工程型短缺的主要原因是水工程建设技术难度大和水工程开发建设资金缺乏。新中国成立后,为了防洪、发电、灌溉需要,国家在大江大河上兴建了一批大中型水库,在粮食主产区修建了一批灌溉工程,基本满足了前 30 年社会对防洪、粮食和能源的需求。改革开放以来,由于重视力度不够,建设资金不足,水工程建设远远落后于经济建设,水资源短缺形势日益严峻。

4. 我国的水资源矛盾主要表现为城市的水资源问题

改革开放以来,我国城市供水有了较大的发展,1979~1988 年,有市政供水设施的城市从 198 个增加到 409 个,自来水厂从 512 个发展到 1059 个,市政供水的综合生产能力为每天 4965 万 m³，是 20 世纪 50 年代初的 20 倍。全年供水量 158 亿 m³，供水管道总长 8.623 万 km，用水人口达 1.1 亿人，为新中国成立初期的 11 倍。同期，城市各单位自备水源的综合供水能力达 7750 万 m³，两项合计，全国城市日供水能力达 1.27 亿 m³，工业用水占 70%~75%，生活及市政用水占 25%~30%。同期的全国排水设施的日排污水量达到 7164 万 m³，排水管道长 5.1km，相当于供水管道的 59%。污水处理厂达 69 座，日处理污水能力近 200 万 m³。厂矿企业内部建成的废水处理装置有 3 万余座，处理能力达 100 亿 m³/年，为工业总供水量的 1/3。

5. 供水能力赶不上用水需求的增长

水资源可供水量不能满足需水要求。根据 1987~1989 年的统计，每年约有 200 个城市不同程度地存在供水不足问题，有 40 个城市缺水严重，日缺水 430 万 m³。14 个沿海开放城市，由于经济社会的快速发展，供水不足问题尤其突出，40 个城市的日缺水达 190 万 m³。由于缺水，导致地下水的过量开采，大规模地下水位的持续下降，造成地面沉陷和海水入侵，破坏生态严重。在夏季供水高峰期，缺水就更为明显，缺水量达市政自来水供水能力的 22%。

6. 供水短缺的同时，水资源的有效利用率低，浪费严重

工业用水方面，重复利用率低；工业设备陈旧，工艺水平落后，同一工业部门单位用水量可相差几十倍。我国城市自备水源还有相当大的比重，既不便于统一调配，也难以监测管理。投资高、设备运转率低、管理水平差、技术手段落后、用水效率低下及水价低导致用水浪费均是城市供水利用率不高的原因。

7. 产业结构和当地水资源条件不匹配也导致水资源的短缺

从全国整体产业布局上看，南方耕地少，矿产资源匮乏，却占有全国水资源总量的 81%；北方耕地多矿产资源丰富，是我国的能源和重化工业基地，但水资源仅占全国的 19%。作为全国重要的粮食产区和重工业基地的黄淮海平原，人口占全国的 34.8%，耕地占全国的 39.1%，水资源仅占全国的 7%。

政府在制定区域经济社会发展规划和产业布局时，往往忽视水资源供给安全问题。特别是一些经济相对落后的地区，为了招商引资，把一些高耗水企业集中安排在某一区域。由于集中取水，极易造成下游河段断流和河道水质恶化等问题。因此，政府在制定经济社会发展规划特别是产业布局规划时，必须根据当地水资源的分布和特点，以水定产，即以水定产业规模、结构和布局。在水资源严重短缺地区，必须严格限制高耗水、重污染产业的引进和发展。表 3-4 为全国部

分典型地区 2006 年人均 GDP、人均用水量、万元 GDP 用水量等指标。

表 3-4　2006 年部分地区主要人均用水、产值用水指标

地区	省市	人均 GDP/万元	人均用水/m³	万元 GDP 用水/m³	万元工业增加值用水/m³
全国		1.59	442	272	178
北方	北京	5.05	217	44	34
	天津	4.12	246	53	20
	辽宁	2.18	335	152	59
南方	上海	5.77	815	108	41
	江苏	2.88	716	250	56
	湖南	1.20	484	430	238
	江西	1.08	474	440	280
	广东	2.83	571	175	108
西北	陕西	1.21	225	184	63
	甘肃	0.88	473	542	169

资料来源：许新宜，王韶伟，庞博，等．2009．水资源紧缺类型及其对策分析研究．北京师范大学学报（自然科学版），（1）：88

从表 3-4 中可以看出，各省市用水效率除了与自然地理区域有关外，与经济发展水平和产业结构也有一定的关系。经济发达地区，产业结构较优，用水效率相对较高，万元 GDP 用水量和万元工业增加值用水量都较经济欠发达地区低很多，人均用水量基本可保持不变或略有下降。因此，调整产业结构，建设节水高效型企业，应是今后经济建设发展的方向，尤其是在水资源相对短缺的地区。

农业用水浪费严重。由于多年来采取传统的大水漫灌方式，灌溉水有效利用率仅为 46% 左右，远低于欧洲等发达国家；工业用水效率低下，由于受经营管理、工艺技术、政策法规等水平和因素的影响，用水浪费严重，没有充分发挥价格的杠杆作用，绝大多数地区水价远没有达到供水成本水平。多数灌区现行农业水价只有供水成本的 30%～60%，有些水利工程甚至无偿供水，大多数供水经营者亏损严重。水价管理事权划分不清，水价调整机制不灵活，许多地方尚未进行水价管理事权划分，水价改革明显滞后。水价计价方式单一，大部分水管单位仍然执行单一的水价标准，两部制水价、超定额用水累进加价和丰枯季节水价等科学的计价方式没有得到推广。

3.5.2　节水与供水

客观上需要对现有水资源进行合理利用，节约用水。解决途径：一方面应大力采取各种节约用水措施，提高水资源的重复利用率和循环利用率；另一方面，逐步

建设跨流域的调水工程，如南水北调等工程。节水不论从经济效益还是社会效益来看，都有重要意义。随着城市的发展，对水的需求空前加大。新增水源及其供水工程的费用越来越高，而节约用水，提高各环节水的重复利用率所需的投资，往往只为新建供水工程投资的 1/5～1/10。节约用水还可以减少工业废水和生活废水的排放量，减少对环境的污染。我国工业废水重复利用率一般为 60%～80%。

前面在讲水资源需求时，曾经从需求角度对节水有过分析，现从供给角度对节水进行分析。

1. 通过技术、管理与宣传节水

在不能开源的情况下，节流也可以有效缓解供需矛盾，而且还可以增加经济效益。可以通过技术手段，主要从工程技术方面实现对水资源的需求管理，旨在减少乃至避免水资源利用中的浪费现象。通过工程措施和新技术、新工艺，改造传统产业，通过工程措施和新技术、新工艺的推广应用达到查"漏"补"缺"和提高供、用水系统效率的目的。具体地，有工业用水循环及回用、生活用水循环及回用、渠道管线完善、防渗漏防蒸发技术应用和高效用水器具推广等具体措施。

要努力提高水利产业中的科技含量，引用新技术、新设备、新工艺。在农业上也可以得到很好体现，如改变按定额灌溉的传统模式，研究采取大气水、地表水、地下水和土壤水联合运用的科学灌溉模式，同时研究因地制宜的渠道衬砌、管道输水、喷灌、滴灌、渗灌等节水技术和旱作技术；工业要运用先进技术和工艺，增加循环用水次数，开发和推广工业节水技术；生活用水要规定节水设施的节水标准，如自来水龙头、冲厕、沐浴喷头的节水标准及保证用水效率参数等。在统筹用水方面，采用诸如水资源管理系统、实时监控系统、水资源定额管理等先进的科技管理手段，综合运用运筹学、计算机科学和管理学等各学科来对水资源进行综合动态管理。政府可以通过补贴和其他激励措施，促进节水技术的研发、推广。

水是人类共同的资源，要不断提高人们的节水意识，倡导人与自然和谐的消费理念，要通过大众平台，各种公益广告，宣传水资源现状，贯彻落实好与水资源相关的法律、法规。全面增强公众参与程度。通过用水者协会、节水志愿者组织等方式，提高人们对水资源的重视程度和对水资源管理的参与意识。

2. 两部制水价与节水

一般用户在不同季度、不同时段的用水需求变化较大，实行单一计量水价情况下，在用水量较大的时段（季节），用户的负担较大，在用水量较小的时段

（季节），供水管理单位的水费收入不能满足水利工程供水基本运行费用的需要，导致水利工程供水设施得不到正常维护，客观上也需要建立一套合理的水价制度，保证水利工程供水所需的正常运行费用，用水户也能均衡负担水费。从资源配置角度看，能及时以水价反映水稀缺程度，引导消费者对水的需求。一般认为两部定价制能够达到使用水户在丰枯季节均衡负担水费，保证水利运营费用和引导水资源合理使用的效果。

我国人均水资源占有量仅为世界的 1/4，由于气候差异导致各地区水资源的年内、年际分布不均，黄、淮、海、滦河流域总人口占全国人口的 34%，耕地面积占全国耕地的 39%，但水资源量仅占全国水资源总量的 6%，如果推行两部定价制，超计划用水累进加价收费，会使水资源在各部门之间得到合理分配和充分利用，达到节约、高效利用、减少浪费的目的。

两部制水价，包括基本水费和计量水费。基本水费为事先规定无论用水与否均需缴纳的某一固定水费，或事先规定某一固定基本用水量乘以基本供水价格；计量水费相应地是实际用水量乘以计量供水价格，或为实际用水量超过基本用水量以上的部分乘以计量供水价格。基本水费可以理解为满足水利工程正常供水所需要的固定成本部分。计量水费应满足水利工程正常供水的变动成本部分。两部制定价是基于边际成本与固定成本关系的原理来考虑的。边际成本是在一定生产条件下，额外增加或减少一单位产量而引起的成本的变动量。对某一水利工程而言，在运行初期，由于供水能力尚未充分发挥，当供水量增加时，边际成本递减，而固定费用（如固定资产折旧等）不变，变动费用所占比例较小，增加额外的供水时，边际成本的下降，使平均总成本进一步降低。征收固定水费部分，目的是为了增加到一定的用水规模，发挥水利工程效益；但当供水量达到设计规模而工程供水能力充分发挥以后，如再增加供水量，其边际成本转为递增，因为供水工程可能需要增添设备、扩充供水工程规模，增加生产和管理人员等。在国民经济发展初期，当水资源尚未充分利用时，投资需要较少的工程方案，供水成本较低（边际成本下降阶段）。随着国民经济的发展，各部门需水量不断增加，水资源开发难度加大，增加单位供水量的工程投资及其运行费用随之增加，供水的边际成本不断上升。因此在制定两部制水价时，在计量水价的确定上要考虑边际成本变化的因素。此外，制定水价时，要考虑各部门、各阶层群众对水价的承受能力。如农业生产用水必须使水费连同其他费用低于农业增产效益；居民生活用水的费用，应小于家庭可支配收入的某一百分比。根据亚太经济和社会委员会（ESCAP）的建议，居民生活用水的水费支出应不超过家庭收入的 3%，对工厂企业的生产用水，应根据产品类别制定不同水价和用水定额，促进工厂企业提高工业用水的重复利用率，降低单位产品耗水量和水费支出。在使用两部制定价时，应根据我国的价格法、水法等法规，既要保证供水生产良性循环，也要切实维护广大消费者的权益。

根据水资源的稀缺变化程度，还可以在两部制定价的基础上进行阶梯式水价安排，以更加灵活地反映供水边际成本的上升情况（在此不做展开）。

3. 用水定额与节约用水

供水工程与其他经济建设一样，也要追求经济效益最大化。图 3-2 为工农业用水的定额分析。图中曲线 OA 为供水规模的总效益（总收益）曲线，OB 为供水规模下对应的总费用（总成本）曲线。供水规模最佳处不在总效益最大时（H 点）对应的 W_1 水平上，而应该是净效益最大的 W_2 水平上，此时满足规模的边际效益与边际成本相等。在进行长期供水规划和供水规模调整时，要考虑最佳的供水规模程度，使得节水方案符合经济效益最大化的规律，而不是引水或供水越多越好，或视供水规模最大化就是最优方案，这样往往会导致产能过剩，产生社会资源的浪费。

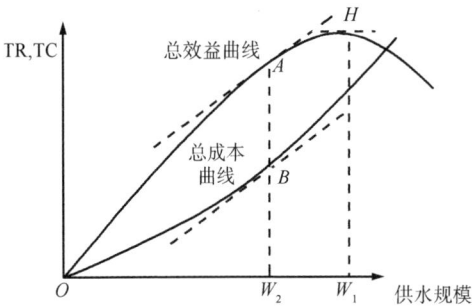

图 3-2　单位灌溉面积的水资源需求　　　　图 3-3　边际成本与供水方案的选择

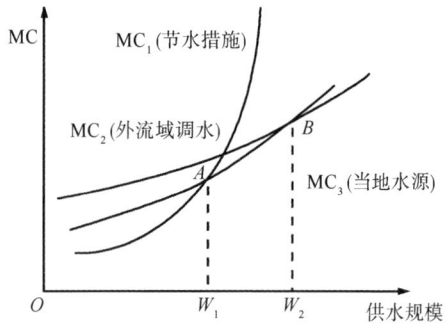

当需要增加供水量，且其供水效益给定情况下，供水方案的选择主要取决于供水边际成本，即增加单位供水量或节约单位供水量的费用最低，如图 3-3 所示。图中有三条边际成本曲线：分别为节水措施的边际成本 MC_1，从外流域调水的边际成本 MC_2，使用当地水源供水的边际成本 MC_3。不同方案的边际成本不同。对应不同的供水规模时，不同的选择方案各自有其优势：当供水规模在 W_1 以下时，节水的费用最低，是最优方案；当供水规模在 W_1 和 W_2 之间时，选择当地水源供水成本最低，超出 W_2 的供水规模要求时，选择从外流域调水的边际成本最低。所以不存在哪种供水选择最好，也不是某种供水方案始终不变就是最优的，要结合城市需水规模，动态地选择最优的供水方案，以达到长期成本最低和效益最优。实际上就是找到长期最优供水规模，使得长期总成本最小化。

4. 水价调节与节约用水

水价不合理造成国内水资源浪费现象严重，节约用水缺乏动力，难以抑制用水的过快增长，从一定程度上加剧了水资源的短缺。

节水成本（费用）和节水收益（效益）均为水价的函数，将两者结合起来，就可以探讨水价对节水的影响。当节水边际收益大于或等于节水边际成本时所确定的水价，是促进节水的水价，因在该水价情形下，节水能够获得净效益；而当节水费用大于节水效益时，此时的水价不利于节水。促进节水的水价可由下式计算：

$$\text{MR}(P) > \text{MC}(P) \tag{3-7}$$

另外：

$$e_d = -\frac{\mathrm{d}Q}{\mathrm{d}P} \times \frac{P}{Q} \tag{3-8}$$

$$\frac{\mathrm{d}(PQ)}{\mathrm{d}P} = Q(1 - e_d) \tag{3-9}$$

不难看出，通过水价的调节来实现用水量的调节，达到节约用水的目的。可以根据需水弹性，采取不同用水的不同价格即结构水价来调节，还可以对同种用水的不同用水段（量）来进行调节，如用水的阶梯定价。因为超过一定量的用水需求，放在了不太重要的用途上，其需求弹性变大，依赖性相对变小了。通过设计合理的价格（理论上分时定价也可以调节用水高峰，当然需要相应的技术支持），提高单位用水效率，引导节约用水。

再把用水支出 PQ 对 Q 求导，还可以得到用水支出与用水量变化的关系：

$$\frac{\mathrm{d}(PQ)}{\mathrm{d}Q} = P + Q\frac{\mathrm{d}P}{\mathrm{d}Q} = P\left(1 + \frac{Q}{P} \cdot \frac{\mathrm{d}P}{\mathrm{d}Q}\right) = P\left(1 - \frac{1}{e_d}\right) \tag{3-10}$$

当对水的需求价格弹性不同时，调节用水量，引起支出的变化也不相同。如果需求对价格变化有弹性，价格上升时会减少用水量，从而节约用水开支。这种情况下提高水价，对节约用水是激励相容的措施安排；而相对缺乏弹性时，对价格上升就不敏感，减少用水量也不明显，也难以节约用水开支，从而节约用水的积极性也会下降。这种情况下提高水价对节约用水的效果不明显，是不太有效的价格安排。

需求弹性是随着水价变化而变化的，在不同用途的用水和同一种用途不同数量的用水阶段，弹性值都不同。可以根据弹性变化采取相应措施来达到调节用水量、节约用水的目的。在美国，对于家庭用水的需求弹性一般为 0.23，对于干旱地区的户外用水为 0.70，对于居住区为主的城镇为 0.35。提高水价，会减少对水的需求量，这样，即使不考虑节省下来的水量可以提供给新增用水户，从而获得效益，节水企业自身也会积极开展用水的循环与回收利用。对家庭消费来说，也会抑制用水，减少浪费，养成良好的用水习惯。

图 3-4 中，需求曲线 D_1 和 D_2 分别表示不同用途用水的需求曲线，不妨用 D_2 表示工业用水的需求曲线，D_1 表示生活用水的需求曲线。假定两者初始价格相同，水价从 P_1 提高到 P_2 后，工业用水的需求量由 Q_4 减少为 Q_3，生活用水的需求量由 Q_2 减少到 Q_1，$Q_3 - Q_4$ 大于 $Q_1 - Q_2$。由于工业用水的需求弹性比生活用水的需求弹性大，提高水价对工业用水量调节效果要优于生活用水。

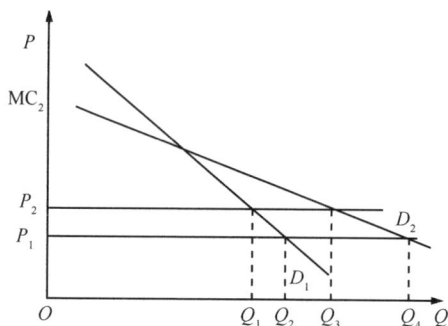

图 3-4　提高水价后对用水量的影响

图 3-5 为企业节水与水权交易示意图。在没有提价前，P_1 价格时，企业节水的边际成本高于目前的水价，企业没有积极性进行污水处理与再利用。而当 P_1 提高到 P_2 后，这时处理污水的边际成本低于购买的水的价格，企业开始处理污水，产生 Q_0 的回用量，它同时也是对外排放的减少量，该企业获得 P_2CA 面积的净利润。如果企业在排污方面有技术和成本优势，企业还可以进一步降低处理污水的边际成本，增加回水处理量到 Q_1，该企业获得 P_2DB 面积的净利润（生产者剩余）。如果配套有水权交易的外部市场，企业可以向其他企业供给自己的用水指标，获取节约用水和处理污水的收益，达到水资源的市场高效配置的同时，也减少了因污水排放对环境的污染，达到经济效益与社会效益的双赢。

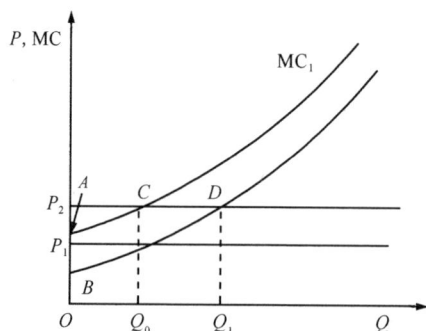

图 3-5　企业节水与水权交易

5. 节水效益与潜力

节水是世界上供水事业的趋势，也是我国一项基本政策。每立方米的水所能创造的财富，是衡量一个国家或地区经济技术发展水平的一项指标。我国每立方米供水所取得的实物与经济效益，在不同地区、不同行业间差距较大。灌溉方面每立方米的粮食产量增值从 0.3kg 到 1.5kg 不等，工业供水每立方米对工业产值的影响从 10 元到 50 元不等。按 20 世纪 80 年代中期的价格计算，北方缺水地区农业节水 0.40 元/m^3，工业节水 0.35 元/m^3（中等用水水平下的节水），而这些地区建设投资新水源供水，其成本均在 1 元/m^3 以上，所以节水可以节省的经济效益为 0.60～0.65 元/m^3。节省下来的水，可以增加更多的工农业产值，也可以缓解供水紧张局面，同时也可以减少对污水的排放和对环境的危害。

从一些事例也可以看出节水的实际益处。山西省太原郊区的渠系防渗、果园滴灌，每节约 1m^3 水的初始投资，带来 0.40 元左右的经济效益；晋中地区用地膜覆盖小麦与玉米，一膜两用，每亩年增产粮食 140kg，减少耗水量 50m^3，减少灌水量 32m^3，增加净效益 32 元。地膜用于棉田，每亩年增产 14kg，净效益 50 元，减少耗水量 60m^3，减少灌水量 40m^3。甘肃河西走廊百万亩灌溉技术示范，一年节水 6000 万 m^3，增产粮食 2700 万 kg，平均每亩节水 50～60m^3，增产 25kg。

工业节水方面，太原市在 1980～1984 年，用于冶金、化工、机械、电力、纺织、建材、煤炭和造纸等行业的节水投资 2450 万元，年节水能力 6935 万 m^3，每立方米水投资 0.35 元。同时强化管理、安装水表，实行计划供水及按量收费，节水效果也十分显著。据 1984 年统计，山西省全省安装各类水表 25 万只，用水量下降 10%～20%，大同市个别工矿企业装表后的月节水量达到 30% 以上。大同市的水泥厂和橡胶厂的冷却水循环，每年分别节水 120 万 m^3 和 40 万 m^3，分别投资 33 万元和 29 万元，每年可节约水费 19 万元和 8 万元，年投资回报率达到 57.6% 和 27.6%，可以说 2～4 年就可以回收成本，可见经济效益之明显。

节水潜力方面。就全国而言，农业灌溉渠系利用系数只有 30%～40%，工业用水重复利用率也只有 30%～40%。如果工业重复利用系数提高 10%～20%，农业渠系利用系数提高 5%～10%，理论节水潜力大。根据各省的测算，1980～2000 年，全国农业毛取水量平均每亩可减少 7%，其中东北诸河减少 18%，内陆诸河减少 31%。工业万元产值取水量，长江、黄河和华南、东北、西北诸河可减少 35%～45%。

山西省在 180 万亩耕地上进行了不同灌溉制度的试验，以节水定额与传统灌溉用水比较，节水增产十分显著。按三种水文年平均测算，可节约水量 0.614 亿 m^3。

如果全省都达到这一水平，可节水 3.0 亿 m³。辽宁省估计渠道防渗可节约农业用水 10%左右，水稻旱种可节约用水 30%～50%。工业方面，若山西省用水定额有一半能降到北京的水平，全省可节约工业用水 20%。辽宁省工业节水主要通过提高水的重复利用率，使用水指标从 600m³/万元，降低到 350m³/万元，全省可节约工业用水 40%以上。其他节水落后地区的节水潜力更大。

当然节水效益要受到多方面的限制。一般说来，节水初期重复利用率增加快，投资少，但节水的边际成本会随着节水量的增加而增加，所以节水与节水潜力的提高并非无限的。当单位节水成本超过节水收益时，节水就会由经济变为不经济了。此外，在节水时也要考虑不同用水途径的比较。但不论怎样说，在我国整体水资源短缺的现状下，提高节水技术和降低节水费用，都可以增进经济效益和提高用水的产值。各地在制定供水方案时，要综合考虑各方面的因素，如工期长短、投资的集中与分散、融资成本和融资方式的比较、不同水来源的成本比较等，根据当地实际情况和未来发展趋势，考虑用水需求的现状与趋势，研究制定符合本地实际的供水方案，以提高投资效益和社会效益。

第4章　水资源配置

4.1　水资源配置的界定和方式

4.1.1　水资源配置的界定

"配置"一词在《辞海》中的解释有四种：第一种是"工业布局"的工业配置，第二种是"生产布局"的生产配置，第三种是各种资源在各部门、地区、用途上分配的资源配置，第四种是配备布置。水资源配置取的是第三种有关资源配置的含义，分为宏观和微观两个层次。宏观层次上的水资源配置指的是水资源能够有效地配置在最合适的地方，微观层次上的水资源配置指水资源配置既定的前提下，用水部门、用水户、用水地区如何组织并且有效利用这些资源，目的是为了以最小的水资源使用量最大限度地满足社会需求，或者以最小的水资源使用成本产生最高的使用效益。无论是微观层次的水资源配置还是宏观层次的水资源配置，其核心都是在水资源供给有限和需求高涨背景下对水资源的供给行为和需求行为进行合理的调控，水资源配置的目的是追求水资源利用效率和利益的最大化。

因此，水资源配置是指把有限的、各种形式的水资源在不同部门、不同用途之间进行分配，分配的对象不仅包括各种用途用水的数量、用水的水源，还包括用水的时间和空间。首先是水资源在生态需水和人类可利用量之间的配置，然后是人类可利用量在生活用水、工业用水和农业用水等不同用途之间的配置，不同用户之间的配置包括不同行政区域（如省、县等）之间的配置和区域内部不同用户（如企业、单位、农户等）之间的配置。最后是同一用途或用户内部水的优化配置，如农业用水在水稻、小麦、玉米等不同作物之间的配置等。对水资源进行合理配置的目的，在于解决水资源短缺、水资源浪费、水资源污染导致的水生态环境恶化问题，促进水资源和社会经济的协调，使得水资源可持续利用。同时，对水资源的调度和配置的优化，还可以实现水资源规划与管理的现代化。

4.1.2　水资源配置的目标、途径与模式

水资源配置的基本目标就是解决水资源供不应求的矛盾。因此，从根本上说，水资源配置就是要通过合理抑制需求，有效增加供给两个方面解决水资源供

不应求的矛盾。

就合理抑制需求而言，微观上主要通过采用市场机制的方式提高水资源的利用效率，宏观上主要通过调整产业结构的方式优化用水结构。具体技术措施上通过采用节水型工艺、节水型仪器设备节约用水，从管理方式上倡导建设节水型经济和节水型社会等多种方式抑制经济社会发展对水资源需求的增长，实现水资源需求的零增长或负增长。

就有效增加供水而言，主要通过水利工程措施，调整水资源的天然时空分布和生产力布局不对称的局面。通过社会多元参与的方式提高水利工程的良性维护和建设。加强水利工程调度管理，提高水资源的利用率。

就具体模式而言，水资源合理配置主要体现为空间配置、时间配置、用水配置、水源配置和管理配置五个方面。

一是空间配置。空间配置主要体现为通过跨流域引水、调水工程等方式，解决水资源空间分布和生产力布局不匹配的问题，促进水资源使用和生产力布局协调。

二是时间配置。时间配置主要通过水库工程和优化水库工程的调度运行方式，调节水资源时程分布与用水的时程分布不相协调的问题。

三是用水配置。用水配置的主要目的是解决水资源量在各用水部门之间协调分配的问题。对不同类型用水，如生活用水、生产用水、生态用水进行统一调配；在用水配置的过程中，必须在保证生活稳定、生产发展的同时，兼顾生态环境用水，即生产用水不得挤占生态用水，工业用水不得挤占农业用水，城市生活用水不得挤占农村生活用水。

四是水源配置。解决多种水源包括地下水、地表水等水源的联合开发利用问题。在水源的配置上，必须针对地表水的利用、地下水的开发、雨水的拦蓄、海水资源的开发、污水资源的处理及再利用采取不同的措施，有效集约利用各种水源。

五是管理配置。以往的水资源使用及管理，往往重开源轻节流，重工程项目建设轻项目建设后期管理。采用多种手段和措施促进水资源管理，通过"总量控制、定额管理"，借鉴国外经验，实行用水许可证、用水配额制、用水执照制度及鼓励节水的有偿配水制度，构建体系完善、层次清晰的水法律体系。同时，为落实有限水资源的控制和管理，必须对先进节水器具进行推广，对水资源使用进行总量控制，并且辅助阶梯递增，在保证基本用水需求的基础上，对超额用水加价收费。从顶层设计和制度保障、技术措施上全方位保证水资源的有效使用，避免水资源浪费。

4.2　水资源优化配置与综合评价

4.2.1　水资源优化配置与综合评价的必要性

水资源配置涉及人—生态环境—社会经济这一系统的不同子系统和不同层面的多维协调关系，是一个典型的半结构化、多层次、多目标的群决策问题。决策和操作上的复杂性使得对水资源合理配置评价成为水资源合理配置的重要组成部分。另外，随着决策科学的迅速发展，各种复杂问题的决策理论和数学模型诞生了，这进一步为合理性、科学性和民主化决策区域/流域水资源配置方案奠定了强有力的基础。通过对水资源配置行为评价和优化可以达到如下目的：一是通过不同的水资源配置方案进行对比分析，可以调整已有的水资源配置方案，促进水资源配置更加公平和合理；二是通过水资源配置进行优化和评价，为水资源配置理论和实践提供依据。水资源配置方案的评价必然涉及水资源合理配置的基本原则和特点，并且和区域水资源禀赋特点相结合，构建出能够衡量本地水资源特点禀赋和评价各种配置方案的一般评价体系，从而为水资源配置有关决策者和决策机构提供实践的依据。

4.2.2　水资源优化配置

水资源优化配置理念开始于 20 世纪五六十年代，随着相关研究的进展，水资源优化配置研究的理念逐步趋于统一。当前学者普遍认为，水资源配置优化指的是利用各种工程措施和非工程措施对一定时空领域内的水资源进行资源整合和技术优化，强调水资源的可持续开发与管理以及经济、社会、资源与环境的协调发展。水资源配置的优化不仅仅强调一般水资源配置的平衡约束，处理各种用水之间的时空冲突，而且要使水资源配置方案达到最优或较优。

4.2.3　水资源配置的综合评价

国内外文献表明，与水有关的综合评价问题主要集中在水利工程综合评价、水质综合评价、水灾害综合评价、灌区改造与扩建工程方案评价、流域或区域水资源可持续利用评价。评价对象的优劣主要有两种方法：指数法和多指标综合评价法。评价对象决定了评价方法的选择。水资源配置的优劣是由综合效应来衡量的，这决定了水资源配置的评价必定是综合评价方法。

综合评价是对多种因素所影响的事物和现象进行总的评价。其基本思想是根据综合评价的目标，对客观事物的影响因素进行分解，以构建不同层次的指标体系，然后对这类指标赋值并确定其权重系数，最后采用综合评价模型进行综合，得到综合评价值，以此进行排序和评价。

1. 水资源配置的综合评价方法

综合评价方法有很多种，如聚类分析、判别分析、模式识别、人工神经网络、主成分分析、因子分析、距离综合评价方法、模糊综合评价方法、灰色关联度评价方法、层次分析法、数据包络分析法等，特点各异，但基本步骤都大致相同，具体可分为以下几个研究步骤：明确综合评价的目的和目标；建立评价指标体系；确立评价指标值和规范化方法；建立模型进行综合评价。

在建立评价指标体系中，必须明确选择指标的指导思想。建立水资源合理配置评价指标体系的指导思想是立足于流域水资源可持续发展的阶段性、层次性和区域性的客观实际，全面反映、表征、度量水资源合理配置的内涵和目标，借鉴国内外的先进经验，建立具有实际操作意义的全面反映中国水资源合理配置的内涵和目标，以及社会、经济和生态环境之间相互协调程度的指标体系及评价方法，从而科学地指导水资源合理配置。可以根据研究目标，进行前期"一般性指标"的筛选（满足科学性和完备性原则）和后期"具体指标"的筛选（满足主导性和独立性原则）。筛选指标时选择那些可能受到配置措施直接或间接影响的指标，选择那些具有实践和空间动态特征的指标。指标筛选方法有：频度统计法、理论分析法、专家咨询法、主成分分析法等。

2. 水资源配置综合评价方案的主要内容

区域水资源配置涉及水资源—生态环境—社会经济—复合巨系统的不同子系统和不同层面的多维协调关系，是一个典型的半结构化、多层次、多目标的决策问题。由于评价对象的复杂性，导致水资源配置的评价相应成为一个多层次、多目标的决策问题。因此，水资源配置的综合评价研究主要探讨以下几个方面。

（1）社会合理性评价。由于水资源是一种特殊的资源，无法以经济方式进行生产，具有自然属性和商品属性的权重属性。其合理配置问题不能等同于其他只具有商品属性的资源，因此不是一种典型的经济商品，在缺水地区甚至首先表现为生活和生产的基本需求，加之不同区域社会发展水平的差异性，因此，水资源配置的合理性评价首先是配置区社会进步的公平性判断和评价。

（2）经济效率合理性评价。为了形成良好经济激励和运行机制，在内陆河流域或区域水资源配置中必须对其经济合理性进行评价。经济合理性以经济学理论为基础，是经济规律作用下的自然趋向，国际上大多采用这一标准对水资源配置效应进行评价。水资源配置经济合理性最主要的评价指标是市场经济条件下的边际成本和边际效益。以开源和节流的关系为例，当开源的边际成本高于节流的边际成本时，节流在经济上就成为合理的手段。当本地水资源的开源和节流成本相等且高于跨流域调水的边际成本时，跨流域调水在经济上就成为合理的手段。

（3）生态环境合理性评价。水资源系统同时承载着生态环境系统和社会经济系统，配置系统的二元结构决定了水资源宏观层次上的配置行为是水资源在生态环境系统和社会经济系统之间的分配。水资源配置的生态环境合理性评价包括两个方面：第一，整体生态状况应当不低于现状水平；第二，必须满足区域生态保护准则中关于天然生态保护的最低要求。

（4）资源合理性评价。水资源的合理开发利用是经济可持续发展的关键。只有合理开发利用水资源，才能使人与自然、水资源和谐相处，促进区域的可持续发展。

（5）发展协调性评价。水资源系统是涵盖社会、经济、资源、环境、生态等子系统的复合系统，子系统之间关系配合得当的和谐程度是判断社会经济与资源环境是否协调发展的准则。因此，从系统论的角度看，水资源配置应当考虑社会、经济、生态环境相协调的问题，统筹考虑生活、生产、生态用水，既要考虑眼前利益又要兼顾长远利益。

4.3　水资源配置方式的历史演变

4.3.1　暴力或战争

在古代不同部落或群落之间，就像争夺牧场、田地或属民一样，往往用暴力或战争的方式解决水资源的控制权问题。世界上最早争夺水资源的战争可以追溯到 4500 年前，位于今天伊拉克南部的美索布达米亚平原上的两座古城，为了争夺对幼发拉底河和底格里斯河的控制权而互相宣战[①]。时至今日，仍有一些地方为了争夺水源而发生械斗乃至战争。全世界至少有 214 条河流跨越两个或两个以上的国家，其间充满了现实和潜在的冲突：以色列、巴勒斯坦、黎巴嫩、叙利亚和约旦为约旦河多次爆发战争；土耳其、叙利亚和伊拉克在争夺幼发拉底河；印度和孟加拉国在争夺恒河。据《联合国水资源开发报告》统计，在过去 50 年中，由水引发的冲突共 507 起，其中 37 起是跨国境的暴力纷争，21 起演变为军事冲突。

---

① 张小军，2015-09-10，争夺地球生命之源，http://www.bjkp.gov.cn/kxbl/schj/k30227-01.htm。

4.3.2　民间传统或乡规民约

经过长期的冲突和妥协，民间形成了若干避免暴力冲突的分配水资源的规则。例如，后来成为习惯法和成文法的河道公有、河岸土地用水权、先用水者有优先用水权等水资源配置原则就是长期形成的民间传统。

从古代开始，一直存在着追求用水秩序的努力。从前近代时期的山西省洪洞县对水资源的管理来看，就存在着两个方式：一是对于人们心目中与"水"有关的神灵的祭祀，二是对于现实社会中水利事物的管理与经营。前者通过神灵作为聚合人心的中介，进行人与人之间水资源的交涉管理。后者主要在诸渠编修的渠册以及与水利有关的碑刻等水利规约的约束下，通过各种方式进行渠务管理的自治。渠务组织多具有以下几个特征：以渠系、水文边界为基础组织起来的水利组织；民间自行组织、自行运转；官方承认其合法性，维护其权利；派工征款以"夫"为基本单位，用水量以"水程"为标准；管理层由推举出来的地方精英构成，具备权威性，有维持当地水系正常运行、调节用水纠纷的基本能力。

4.3.3　政府

在水资源分配的问题上，政府一直扮演着重要的角色。在皇权时代，包括水资源在内的所有资源都属于皇帝或国王所有，水资源配置只是使用权（使用的数量、时序等）的配置。地方政府在处理各类水利纷争中起着重要的作用。传统的水资源争夺主要包括三个方面：一是流域上下游各用水群体之间的水资源之争；二是同一区域内不同用水目的用户（工业用水、农业用水、生活用水）之间的水资源之争；三是同一用水目的不同用户之间的水资源之争。中央和地方各级政府的调控作用最多。如清代河西走廊黑河、石羊河流域的水利问题，地方政府在新开灌区，建立各种不同层次的分水制度解决各层次的水利纷争中起着非常重要的作用。清代康熙、雍正年间年羹尧所创立的均水制在解决水事纠纷中都起着非常重要的作用。

而现代，所有国家的政府都对水资源配置或多或少地进行行政干预，在水资源配置中多数国家的政府起着主导作用。中国政府配置水资源的形式主要有两种，一是按行政区划分，逐级分配水资源使用权；二是直接负责各类水资源开发利用项目，改变水资源的配置格局，实现新的水资源配置。20世纪80年代，国务院制定的黄河水资源分配方案、"引滦入津"工程项目和21世纪庞大的南水北调工程就是典型的政府调配水资源的方式。

4.3.4　多元参与

随着水资源供需矛盾的突出，引入市场机制配置水资源，正日益受到各方的重视，同时水资源管理的社会参与程度越来越大。

1. 市场参与

现代经济学意义上的市场配置主要是指在明确水权的前提下，通过水权交易、水商品交易、水银行等方式来实现水资源配置。市场配置是促进水资源利用效益提高的内在机制，通过市场竞价的方式，促进水资源从低效益用户流转到高效益用户手中，从而推动整个社会用水效益的提高。

2. 社会参与

水资源配置的社会参与，指吸收和依靠社会力量参与水资源配置的决策、实施和管理，包括两个方面。一是吸收利益相关的各方（如供水者、用水者、管理者以及存在冲突的不同单位等）参与水资源配置方案的讨论、制订、实施和管理，甚至可以成立水资源自治组织，鼓励有关各方自行协商制订水资源配置方案。二是水资源配置的重大事宜必须向社会公开、遵循科学、民主的决策程序，接受社会各方的讨论、评价、质疑和监督，避免决策的盲目性，减少决策失误。

3. 政府、市场和社会参与的结合

只有健全的水资源配置，才能保证水资源配置的合理、高效。因此，建立完善的水资源配置机制一直是各国努力的目标。一般资源配置的政府调节和市场调节相结合的原则，也适合于水资源配置。同时，社会参与在现代民主社会具有越来越重要的意义。因此，现代水资源配置机制，应该是政府调节、市场调节和社会参与的结合。

政府在水资源配置中，起着保障生态需水、基本生活用水的作用，而其他经济活动用水（包括工业用水、农业用水和第三产业用水）可以通过市场调节的方式来解决。在水价制定中，为防止供水垄断弊端，政府应该在供水价格制定方面承担责任。同时，为了使水资源配置尽可能符合各方的利益要求，应建立吸收利益相关者参与水资源管理的制度，并尽可能把基层的水资源配置交由用户协会自主管理。

第5章 水权水价与水资源市场

5.1 水 权

5.1.1 水权的内涵

迄今为止，水权尚未有一个"权威"的定义，研究者常常根据实际需要进行界定。水权通常是指水资源稀缺条件下人们有关水资源权利的总和（包括自己或他人受益或受损的权利），其最终可以归结为水资源的所有权、经营权和使用权。水权与其他资产产权相比，具有明显的特征，主要表现在以下几个方面。

1. 水权的非排他性

中国宪法规定，水资源归国家或集体所有，这样导致了水权二元结构的存在。从法律层面上来看，法律约束的水权具有无限的排他性，但从实践上来看，水权具有非排他性，这是水权的特征之一。中国现行的水权管理体制存在许多问题，理论上水权归国家或集体所有，实质上归部门或者地方所有，导致水资源优化配置障碍重重。以黄河为例，尽管成立了黄河水利委员会代理水利部行使权力，并且在黄河水管理上发挥了积极的作用，但水资源开发利用各自为政的现象没有从根本上得到改观，"水从门前过，不用白不用，多用比少用好"等观念长期影响人们的用水行为。大量引水无疑加剧了黄河断流，引起更大的生态环境问题。国家水资源拥有的产权流于形式，水权强排他性转化为非排他性。

2. 水权的分离性和非完整性

根据中国的实际情况，水资源的所有权、经营权和使用权存在着严重的分离，这是由中国特有的水资源管理体制所决定的。在现行的法律框架下，水资源所有权归国家或集体所有，这是非常明确的，但纵观水资源开发利用全过程，国家总是自觉或不自觉地将水资源的经营权委授给地方或部门，而地方或部门本身也不是水资源的使用者，其通过一定的方式转移给最终使用者，水资源的所有者、经营者和使用者相分离，所以导致水权的非完整性。

3. 水权的外部性

由于水资源的特殊性和流域问题的外部性，水资源的使用具有外部性。如工厂排放的污水，污染了江河，渔业也会受到损失，但对于受害者而言，这是一种负外部性。"上游污染，下游受害"就是典型的流域外部性的影响，不仅如此，如果上游过度使用水资源，就会导致下游水资源可利用量减少甚至干涸，给下游带来难以挽回的损失。当然，水资源的利用过程中也会产生正的外部性，如地区性大型水库的修建，由于改善了局部地区的小气候，可能给周边地区带来额外的效益，如增加旅游人数或创造新的就业机会等。

4. 水权的可积贮性

水权可积贮性是指水权主体能够将其未用、剩余或节余的水权根据合法的程序储存至"水权银行"等部门，待以后需要时取出再用或进行转让等处置。水权积贮的内容包括三个方面：水权积贮的时间、水权积贮的数量、水权积贮的质量。

5.1.2　用水目的与水权类型

由于水资源是流动的，用途多种多样，所以水权比一般的静态资源产权内涵丰富得多。水权类型与用水目的相联系，用水目的不同，水权类型就有差异。广义上的用水目的包括两类：一类是消费性用水，即从河系或地下水流域获取而未返回河流的总水量，如植物用水的蒸腾损失。水权分配通常是以引取的总量而不是以消费性用水量为基础。引水总量包括消费性用水量及输送、调度和其他损失。另一类是非消费性用水，包括水利发电、航运、渔业、水质控制、娱乐和其他出于美学目的的河道内用水。一般而言，灌区、工矿企业和城镇居民是消费性用水，需要获得水的永久使用权；而水电站属于河道内用水，不消耗水量，发电后水还是回到河道里供其他用水者使用，只不过自然的水流变成了人工控制的水流，因此水电站需要的是一定时间内对水的支配权。

5.1.3　水权制度与比较

1. 水权制度与获取

水权制度就是通过明晰水权，建立对水资源所有、使用、收益和处置的权利，形成一种与市场经济体制相适应的水资源权属管理制度，这种制度就是水权制度。水权制度体系由水资源所有制度、水资源使用制度和水权转让制度组成。

水资源所有制度主要实现国家对水资源的所有权。地方水权制度建设，主要是使用制度和转让制度建设。一般情况下，水权获取必须由水行政主管部门颁发取水许可证并向国家缴纳水资源费。

2. 发达国家水权制度

1）澳大利亚水权分配制度

澳大利亚属于水资源相对稀缺的国家，其最早的水权制度来源于滨岸权制度。20世纪初，联邦政府认识到河岸权制度不适合相对缺水的澳大利亚，通过立法将水权与土地所有权分离，明确水资源是公共资源，归州政府所有，由州政府调整和分配水权。跨洲河流使用水，由联邦政府各州达成分水协议。澳大利亚水市场短期水权市场发展较快，长期水权市场发展缓慢。一是因为生态和环境的目标，政府对水权仍然限制过多，导致产权的界定仍存在不明晰的现象；二是由于气候的原因，存在长期水权收益的不稳定性，以至投资长期水权，风险太大；三是长期水权价格较高；四是交易成本过高使交易无法进行，长期水权交易需经过一定的法律程序，而且需要交纳相当高的税费。澳大利亚各州水权交易一般在州内进行，跨洲转让由于涉及的因素较为复杂而受到限制。由于客观条件的限制，澳大利亚水权仍然存在目前情况下无法克服的外部性。

澳大利亚水权交易状况。由于政府巨大的财政压力以及水资源日益短缺、供需矛盾的加剧，澳大利亚于20世纪80年代便开始了水权交易。近20年来，澳大利亚水权转让的管理制度不断完善，许多州已形成了固定的水权交易市场，大大提高了水资源的配置效率。

澳大利亚水市场短期水权市场发展较快，长期水权市场发育缓慢，一是因为生态和环境的目标，政府对水权仍然限制过多，导致产权的界定仍存在不明晰的现象；二是由于气候的原因，存在长期水权收益的不稳定性，以至投资长期水权，风险太大；三是长期水权价格较高，每年价格范围是 $0.4 \sim 1.2$ 澳元/m³，而短期水权交易价格相对较低，每年价格范围是 $0.02 \sim 0.04$ 澳元/m³；四是交易成本过高使交易无法进行，长期水权交易需经过一定的法律程序，而且需要交纳相当高的税费。澳大利亚各州水权交易一般在州内进行，跨洲转让由于涉及的因素较为复杂而受到限制。由于客观条件的限制，澳大利亚水权仍然存在目前情况下无法克服的外部性。

澳大利亚各个州政府水法规中都对水权交易程序和买卖合同中的有关内容作出规定：水权交易必须保证河流的生态和环境目标并以对其他用户的影响最小为原则；水交易市场信息透明，提供可能的水权交易的价格和买卖机会；对于长期水权交易，必须由买卖双方向州水管理机构提出申请，并附相应的评价报告，由专门的咨询机构作出综合评价，在媒体上发布水权永久转让的信息。

2）美国水权分配制度

在美国，水权由州法规对水权进行界定。州的水法内容随着地区、气候的不同而存在差异。美国的东部、东南部和中西部地区气候具有多雨的特点，水权制度采用滨岸权体系。在干旱和半干旱的美国西部各州，州法律法规都规定，其边界内的水资源为公众或州所有。在州政府水资源所有权下，水权分配是对水资源的使用权的分配。西部各州的水权管理系统各自独立，但它们都有很大的相似性，水权采用的是优先占用体系。实行占有水权体系的州、水权占用必须合理，包括在合理的时间内对水进行有益的利用以及用水和引水应当合理等方面的要求，否则对水的利用超出了水权规定的范围。水权占用的日期决定了用水户用水的优先权，最早占用者拥有最高级别的权利，最晚占有者拥有最低级别的权利，在缺水时期，那些拥有最高级别的用户被允许引用他们所需的全部水量，而那些拥有最低级别用户被迫限制甚至全部削减他们的引用水量。用水户获取占用权必须填写占用水权书面申请，并经过一定的行政程序或司法程序才能获取。

3）澳大利亚、美国西部水权分配制度评析

澳大利亚、美国西部是水资源短缺或相对短缺的国家和地区，水权本质上也可看做是一种财产权，非经过合法程序是不能被损害的。它们初始水权的分配都具有一些共同的特性，一是水权都具有共有产权特性，法律规定水资源为国家所有或州所有，水权的分配是水使用权的分配；二是水权和地权分离，法律授予公民获取水使用权的权利，公民获取水权的标志是获取用水许可证或在公共登记处注册。

上述国家对水使用权的分配又有不同之处，美国水权的分配采取"时间优先、权利优先"原则。澳大利亚在早期，用水户申请取水和用水，不论其规模大小，州政府都批准其水权；但随着水资源供需矛盾的突出，水权获得主要是通过水权市场交易。

3. 中国水权制度

中国水权制度的特点是政府代表国家行使对水资源的所有权，其他自然人和法人行驶对水资源的利用权，于是水资源所有权的主体具有行政主体和民事主体的双重属性，在地区间相邻用水关系中，各地方政府作为民事主体在维护国家整体利益的前提下代表各自所在地的地方利益。

中国的水权制度建设相对落后，《中华人民共和国水法》虽规定水资源属于国家所有和集体所有，但并没有对水权进行合理的分割及分配。在相当长的一段时期内，中国的水资源配置一直采用计划经济手段，水权不明晰，权、责、利没有得到规范，用水者不能通过水权交易获得用水权，只有通过行政程序获得取水权来达到目的，而取水权一旦获得，就成为刚性权利。2005年水利部下发了《水利部关于水权转让的若干意见》，意见认为，健全水权转让的政策法规，促进水资源的高效利用和优化配置是落实科学发展观，实现水资源可持续利用的重要环节。"十一五规划"提出"完善取水许可和水资源有偿使用制度，实行用水总量控制与定额管理相结合的制度，健全流域管理与区域管理相结合的水资源管理体制，建立国家初始水权分配制度和水权转让制度"。2006年出台的《取水许可和水资源费征收管理条例》第二十七条规定："依法获得取水权的单位或者个人，通过调整产品和产业结构、改革工艺、节水等措施节约水资源，在取水许可的有效期和取水限额内，经原审批机关批准，可以依法有偿转让其节约的水资源，并到原审批机关办理取水权变更手续。具体办法由国务院水行政主管部门制定。"十八大报告也特别提出"加快水利建设，增强城乡防洪抗旱排污能力；完善最严格的耕地保护制度、水资源管理制度、环境保护制度；积极开展节能量、碳排放权、排污权、水权交易试点"。《中共中央关于全面深化改革若干重大问题的决定》指出，中国将发展环保市场，推行节能量、碳排放权、排污权、水权交易制度，建立吸引社会资本投入生态环境保护的市场化制度，推行环境污染第三方治理。

水权交易在执行过程中就是水资源使用权通过交易市场转让的行为，在中国开展水权交易的尝试屡见不鲜。2000年11月，浙江省义乌市一次性出资2亿元向东阳市买断了每年5000万 m³ 水资源的永久使用权，成为中国水权交易的第一案。2002年年初，张掖市在"总量控制、内部调剂"的指导思想下，采取了水权制度变革与水权交易的实施。2003年，黄河水利委员会遵照水利部治水思路，应用水权、水市场理论，提出"农转工"的水权有偿转换模式，并在宁夏、内蒙古灌区展开了实践。2006年，北京市与河北省正式签署了《关于加强经济与社会发展合作备忘录》，结束了河北向北京无偿供水的历史。在十八届三中全会决定下，省区层面上开展的水权交易通常先由国家将水权分配给水资源使用者——各省市，再在各省市之间进行交易的二次分配。2014年6月，根据十八届三中全会的决定，中国各省市用水指标的分配工作接近尾声，下一步就是开展水权交易。

4. 中外水权制度比较与反思

毫无疑问，水权制度的建立，是一条加强水资源管理的可行之路。在水利部的推动下展开了很多地方水权交易，但水权制度要在中国推进，相对于西方发达国家，还会受到很多因素的影响和制约。

水资源管理目前属于中央政府权力，水资源的中央集权使大规模调水工程决策简单而直接。这种体制利于保障国家安全，中央政府调配能力强，但政府决策的科学性保障较差。而水权制度将使中央政府权利受到制约和弱化，水资源将依托市场进行资源配置。政府也将由全过程的水资源管理，变为初始水权的分配和交易规则的监管，管理力度将明显下降。另外，从现有的水资源管理体系转变为水权体系，由于调整了水资源管理的目标和职能，改变了管理运作方式，不是一种"水利行业管理"的简单权利升级，而是一种公共权利的加强和政府权利的制约和削弱，如水权民主协商机制的引入、取水设施的社会化等，都会对相关的政府部门、事业单位和国有企业的利益分配产生影响。因此，管理力度下降和公共权利的加强成为水权制度推进的一个首要障碍。

相对于发达国家，中国水权制度还受到体制不完善的制约，包括水法对"水资源使用权"的约束，以及取水证制度对交易的约束。由于水权制度减少了政府对水资源的再调控能力，因此各级用户对初始水权设定科学性和民主性的要求，会远高于现行的取水许可证的科学性要求。初始水权设定难度大，需要用户的民主参与，需要科学的法律体系作为保障，同时，水权交易过程也需要市场监管体系来支持。但是中国目前的法律体系与此要求差距甚大，水权交易的市场监管体系甚至未提上日程。

5.2　水　　价

水资源具有宏观稀缺性，为了高效利用水资源，必须对水资源进行定价。那么水资源实际的价格到底是如何形成的？本节将着重探讨水价形成、制定的方法理论与实践。

5.2.1　水资源价格的理论基础

1. 水资源价值论

价值论是价格形成的理论基础。从古典学派和马克思的观点看，价值只能来源于使用的社会必要劳动量，离开劳动量的价值论不但是庸俗的，而且是反科学的；新古典学派则企图利用效用价值论替换客观劳动价值论，到了 20 世纪 30 年代以后，西方经济学逐渐抛弃价值论。无论是宏观还是微观，都只以价格为核心，现在通常所说的价值规律，实际上还是指的市场价格与商品供求关系的规律。

1）地租论

在古典经济学中，李嘉图的地租论是西方经济学的传统理论。李嘉图的地租论认为，地租不是土地的产物，而是农业生产中超额利润的转化形式。地租是为了使用土地的原有的和不可摧毁的生产力而付给地主的那一部分土地产品，地租是一种价值创造，严格意义上的纯粹地租，不包括地主投资到土地上的资本利息。Tietenberg 根据李嘉图的观点提出资源稀缺租金的概念，认为在资源利用中将产生正的资源使用者成本，边际使用者成本存在意味着高效的资源价格将超过边际开发成本，形成一个稀缺租金，资源稀缺租金也将等同于边际使用成本。只要产权明确，这个稀缺租金被资源所有者所有，并成为他的生产者剩余的一部分。在新古典综合经济学中，萨缪尔森认为社会总收入由各种生产要素共同创造，土地、劳动、资本和资本家是创造收入的四个要素，而地租、工资、利息和利润则是这四个要素的相应报酬，其大小取决于生产要素间的边际生产力。萨缪尔森认为边际生产力为收入分配，即生产要素的定价提供了线索，但价格总是在市场上被决定的。他的地租理论主要研究土地及其他自然资源的租金如何通过市场供求关系得以决定，认为地租决定于供求关系形成的均衡价格，即供给和需求决定任何生产要素的价格。

2）劳动价值论

马克思的劳动价值论认为，价值和使用价值共处于同一商品体内，使用价值是价值的自然属性基础，离开使用价值，价值也就不存在了。价值量的大小决定于所消耗的社会必要劳动时间的多少，社会必要劳动时间是在现有社会正常条件下，在社会平均的熟练劳动程度和劳动强度下，制造某种使用价值所需的劳动时间。马克思在此基础上，认为生产价格由市场价值转化而来，是价值的转换形式。因此，用马克思的劳动价值论解释水资源的价值时，关键在于水资源是否凝结着人类的劳动。

3）效用价值论

效用价值论是从物品满足人的欲望能力或人对物品效用的主观心理评价角度来解释价值及其形成过程。主要观点包括以下几个方面：①效用是价值的源泉，是形成价值的必要条件。效用同稀缺性结合起来，形成商品的价值。②物品的价值量是由边际效用决定的，边际效用（人们所消费的某种商品中最后一单位商品带给人们的效用）是衡量价值量的尺度。③效用是可以计量的，边际效用是由需求和供给之间的关系决定的。④边际效用递减和边际效用均等。人们对某种物品的欲望强度随着享用的该物品数量的不断增加而递减，因而物品的边际效用是随着其数量增加而递减的，人们在消费多种物品的选择均衡是多种物品的边际效用均等。

4）生态价值论

该观点从整个生态系统考察社会经济系统，认为经济生产不可避免地要投入水资源等自然资源，同时将生产中产生的废弃物排入自然界，使环境资源，特别是水资源受到污染，其功能和质量下降，为了保持生态平衡，使水资源能够持久地为人类服务，保证人类的延续生存环境相对稳定，必须对耗费的水资源等自然资源进行补偿。

2. 水资源价值论的内涵

李嘉图的地租论为研究资源的价值提供了基础，其指出无论是自然状态的水资源还是已被开垦的水资源，都可以收取资源租金。水资源的价值是由其有用性和稀缺性决定的。马克思的劳动价值论是从商品交换的关系中抽象出来的，本质上体现的还是人与人之间的关系，并不适用于人与物的关系研究，但其为资源价值新的视角。效用价值论把水资源价值分为主观价值和客观价值，比较适用于人对物的评价过程，尤其适合于当人类面对不同稀缺程度的物质资源时如何评价和比较其用处或效用的大小。以萨缪尔森等为代表的建立在边际生产力理论基础上的新古典综合学派认为供给和需求决定任何生产要素的价格则有更多合理的成分可以借鉴，对于研究资源价格理论也具有较大的参考意义。生态价值论的提出，让人们从生态系统的角度关注水资源价值问题，并成为后来生态补偿机制的理论基础。但不管存在什么样的资源价值论，水资源价值的内涵都体现在以下三个方面：稀缺性、资源产权和劳动价值。

首先，稀缺性是水资源价值的首要体现。现代经济学研究的核心问题是稀缺资源的优化配置问题。在工业化时代，水资源成为制约经济发展的要素之一，人们认识到水资源的稀缺性，也开始重视水资源的优化配置、合理利用和保护问题。水资源价值的大小也是其在不同地区不同时段水资源稀缺性的体现。

其次，资源产权是水资源价值形成的必要条件。产权是现代经济学的一个重要的概念，产权理论的代表人物包括德姆塞茨、科斯等。资源配置、经济效率和外部性问题等都和产权理论密切相关。从资源配置的角度来看，产权主要有四种权利：所有权、使用权、收益权和转让权。所有权就是资源归属的问题；使用权决定是否使用资源、何时以何种方式使用资源的权利；收益权就是通过使用资源有权获取收益；转让权就是处置资源的权利。产权的初始界定就是通过法律明确这些权利。要实现资源的最优配置，转让权是关键。中国国家拥有对于对水资源的产权，任何单位和个人开发利用水资源，即水资源使用权的转让，必须支付一定的费用，这是国家对水资源所有权的体现，这些费用也是资源开发利用过程中所有权及其所包含的其他一些权利（使用权等）的转让的体现。

最后，劳动价值是区别天然水资源价值和已开发利用水资源价值的重要标志。对于水资源价值中的劳动价值，主要是指资源所有者为了在交易和开发利用中处于有利地位，对其所拥有的资源的数量和质量的摸底，这样必然在资源价值中拥有一部分劳动价值。对于水资源来讲，主要是水文监测、水利工程建设、水利规划、水资源保护等各种前期投入。

因此，要正确认识水资源价值的内涵，必须结合不同时间和空间的水资源约束。在水资源丰富的地区，水资源的稀缺性不明显，由稀缺性体现的水资源价值就可能比较小，而对于水资源紧缺的地区，其价值就包括稀缺性、产权和劳动价值。洪水季节和枯水季节水资源的稀缺性也有所不同。未开发或待开发的水资源，其价值可能包含的劳动价值就较少。因此，对于不同水资源及其价值的认识，应根据具体情况具体分析，只有这样才能正确认识水资源价值。

5.2.2　水价制定的原则

水价制定的目的在于推动节水事业的发展，使得水资源能够更有效地满足国民经济发展和人民生活的需要，形成有利于节约用水的水价管理体系。因此，制定水价应遵循以下原则。

第一，价值规律原则。价值规律理论是研究商品价格的基础，水利工程提供给市场商品水，而商品水的供给在当前或者相当长的时期内都带有很强的垄断性，供需双方处于不平等地位。因此，水价必须受制于社会主义市场经济体制下的价值决定机制、供求机制和政府的宏观调控，使得水资源的开发利用达到优化配置的目的。

第二，供求规律原则。根据水商品价值和供求关系确定的水价应起到调节供需的作用，以促进水资源的合理利用。

第三，统筹安排原则。水资源的开发利用是系统工程，要综合考虑上下游、水利工程建设与维护、城市排水和污水处理的关系，统筹安排，对所有公共排水机构征收排污费、征收排污费的标准取决于污染物质排放的数量和污染程度。

第四，区别性原则。对于不同用途、不同地区以及不同标准的用水实行不同的收费结构和水价。按用户承受能力、相应责任和享受权益与服务来定价收费。将税费标准与水源远近、中期开发费用直接挂钩，体现了水资源的短缺状况及供求关系，用发展的眼光和动态的观点，考虑增加供水量及提高水质标准的边际成本，同时考虑到支付能力，将某类用水户或某种用水目的的水价设定为低于供水成本，此时，亏空的收益可由其他可得的收益提供补偿。收益大、承受能力强的用户，征收的税费也多。

第五，产业政策原则。在水利产业结构调整中，过去一直试图从外部对产业结构进行调整，水价机制未能积极有效地在调整产业结构中发挥应有作用，导致结构调整只有外力缺乏内力，难以达到预期效果。因此，应利用水价杠杆优化水资源配置，改善水资源短缺、开发利用效率低、水的浪费和污染严重的局面，加大水利投入，加强水利建设，支持水利产业化政策。

5.2.3　水价构成、制定方法与影响因素

1. 水价构成

在制定水价时，只有承认了水的商品属性，才能合理确定水价，仅从工程建设及运行成本费用、缴纳税金、归还贷款和获得合理利润的原则来制定水价，并按商品水的不同用途和不同品类的商品化程度，实行分类定价。水是一种商品，在市场经济条件下水价应由三部分组成，包括资源水价、工程水价和环境水价（图 5-1）。

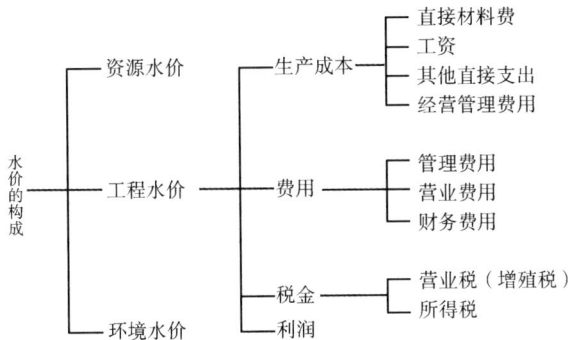

图 5-1　水价的构成

（1）资源水价是体现水资源价值的稀缺性、有用性和产权特性，是水资源价值的价格体现，它包括对水资源耗费的补偿、对生态环境（如取水或调水引起的生态变化）影响的补偿，以及为加强对短缺水资源的保护而进行的技术投入。资源水价通过征收水资源费（税）来实现，水资源费（税）是法定价格，不随市场变化，但其定价应考虑到要逐步适时、适地、适度地调整水价，真正实现水资源的应有价值。政府按照以基本用量为标准的生活用水、以万元国内生产总值耗水为标准的生产用水（效益高者优先，必要产业可实行补贴）和必要的生态用水来规定分水定额，优化配置水资源。任何用户通过缴纳水资源费（税），均可获得取水许可证来取得水资源的使用权。

（2）工程水价是仅从工程建设及运行成本费用、缴纳税金、归还贷款和获得合理利润等角度来制定的水价。也就是把资源水变成商品水进入市场所花费的代价。主要指正常供水过程中发生的直接工资、直接材料费、其他直接支出以及固定资产折旧费、修理费、水资源费；为组织和管理供水生产经营而发生的合理销售费用、管理费用和财务费用、利息支出、管理单位按国家税法规定应该缴纳的税金；水管单位从事正常供水生产经营获得的合理收益。

（3）环境水价是为治理水污染和水环境保护所需要的代价，环境成本是一种典型的外部成本。所谓外部成本，是经济当事人的活动对外部造成影响，本人却没有承担的成本。例如，某企业排放污染物进入河流，对河水造成污染，这构成社会成本的一部分，但企业却没有承担，因此是外部成本。所谓外部成本内部化，就是使生产者或消费者产生的外部费用，进入他们生产和消费决策函数，由他们自己承担或"内部消化"。水为生产生活所必需，在生产领域和生活领域都会产生水环境方面的外部成本（如排污造成的环境损害），因而两个领域都存在外部成本内部化的问题。在生产领域，由于企业的排污行为具有量大、集中、浓度高、危害大、易于监测的特点（相对于生活污水），政府往往通过排污费、总量控制、环境税收等办法来实现外部成本的内化。居民生活消费过程中的排污行为却不同，与工厂排污相比，其排污较分散，污水量较少。尽管一个人或一个家庭消费水对环境造成的影响微不足道，汇集起来却可能造成巨大的环境损害，这种由公众行为造成的外部性称为公共外部性。由于居民人数众多，难以采用对待工业企业一样的办法，因此，考虑到可操作性和实施成本最小，通常用在水价中附加污水费的办法，使消费者承担城市污水处理费。水价中包含污水费是可持续发展的要求，这种构成全面的水价会提高水资源利用效率并解决公共外部成本问题。

2. 水价制定方法

水资源定价要考虑的因素很多，但对于水的生产来说，价格应该反映成本，即供水企业的销售收入应该弥补其生产成本。该类方法的定价原则是供水价格反映供水成本，在供水成本测算的基础上选择适当的费率结构进行费率设计，制定可实施的价格政策。成本定价既可以从平均成本、边际成本入手，也可以从完全成本入手。

第一，平均成本定价法（average cost pricing）。该方法又称成本核算法或成本加利润法，是一种常见的垄断部门的定价方法，其定价的基础是平均成本的估计数，目的是为弥补运行费用而提供足够的收入，价格计算中所包含的利润率一般取社会平均利润率。考虑到资源税的征收，其计算公式为 $P=K+L+R$。其中：P 为水价；L 为利润；K 为水资源生产成本；R 为资源税。实现平均成本定价的关键在于如何公平合理地完成服务成本在不同类型用户间的分配，使用户负担与其所接受的服务相应的成本。分配方法大体可以归结为以下两种基本类型。一种以供水过程中出现的高峰负荷作为分配依据，另一种则同时考虑用户需求的平均负荷和最大负荷。

第二，边际成本定价法（marginal cost pricing）。注重供水过程中的经济效率的实现。其基本思想在于通过价格信号向用户表达系统供水的边际成本信息，使用户用水所产生的边际收益等于系统供水的边际成本，从而使供水企业得到的收益最大化。边际成本有两种——短期边际成本和长期边际成本，短期边际成本处在不断移动变化中，故而如果按其定价，则供水的价格将呈现明显的周期性波动，这在日常水价的制定中是不可能实现的。而长期边际成本关注将来扩容增加的成本，相对于其他定价方法，提供了一个更为确切的未来资本需求的估计，并促使用户调整他们水消费量，使得边际成本等于边际效用点，从而使得水资源得到更为合理的保护。对于长期边际成本的计算，有如下方法。

$$\text{LRMC} = \text{SRMC}_t + \text{MCC}_t = \Delta R_t \cdot \Delta Q_t^{-1} + RI_t \cdot \Delta Q_t^{-1} \qquad (5\text{-}1)$$

其中，LRMC、SRMC、MCC 表示供水的长期边际成本分为短期边际成本和边际容量成本。t 为长期边际成本计算年份；ΔR_t 为 t 年运行成本的增长；ΔQ_t^{-1} 为 t 年供水量的增长；RI_t 为 t 年所需偿付的固定资产投资。

　　根据 Turvey 的边际成本定义，某年的供水长期边际成本，可由该年系统供水能力增长一个单位所引起的供水成本的增长的现值，减去该单位供水能力的增长未发生在该年而发生在下一年度时所引起的供水成本的增长的现值得到，假设新建设施的使用寿命为 30 年，具体公式为：

$$\begin{aligned}
\text{TLRMC}_t = \{\Delta R_t &+ [I_k \cdot (1+r)^{-(k-t)} - I_k \cdot (1+r)^{-(k+1-t)}] \\
&+ [I_{k+30} \cdot (1+r)^{-(k+30-t)}] \\
&- I_{k+30} \cdot (1+r)^{-(k+31-t)}]\} \Delta Q_t^{-1} \qquad (5\text{-}2)
\end{aligned}$$

其中，I_k 为 k 年的固定资产投资；t 为计划对现有供水系统进行再次扩建的年份，其余符号意义同式（5-1）。

　　由于供水行业是一个垄断的行业，根据经济学原理，如果采用边际成本定价，则一方面供水企业的利益得到最大化，但另一方面它们也获得由于垄断而带来的超额利润，从而不利于社会财富最大化，即帕雷托最优。

　　第三，完全成本定价法。无论采用平均成本定价方法还是边际成本定价方法，传统上供水定价依据的是供水过程中的生产成本，即在水资源开发过程中所投入的人力、物力资源状况，水资源本身所具有的价值未在定价过程中得到全面体现，于是出现了全成本定价法。它是同边际机会成本相似的概念和方法，是从另一个角度来说明可持续发展的水价制定方法。所谓水资源完全成本是指人们开发利用水资源所付出的各种成本的总和。它由以下四部分组成：水资源本身的价值 P_1；基于人类劳动投入产生的新价值 P_2；水资源外部性引起的社会成本 P_3；水资源多用途及稀缺性决定的社会机会成本 P_4。设水资源价格为 p，则有：

$$P = P_1 + P_2 + P_3 + P_4 \qquad (5\text{-}3)$$

水资源价值常通过征收水资源费得以实现。设水资源的地租或租金为 R，i

为平均利息率，由地租理论得到水资源本身价值的计算公式为：

$$P_1 = R \cdot i^{-1} \qquad (5\text{-}4)$$

为了用水，人类必须对水资源投入劳动，使水资源产品具有了人类劳动新价值（P_2），它包括运营成本及正常利润（ρ），运营成本又分为固定资本（C）和流动资本（V），考虑利息率 i 可得人类劳动使水资源新增价值 P_2 的计算公式为：

$$P_2 = 1 \cdot i^{-1} \cdot (1+\rho)(C+V)$$
$$= 1 \cdot i^{-1}(C+V+m) \qquad (5\text{-}5)$$

水资源外部性指某用水者对其他经济主体产生的非市场性的影响。水资源的外部成本包括水污染造成的经济损失及恢复水环境的费用。设水污染的经济损失为 P_{31}，废水处理或水环境恢复费用为 P_{32}，则有：

$$P_3 = P_{31} + P_{32}$$
$$= \sum_{i=1}^{m} K_{i1} H_i M + \sum_{i=1}^{m} K_{i2} H_i M$$
$$= \sum_{i=1}^{m} K_i H_i M \qquad (5\text{-}6)$$

其中，K_{i1} 为损失系数；K_{i2} 为恢复系数；K_i 为外部成本系数；H_i 为第 i 种污染因素单位量的外部成本；M 为产品产值。

水资源的稀缺性及多用途性，决定了其具有机会成本。设每个行业的机会成本系数为 L_i，其用水量为 Q_i（$i=1, 2, \cdots, n$），则水资源的机会成本可表述为 $P_4 = \sum_{i=1}^{n} L_i Q_i$。考虑供需成本及年贴现率，则第 t 年水资源的动态完全成本价格为：

$$P_i = (1+i')^t P$$
$$= (1+i')^t \cdot i^{-1} \cdot [R + (C+V+m)]$$
$$+ \sum_{i=1}^{m} K_i H_i M + \sum_{i=1}^{n} L_i Q_i] \cdot Q_d \cdot E_d \cdot Q_s^{-1} E_s^{-1} \qquad (5\text{-}7)$$

其中，Q_d 与 Q_s 分别为水资源需求量及供给量，E_d 与 E_s 分别为资源的需求弹性系数和供给弹性系数，i 为年贴现率。

采用完全成本定价法，考虑水资源本身的价值，引入水资源的外部成本和机会成本，从而比较全面地反映出由于开发利用水资源而付出的各种成本。但是，其在指标的制定和数值的确定上存在一些较为主观的因素。

第四，影子价格法。影子价格法最初是由荷兰数理学家、计量经济学家简·丁伯根和苏联数学家、经济学家康托罗维奇，在研究短缺资源优化配置中分别提出来的，是计划定价方法中一种十分著名的价格研究方法，指在其他资源投入不变的情况下，一种资源投入每增加一单位所带来的追加收益。它表示在社会经济处于某种状态时的资源（产品）价值、市场供求状况、资源稀缺程度，是资源配置朝优化方向发展的价格。影子价格的测算可分为直接法和间接法两种。

直接法是把对偶问题的最优解称为原问题约束条件的影子价格。它假设经济活动过程涉及几种活动，其水平用 $X = (X_1, X_2, X_3, \cdots, X_n)$ 表示；从事这些经济活动所耗用的资源有 m 种，资源的供应为 $b = (b_1, b_2, b_3, \cdots, b_n)$，则使 n 种经济活动达到最优的条件是：

$$
\left\{
\begin{array}{l}
\max S = C_1 X_1 + C_2 X_2 + \cdots + C_n X_n \\
\begin{bmatrix}
a_{11} & a_{12} & \cdots & a_{1n} \\
a_{21} & a_{22} & \cdots & a_{2n} \\
\vdots & \vdots & & \vdots \\
a_{m1} & a_{m2} & \cdots & a_{mn}
\end{bmatrix}
\begin{bmatrix}
X_1 \\
X_2 \\
\vdots \\
X_n
\end{bmatrix}
\leqslant
\begin{bmatrix}
b_1 \\
b_2 \\
\vdots \\
b_n
\end{bmatrix} \\
X_1, X_2, \cdots, X_n \leqslant 0
\end{array}
\right\}
\tag{5-8}
$$

其中，C 为目标函数系数，a 为约束条件的系数，S 为总收益达到最优时，定义 m 维行向量：$Y^* = C_B B^-$ 为资源向量 b 的影子价格。另外，C_B 为对应于基变量 X_B 的目标函数系数，B 为约束条件的系数矩阵。

直接法在理论上可行，在实际工作中由于涉及面广、工作量大、数据量要求大、模型参数选定较困难，通过数学规划来求出影子价格的可行性小。因此，通常采取间接的办法进行估计，以市场机制比较完善的条件下求出的市场价格为基础，然后将这种现实的市场机制与理想状态下的市场机制进行比较，测算出因两者之间的差异而导致的价格差异，并用这种价格差异对现实的市场价格进行修正，从而求出影子价格。

影子价格不仅能正确地反映资源的稀缺程度，又具有宏观调控，分权自我约束的能力，为资源的合理配置及有效利用提供了正确的价格信号和计量尺度。但美中不足的是，水资源影子价格仅反映某种资源的稀缺程度，反映一种资源与总体经济效益之间的关系，因此它不能代替资源本身的价值。此外，由于水资源长途运输的不经济性和国内市场的垄断性，通过国际、国内市场水资源价格调整来获得水资源影子价格是困难的。而且虽然影子价格是衡量自然资源价格的好方法，但自然资源价格是生态经济价格，不能偏废生态效益。

第五，收益还原法。收益还原法（revenue capitalization）又称收益资本化法、收益法。它依据替代与预测原理，着眼于未来的预期收益，以适当的还原利率折为现值。其基本公式是：

$$
V = a \cdot (1+r)^{-1} + a \cdot (1+r)^{-2} + a \cdot (1+r)^{-3} + \cdots
$$
$$
+ a \cdot (1+r)^{-n} = a \cdot r^{-1} \quad （设 n = \infty）
\tag{5-9}
$$

其中，V 为水资源的价格，a 为已建水利工程平均期望年年净收益；r 为年收益资本化过程中所采用的还原率，一般采用银行一年期存款利率，加上风险调整值，但应扣除通货膨胀因素。

收益还原法仅以经济效益为依据，而对自然资源开发利用的生态效益则较少涉及，若以此方法估价则必将造成价格偏低且不利于生态环境的改善。而且收益还原法一般是应用在土地经济评价方面，适合于每年有固定的收入的土地资源的定价。

第六，供求定价方法。该理论是由美国的 L. D. 詹姆斯和 R. R. 李提出的，它认为供水是商品，符合下列公式：

$$Q_2 = Q_1 (P_1 \cdot P_2^{-1})^E \tag{5-10}$$

其中，Q_2 为调整后的用水量；Q_1 为调整前的用水量；P_1 为原水价；P_2 为调整后的水资源价格；E 为水资源价格弹性系数。

供求定价法有其明显的优点，其公式比较简单，数据容易获得；它适应市场经济大环境，人们也容易接受。但是，应该注意到，水资源价格是一个复杂的问题，与各方面关系甚为密切，仅仅通过水资源量的关系决定水资源价格是不完善的；水资源的价格与用水功能有着密切的关系，而在该公式中没有考虑用水功能；水资源价格没有考虑污水排放，忽略了生态影响。

第七，CGE 模型。CGE（computable general equilibrium model）于 20 世纪 60 年代末出现于宏观政策分析和数量经济领域。随着经济理论的不断丰富、计算技巧的逐步完善，CGE 模型的研究和应用日渐广泛，成为研究市场行为、政策干预和经济发展的有效工具。

由于 CGE 模型能有效地模拟宏观经济的运行情况，尤其是在市场经济条件下，因而，它能用来研究和计算部门和商品以及资源的生产、消费情况，能够计算部门和商品的价格。运用 CGE 模型能输出某一区域的经济在均衡条件下各部门商品的相对价格，以及在均衡条件下的各部门的生产和消费情况。因此，它能有效应用于商品价格的计算。

虽然 CGE 模型能输出某一区域经济均衡条件下的某个部门的相对价格，但同时必须看到，CGE 模型所要求的资料数量是十分大的，模型一般要求区域部门投入产出系数、劳动力分配、总投资及部门投资分析、总投资及部门投资分配、消费额及政府、居民间分配及各种弹性系数，因此，对于某一区域，为计算水资源的价格，收集和处理资料的工作是十分艰难的。

由于以上几种定价方法，各有其优缺点。因此，在各国的实际操作中，一般都根据各国的国情，采用相应的定价方法，以达到相应的目的。一般说来，采用边际成本定价有利于节约用水；而平均成本定价，其相应的计算比较简单易行；运用完全成本定价则可以考虑长期的供水成本的增加；而影子价格则更能反映出水资源的稀缺程度；使用 CGE 模型可以得到市场均衡时的水资源商品价格。中国作为缺水大国，在水资源定价上主要应考虑节水的问题，因此采用边际成本定价法、影子价格法、CGE 模型法有利于使中国的水资源得到更充分的利用，而平均成本定价法由于其较为简便也是可以采用的，当然，可以在不同的地区根据当地的实际情况采用某种定价方法，也可以将各种方法结合起来，取长补短，求得一个合理价格。

3. 水价的影响因素

在市场经济条件下，为实现水资源的优化配置，实行用水定价十分重要，水价的影响因素是众多的、复杂的，有水价内部的与外部的因素；有微观的和宏观的因素。在众多因素中，相互之间存在着复杂但并不杂乱无章的隐含时效关系；因果关系、矛盾统一关系；模糊关系，等等。这一切构成了水商品自身的复杂的水价格体系。可以说水价的影响因素是一个系统工程。本书主要从宏观角度阐述影响水价的因素，主要有：供需弹性、成本、供水服务质量、盈利率和国家社会经济发展水平。

1）供需弹性

所谓弹性是指因变量变化的百分比同自变量的百分比之间的比例关系，其值为弹性系数。用公式表示为：

$$E = \frac{\dfrac{\Delta y}{y}}{\dfrac{\Delta x}{x}}$$

具体到水资源的弹性系数，可分为需求弹性系数和供给弹性系数。需求弹性反映的是需求量的变动对价格变动的敏感程度。世界银行 1991 年度发展报告中对发展中国家水的需求弹性进行了估算，其值为 0.25。这意味着水价每增加 1%，需求量将减少 0.25%。供给弹性反映的是供给量的变动对价格变动的敏感程度。

由于不同水资源，不同需水单位的供需弹性大小不同，这就使得水价制定的弹性区间不同，从而价格的确定也需考虑弹性因素的影响，制定合理的价格体系，实现最优的水权分配机制。例如，在丰水地区采用分段递减收费制度，对于大水量用户降低水价，以促进销售并有助于回收供水的固定投资成本；在缺水地区则相反，采用分段递增收费制度以节约用水。

2）综合成本

成本是影响水价水平的最关键因素，因为成本是价格制定的基础。但这里讨论的成本是一个综合的概念，指的是可持续发展的水资源开发利用成本，是基于水资源系统提出来的。从自然条件考虑，成本反映了区域水资源的量和质，量多价廉，质高价高；从开发考虑，成本反映了区域水资源开发的难易程度；从利用出发，成本反映了区域水资源的利用条件的好坏和供水设施的水平；从处理的角度，成本反映的是污水量的大小、污染和处理程度；从使用的构成看，由于国际上普遍实行农业保护政策，灌溉工程供水甚至生活用水存在着公益性质，实行供水国家补贴政策，农业用水比重大、水价就较低。

3）供水服务质量

供水服务质量是影响水价水平的重要因素。供水服务质量主要指供水条件、供水保证率、水压及流量等。这也是水价与其他商品价格的不同之处。供水存在服务质量的问题，供水服务质量高，价格就高，供水服务质量低，价格就低。

4）盈利率

盈利率是反映区域资金边际成本的一个指标，是制定价格需要考虑的因素。盈利一般基于成本。在市场经济条件下，一般行业的盈利率等于社会的平均盈利率。但对于水行业，由于其垄断性和不同用水之间的不同政策，致使不同地区、不同用途之间的盈利率不同，价格水平也各不相同。

5）国家社会经济发展水平

社会经济水平高，用户承受能力强，水价才能达到全成本水价或微利水价；人均国内生产总值高，水价才可以稳定提高。

5.2.4　水价制度比较与借鉴

1. 水价政策的国际比较

美国的水价制度。美国的水价由联邦供水工程水价、州政府工程水价以及供水机构水价构成。实行批发水价与分类水价相结合的水价制度，联邦水利工程及州水利工程通常采用批发水价制度。上级供水机构向下级供水机构售水时，因无法确定水的用途，实行统一的水价标准。地方供水机构的水价则根据用水对象不同实行分类水价，农业水价一般低于工业和城镇居民用水水价。不同工程的供水价格不同。联邦供水工程主要实行"服务成本＋用户承受能力"定价模式，农业水价是还本不付利息水价，工业及城市水价是还本付息水价，州供水工程主要实行"服务成本"定价模式，各类水价均为还本付息水价。在水资源管理上，美国实行水资源分级管理体制，管理职权明细，水价由市场调节，没有统一的水价审批机构，政府制定水价以回收成本为原则，按单一工程制定水价，不同工程不同地区水价定价模式不同，开采地下水征收水资源费，水费中包括排污费、农业灌溉水费考虑到农民的承担能力，政府给予补偿，水价调整公开透明。

加拿大的水价制度。加拿大水价构成按用水对象划分为工业用水、农业用水和城市用水。工业用水水价部分纳入工业产品的成本核算中，输、配水工程和设施的投资回收完全取决于工业企业的经营业绩。农业用水的收费主要是根据灌溉面积收费，而不是按实际用水量收费。城市供水水价只包括提供供水服务的直接成本，不考虑水资源价值和工程的投资及维护改造费。污水处理费通常与水费一起征收，按统一污水费率计收。加拿大联邦政府提倡按供水的实际成本定价，以增加水费收入，满足工程开发与管理的资金需求。考虑到提高水价以及其他节水措施对未来用水的影响，在水费上体现对水资源保护的概念，加拿大水价还合理收取排污费、超额用水费，以促进生活及工业废水的循环利用。在水价执行过程中，供水单位按照水价标准与用水户签订合同，用合同相互约束，并以相关的法律作保障。调整水价必须在重新核定供水成本的基础上，按水价构成要素的规定，重新报政府部门审批。在水资源管理上，加拿大水资源和水价管理体制事权划分责任明晰，水价政策和管理主要关注水资源的可持续利用，水价制度主要体现公共需要，排污收费目的主要是促进节约用水和保护水资源，政府对供水系统适当给予补偿，以保证供水系统的正常运转。

英国的水价制度。英国的水价构成包括：供水系统的服务费用，即供水水费、排放污水费、地面排水费和环境服务费；水资源费，从 1969 年 4 月开始实施取水收费制度。取水收费的原则是：收取的费用应能满足提供供水和开发水资源的费用要求；除农业喷灌取水外，所有取水均根据许可取水量而非实际取水量收费；在水价的制定上，英国水务公司遵循公平、成本回收和区别性原则制定水价，即对相同体积的供水及排污，计量用户和非计量用户支付相同的水费。征收水价反映供水及排污的成本，对不同用途、不同地区及不同标准的用水实行不同的收费结构和水价。在水资源管理上，英国实行水价宏观调控管理，国家只是对水价制定一个价格上限，以约束和规范水价，并充分考虑用户的承受能力，同时鼓励投资，确保供水单位充分履行其法定职能和企业经营的正常运行，采用全成本定价方法，其水费由水资源费和供水系统的服务费构成，后者包括供水水费、排污费、地面排水费和环境服务费，英国政府非常重视污染防治和环境保护，排污费用作为水费的组成部分，统一由水务公司收取，并明确规定排污收费必须用于污水处理和环境保护，为实现污水治理和环境保护目标提供资金保证。

通过美国、加拿大、英国的水价制度比较，可以归纳出其水价政策方面的共性特征：水价管理权限明晰；水价构成真实合理；水价保证成本回收；水价执行规范透明；引入市场定价机制。

2. 中国水价制度

中国的水价由工程供水水价、水资源费和污水处理费三部分组成。因此，水价制度的变革和工程供水水价变革、水资源费变革和污水处理费变革联系在一起。

工程供水水价变革。新中国成立以来，中国水利工程供水水价大体经历四个阶段：无偿供水阶段（1965 年以前）、福利供水阶段（1965～1985 年）、重视成本核算阶段（1985～1997 年）、商品水阶段（1997 年至今）。

水资源费的变革。1979 年 11 月上海市革命委员会发布《上海市深井管理办法》，该办法规定："凡在上海市自来水公司管网到达范围内使用深井以及郊县各用水单位使用深井，其采用量全部按上海市自来水公司规定的工业自来水价格收费。"此后，北京、山西等省市也出台相应类似办法。1988 年全国人大常委会通过《中华人民共和国水法》，该法第 34 条规定："对城市直接从地下取水的单位，征收水资源费；其他直接从地下或江河、湖泊中取水的，可由省、自治区、直辖市人民政府决定征收水资源费。水资源费的征收办法，由国务院规定。"1990年，国务院办公厅下达《关于贯彻执行"水利工程水费核定、计收和管理办法"的通知》。各省份陆续发布《水利工程水费计收管理实施细则》或其他相应文件，对水资源费标准等作出相关规定。国家五部委在 2002 年联合下发了《关于进一步推进城市供水价格改革工作的通知》，该通知规定全国各省辖市以上城市创造条件在 2003 年年底以前对城市居民生活用水实行阶梯式计量水价，其他城市也要争取在 2005 年年底之前实行。2014 年，国家发展和改革委员会、住房和城乡建设部出台《关于加快建立完善城镇居民用水阶梯价格制度的指导意见》，要求2015 年年底前城市全面实行居民阶梯水价。各地要设不少于三级阶梯水价。第一、第二级水量分别按覆盖 80％、95％居民家庭用户月均用水量确定；第一、第二、第三级阶梯水价按不低于 1∶1.5∶3 的比例安排。

5.3　水资源市场

5.3.1　水资源市场配置的原则

水资源市场配置涉及水资源分配与水权交易，因此，应贯彻兼顾效率与公平的原则和环境、利益保护原则。应兼顾各方水资源所有者和使用者的利益，力求实现经济、社会和环境生态效益的统一。另外，水资源市场化目标的实现应保证环境和第三方的权益不受破坏，水资源市场中应制定相应规则，确保水交易不会对交易所影响地区的生态环境的可持续发展的能力造成破坏，以及不会对没有参与交易的第三方造成影响。当水权交易对地区环境造成破坏或对第三方造成不良影响时，应及时组织并给予一定的费用补偿。

5.3.2 水资源市场配置的经济学假设和基本过程

研究市场对水资源的配置问题大致分为两种情况,即水资源在稀缺程度不同的地区或部门之间的配置问题和从供水部门到水资源消费者之间的水资源供需配置问题。前者主要把水资源作为生产要素研究水资源的配置问题,而后者将水资源作为直接消费品来研究水资源的配置问题。理想状况下的水资源配置主要是指水资源的配置将完全通过市场进行,并且在其配置过程中不受外来阻力的干预。这里的外来干预主要是指政府的行政干预。

1. 市场配置水资源的基本假设和过程

水资源配置差异来自于不同的水市场。作为生产要素的水资源配置主要发生在水权市场,作为消费的水资源配置更多的发生在一般意义上的水商品市场。然而,无论在哪个市场,理想状况下的水资源市场配置往往只存在于完全竞争市场的条件下。完全竞争市场一般必须具备四个条件:市场上有大量的买者和卖者;每个卖者提供的商品同质;所有资源具有完全流动性;信息是完全的。当然现实情况中水市场与完全竞争市场相去甚远。但是在理想状况下,通过一定的限制和假设条件,仍然可以将水市场看做近似完全竞争市场。

理想水市场的基本假设:

(1) 水资源属于稀缺性商品,水资源没有替代性商品,但可以在不同用途之间进行自由选择。

(2) 每一个市场参与者都是理性经济人,其参与水市场的唯一目的就是效用最大化。

(3) 水资源价格由水市场形成,单个水市场参与者无法影响水资源的价格形成。

上述三个关于水市场的基本假设中,只有第一个假设基本与实际情况相符合,其余两个假设在现实情况中很难发生。

2. 市场配置水资源的基本目标

理想状况下,市场配置的基本目标是实现水资源配置的帕雷托最优。所谓帕雷托最优是指市场配置的一种状态,市场交换一旦达到帕雷托最优,任何交易方都无法在不损害其他交易者福利的前提下提高自己的福利,在帕雷托最优状态下,从交易中能得到的所有收益都取尽,无法进一步再做互利的交易。福利经济学理论指出,在竞争性市场环境下,市场均衡具有帕雷托最优,这就是福利经济学第一基本定理。该定理指出,市场竞争能够导致资源配置的帕雷托最优,即如果所有交易者只关心自己的经济利益而不顾他人，则在市场竞争的条件下最终会形成市场均衡状态，其产品交换达到帕雷托最优状态。

　　水资源属于稀缺性资源，市场的作用就是通过价格的调节作用将水这种稀缺的资源在不同的组织或地区之间进行交换，以寻求有效的水资源配置结果。理想水市场的第二个基本假设说明，每一个市场参与者都是理性经济人，其参与水市场的唯一目的就是效用最大化。由于市场供给有限，每个市场参与者追求效用最大化都必须在其他参与者追求效用最大化的过程中受到限制。水资源配置的帕雷托最优不是每个市场参与者效用最大化的简单累加，而是市场参与者之间相互博弈的结果。

3. 水资源市场配置的基市过程

　　水是一种稀缺性资源，在理想水市场中，水资源属于一种商品。水资源的卖者和买者通过市场进行水资源的交易互动，以此追求各自的效用最大化目标。市场通过价格的手段完成对稀缺水资源的配置过程，并在此过程中实现水资源配置的帕雷托最优。市场配置水资源的基本过程可以表述为：水资源供求双方在市场的作用下寻求一组水资源的均衡供给需求量和均衡价格，使得水资源的供给方利润最大化、需求方效用最大化。用一组公式可以将上述解释一般化：

$$\max \quad PQ_j - C_j(Q_j) \tag{5-11}$$

$$\max \quad U_i = M_i + \Phi_i(x) \tag{5-12}$$

$$\sum_{i=1}^{I} x_i \leqslant \sum_{j=1}^{J} q_j \tag{5-13}$$

其中，P 为水资源价格，q_j 为第 j 个供水单位的供水量；U_i 为第 i 个用水单位从生产或生活中获得的效用；$\Phi_i(x)$ 为用户 i 通过水资源的使用而获得的效用；M_i 为用户 i 使用除水资源以外其他生产资料所获得的效用；x_i 表示用户 i 的用水量。式（5-13）表示所有用水单位的用水量应小于或等于供水量。如果整个供水环节都采用节水措施，从而最低限度地降低水资源供给环节的浪费，则式（5-13）两边可近似相等。这时该方程组可以转化为下列方程组：

$$\max \quad pq_j - C_j(q_j) \tag{5-14}$$

$$\max \quad U_i = m_i + \Phi_i(x) \tag{5-15}$$

$$\sum_{i=1}^{I} x_i \leqslant \sum_{j=1}^{J} q_j \tag{5-16}$$

　　进一步假定上述方程处于竞争性市场环境中，除水资源的供给量、需求量及价格之外，其他变量都属于外生变量，则该方程组构成一个局部均衡模型。根据西方经济学中的局部均衡原理，可以求出方程组的解。

$$p^* = c'_j(q_j^*) = \Phi'_i(x) \tag{5-17}$$

$$\sum_{i=1}^{I} x_i^* \leqslant \sum_{j=1}^{J} q_j^* \qquad (5-18)$$

其中，$\Phi_i(x)$ 为水资源需求者 i 的水资源边际收益；$c'_j(q_j^*)$ 为供水单位的边际成本。由 $c'_j(q_j^*) = \Phi'_i(x)$ 求出的 p^* 为均衡价格。此时，水资源市场的总供给和总需求达到均衡，社会的总效用最大，并且它们解构成一组竞争性均衡。根据福利经济学第一基本定理可知，此时的水源配置达到帕雷托最优。

水资源市场配置的基本过程说明，在理想市场条件下，市场可以通过价格的调节作用配置水资源，并可以达到水资源配置的帕雷托最优。与此同时，该过程还可以说明，由于水资源需求者必须通过市场购买水资源，因此为了追求水资源效用最大化，必然会寻求确保一定产量水平下尽量少的耗水量。也就是说，理想的水资源市场不仅可以实现水资源配置的帕雷托最优，还具有自动促使用水单位调节其用水方式，追求节水型生产生活方式的作用。当某一用水单位由于技术手段等原因提高了用水效率后，原有的帕雷托最优状态就有可能打破，并向更好的状态进行改进。

5.3.3　水资源市场配置失灵与政府干预

1. 水资源的特有属性与市场配置失灵

水资源具有不同于一般资源的属性，这种属性决定了市场机制在水资源配置上的失灵。

1）数量巨大

水资源作为一种自然资源，数量巨大，人们难以据为己有，水资源的私有产权难以完整界定并得以有效保护和实施，因此，大部分水资源是不能在市场机制下得到有效配置的。

2）流动性大、分布广

水资源具有流动性大、分布广的特点，因此，它是一种易流失和不易控制的自然资源。资源流动性大和不易控制就意味着易流失，人们拥有它的可能性就较小，私有化的程度就较低。所以，水资源的私有产权范围较小，市场配置的份额就较小，绝大部分的公共水资源市场机制是无能为力的。

3）非价值物品

水是生命之源，一切生命都离不开水。因此，对于生命存在意义上的水的需求，是神圣的、不可剥夺的。从这个意义上讲，水资源具有非价值物品的性质，在这种背景下，只有在一个能确保水生动物环境和人人拥有水资源消费的有序框架下，才可以进行水资源的市场交易，否则将弊大于利。

4）公共物品

水资源，不论是自然降水，还是地下水，无论是江河湖泊，还是海洋，都具有明显的公共物品的性质。任何一个消费者都无法排除他人对水资源的消费，这种消费的非排他性，与水资源数量巨大、天然补给的不确定性、非价值物品性、流动易逝性等密切相关。水资源的公共物品性质，决定了水资源产权界定的困难，以及实现产权的难度极大，从而导致水资源不能在市场上得到优化配置。

5）外部性

水资源作为公共物品具有极强的外部性，对于私人消费者而言，它具有极强的外部经济性，而对于公共消费者而言，它具有极大的外部不经济性，如某河流上游化工厂污染河水的情况。无论是私人消费者的收益还是公共消费者受损的需求都难以从生产者那里得到满足，或者说生产者满足这种需求的供给是不适当的。从市场配置的意义上讲，市场结果将没有效率。因为这些外部收益或外部受损都不进入决定生产决策的计算，与社会效率的产出相比，外部纯的收益过低，而外部纯的损耗过高。

6）自然垄断和不完全竞争性

由于水资源具有上述许多非市场特性，其需求无处不在，而供给却不能从生产者那里得到有效提供。因此，很多国家的政府都赋予特定的企业垄断供给权。其结果是政府获得了对水资源供给的定价权和卖方市场的形成。由于自然垄断和不完全竞争致使市场机制本身不能根据技术革新和需求的变化内在地解决水价问题，因此，政府对水资源市场的介入是不可缺少的。

7）信息不对称

由于水资源的政府供给和政府定价，使水资源的供给成为准公共物品，对它的供给与需求信息就不能通过价格机制和价格信号来反映水资源的稀缺性。供求信息不是偏在消费者一方，就是偏在供给者一方。这种水资源供需信息的不对称性，对水资源具有外部经济性的消费者而言，需求不足的呼声往往大于实际需求，从而给攻击者一个扩大有效供给的动机以满足需求，进而反过来又给消费者一个虚假的供给信息，好像需求可以无限制地得到满足，不存在或不会出现水资源的短缺，这无疑会导致水资源不可能达到帕雷托效率的配置状态。

2. 福利经济学定理与政府干预

福利经济学第一定理保证了竞争市场可以使贸易利益达到最大，即一组竞争市场所达到的均衡分配必定是帕雷托有效配置。在完全竞争条件下，市场竞争可以通过价格有效协调经济活动，从而配置有限的稀缺资源。但是福利经济学第一定理所论及的市场均衡一定是有效的，也许并不是一种"公平的分配"。换言之，这种有效的分配有可能是以牺牲公平为代价的。尽管在理想水市场基本假设具有完全竞争市场的完全竞争性质，但同时也存在着与现实相符的一条假设，即水资源为稀缺性商品，供给难以满足需求。也就是说，尽管单个水资源供给者无法影响水资源市场的价格形成，但就水资源买者和卖者相对而言，整个水市场属于卖方市场，在这种情况下，财富的禀赋差异将导致市场出现配置水资源的不公平问题。

众所周知，水资源是关系人类生存和发展的最重要的自然资源之一，每一个人、每一个地区都有生存和发展的权利，享有基本的水资源使用权既是人类生存和发展的需要，也是社会公平的重要体现。因此，在追求市场配置水资源的效率问题的同时必须思考水资源配置的公平问题。

解决资源配置的不公平问题是政府的一个主要经济目标。现实中，针对公平问题提出很多解决方法和手段，但这些方法和手段概括起来大致分为两个基本类型，即政府的行政干预和市场干预。行政干预方式主要是指政府依据可供资源的基本情况和相关资源需求者对资源的实际需求情况，采用行政指令强制性配置资源的方式。市场干预方式主要是政府利用一定的税收、补贴等市场干预手段通过市场调节资源的配置问题。政府往往通过指导性定价的行政手段（如自来水限价）直接干预保障基本民生的自来水供应。福利经济学第二定理为政府的市场干预提供了思路。

福利经济学第二定理是指在完全竞争的市场条件下，政府要做的事情是改变个人之间禀赋的初始分配状态，其余的一切都可以由市场来解决。每一种具有帕雷托效率的资源配置都可以通过市场机制实现。福利经济学第二基本定理说明，在市场配置资源的过程中，分配和效率问题可以分开来考虑。市场机制在资源配置上是中性的，任何帕雷托有效配置都可以得到市场机制的支持。在市场经济条件下，价格在市场体制中起着两种作用，一是配置问题，即表明商品的相对稀缺性；二是分配问题，即确定不同交易者购买各种商品的数量。福利经济学第二基本定理的理论意义在于，可以通过重新分配商品来确定个人拥有多少财富，然后再利用价格来表明商品的相对稀缺性。也就是说，国家在解决由于财富禀赋差异而导致的资源配置不公平问题的时候，可以通过一定的市场干预来实现资源配置的公平，并且这种资源配置状态同样可以达到帕雷托最优状态。从理论的观点来思考，国家可以采用任何适当的方式在消费者之间转移购买力，即禀赋。具体实践中，国家通常通过补贴和税收的方式对消费者之间的购买力进行转移。

5.3.4 水资源市场的交易方式

1. 水权出售

水权出售是对水资源供求条件的长期性变化的反映。水权出售交易通常在部门间发生，农业部门是主要水权出售者，而都市和工业用户是主要的水权购买者。一种长期水权交易形式是工业用水户以节水技术和节水工程投资换取农业用水户的水权。

2. 水权租赁

水权租赁，即出售水权在一定时期内的"服务"，即可取水量。租赁是对供求短期变化的反映，水权租赁市场是水的现货市场。租赁交易可使出租者在不放弃水权的情况下，有机会将剩余水出售获得收益；对承租者而言可有效协调其不同时期用水需求和自有水权服务供给不平衡的变化。租赁合约有租期规定，灌区的租期通常是一个季度，有长达 10 年的，也有短至若干小时的。

3. 期权交易

期权交易，即在特殊情况特别是发生干旱时，关于水权租赁或转让（较少见）的长期合约。在智利，一种典型的期权合约安排是，水果种植户向粮食种植户预先支付一定的费用，以获得在干旱时的购买选择权。期权交易的吸引力，在于可规避市场风险，同时也促使交易双方更加周密地进行有计划的经营。

4. 水银行

水银行是在市场经济体制下解决水资源短缺、实现水资源可持续利用的有效工具，是一种水交易机制，是连接水交易供需双方的中介组织，它把水实体、水权从供给方集中起来出售或者租赁给需求方。

5.3.5 中国水资源市场配置

1. 水资源市场配置发展的背景

水是大自然给予人类珍贵的馈赠，是社会活动的基本物资，但是人们潜意识地认为它取之不尽用之不竭，从而导致对水资源的肆意攫取以及随意浪费，水资源问题已经成为人类正常生存和发展的瓶颈。1996 年联合国"对世界淡水资源的全面评估"的报告中提出：缺水将严重制约 21 世纪的经济和社会发展，并可能导致国家间冲突。1997 年联合国大会再次呼吁：目前，地区性的水危机可能预示着全球危机的到来。放眼世界，缺水或水资源紧张的地区正在不断扩大，联合国警告，预计到 2020 年全世界有将近一半的人口生活在缺水地区；而在中国，随着人口的不断增长和经济的高速发展，水资源问题也已经成为经济社会发展面临的最突出的重大问题。因此，探索有关水资源的课题成为迫在眉睫的需要。

由于人口的增加，城市化的扩张以及经济活动的高速增长，中国对水资源的需求量日益增长，而自然原因和人为污染破坏导致了供给上的相对吃紧，中国的人均水资源呈逐年减少的趋势，水资源已成为制约中国经济发展的重要因素。

中国传统上解决水资源供需缺口的供给型工程技术手段往往过分强调"开源"，而"节流"上也仅仅从高新节水技术方面入手，忽视从水资源管理制度的创新上来促进"开源"和"节流"，缺少促进节约用水和效率用水的激励机制，以及对浪费用水和低效率用水的约束机制，缺少通过经济主体的分散决策达到水资源整体优化配置的引导机制，造成水资源的严重短缺与过度浪费并存，更为严重的是存在着经济主体用水方式的"逆选择"，即供给量越多，浪费越大。在这种情况下，增加的供水量就必然同比例或更大幅度增加了浪费水量，陷入"缺水—开源—浪费"的怪圈。因此，要解决中国水资源供需矛盾这一重大问题，除了要实施各种工程技术措施外，从某种意义上说，更重要的是进行制度创新，通过引入市场机制，利用经济手段，从根本上解决低效率过量用水问题，提高水资源的配置效率和利用效率。

2. 中国水资源市场化配置的发展历程

2000 年，在水权理论的指导下，东阳市和义乌市进行了中国首次水交易活动，标志着中国水资源市场化进程在实践中开始。东阳-义乌水交易活动中，义乌市一次性出资 2 亿元购买东阳市横锦水库每年 4999.9 万 m^3 的永久性使用权。这次水交易解决了义乌市长期以来的缺水危机。有学者将其意义概括为三点：一是打破了行政手段垄断水权分配的传统；二是标志着中国水权市场的正式诞生；三是证明了市场机制是水资源配置的有效手段。但是，这次水交易也存在问题，尤其是给嵊州带来的外部性问题。由于交易所需，东阳市计划开发梓溪流域，而嵊州位于梓溪流域的下游，开发梓溪流域对嵊州的生活生产用水产生影响。

在东阳-义乌水交易后，各地关于水资源市场化的实践和探索也越来越多。其中，最具有代表性的是张掖市的洪水河灌区水用户间的水交易、温州市永嘉县的中国包江第一案和上海市的排污权交易。

东阳-义乌水交易是代表区域水权的地方政府之间进行的水权交易，而张掖市则是其下属的洪水河灌区水用户之间的水权交易。张掖市位于河西走廊中部，地处黑河中游，南依祁连山与青海毗邻，北靠合黎山与内蒙古接壤。20 世纪后期，随着人口的增加、气候的变化，黑河流域出现水资源短缺和生态失衡的危机。2001 年，张掖市开始在水利部的指导下开展节水型社会的建设，并初步构建了水权制度和水权市场，并且在洪水河灌区开创了用水户之间水权交易的限额。拥有者不用或者节余的水量，均允许自由交易，交易各方自愿达成协议后，即可提请农民用水者协会或水管部门组织协调供水。政府对交易交割予以指导，但不干涉。通过水权制度和水权市场的建立，提高了用户的节水意识，降低了用水成本，同时也提高了水资源的利用效率和配置。其中，在该地的水权交易中，用水者协会发挥了比较大的作用，这点可以在实践中加以借鉴。

此外，在楠溪江发生了中国包江第一案。这是发生在政府与企业之间的关于全流域渔业养殖权的交易。楠溪江位于浙江省温州市永嘉县，长期以来，楠溪江属于公共资源，对它的使用具有非竞争性和非排他性，导致"公地悲剧"，渔业资源不断衰竭。因而，管理部门实施渔业资源配置制度的改革，提出全流域承包楠溪江养殖权的思路。最后，季展敏以 518 万元的价格夺得了经营权。但包江以来，沿江两岸的村民电鱼、炸鱼、毒鱼事件不断，村民与承包者争利。包江最终以失败告终，中国包江第一案虽然失败，但也给后来的实践活动提供了不少经验和教训。一是水权交易中引起的外部性问题。水权交易常不可避免地会对第三方的利益产生影响，这是在交易之前必须认真考察并提出解决方案的，否则在水权交易后可能会产生许多问题，以致交易的结果并不是"双赢"而是"双输"。二是对具有公共产品性质的水资源的交易，要注意它的排他成本。虽然法律上给予了产权确定，但是在现实的实施过程中，必须切实考虑排他的成本。楠溪江承包失败的关键原因在于，所承包的渔业资源特性及其周边环境决定了要实现产权的排他性（即保护产权不受侵犯）的成本过于高昂，从而最终导致承包的流产。

排污权是一种特殊的水权。自 1987 年上海闵行区发生中国第一例水污染权的交易后，在全国范围内很快出现多例排污权的交易。例如，飞达羽绒公司与北桥乡旧油桐加工厂交易。上海飞达羽绒公司是新建企业，由于没有排污指标，无法投产，鉴于该公司是出口创汇企业，经济效益好，排污量也不算大，在有关各方的协调下，政府决定停办经济效益差、环境污染严重的北桥乡旧油桐加工厂，将其水污染权指标有偿转让给飞达羽绒公司。在排污权交易的初始阶段，政府的介入较多，很多属于"无偿出让，已有交易"，但随后的交易活动主要依靠市场本身，截至 2002 年年底，区内水污染权交易共计 40 多例，涉及企业累计 80 多家，交易金额达到 1043 万元。

除水权市场上的实践外，在水产业市场上也出现相关实践。其中，进行得较多的是自来水行业的市场化改革，而在自来水行业的市场化改革中，走在全国前列的是广东省的自来水产业市场化改革。

中国自来水产业的市场化改革是在放松管制和竞争引入方面,首先是改变了政府对该产业的严格行政审批制度,放宽市场准入。1992 年,中法水务投资有限公司与中山市坦洲镇政府合资成立了坦洲自来水有限公司,是中国自来水产业的第一家中外合资企业。该公司成立后,采取更换水表、改造管网、加大管理力度和提高服务质量等措施,使供水的产销差率从 1994 年的 40.1% 降低到 1999 年的 17.28%;同时该公司还引进了法国的先进水处理技术,建成一座现代化的水厂,从根本上解决了当地长期面临的水质差和供水量不足的问题。

建设部于 2002 年提出《关于加快市政公用行业市场化进程的意见》。明确了城镇自来水、供气、供热、污水处理、垃圾处理等行业可以实行特许经营,推动城市自来水产业和污水处理产业等水产业的市场化进程。2004 年 2 月,建设部颁布《市政公用事业特许经营管理办法》,进一步规范市政公用事业特许经营制度,为城市自来水、污水处理等水产业的市场化提供法律保障和规范。

而中国在水金融市场上的实践并不多。水金融市场包括水银行、水股票市场、水债券市场、水期货、期权等衍生工具市场。在中国的水资源市场化的进程中,水金融市场发展并不快,仅有几家水资源类上市公司,如原水股份、洪城水业、武汉控股、创业环保等。

3. 中国水资源市场化过程中存在的问题

从中国的水资源市场化的发展历程和现状中可以看出,中国的水资源市场化主要存在以下几个问题:

(1) 水资源市场化的实践主要集中在水权市场和水产业市场,而水金融市场的实践较少。在水权交易上的实践最多,包含多个方面,如政府与政府间、政府与个人间、个人与个人间的交易;水产业市场尤其是自来水产业的市场化和污水处理产业等水务产业市场的实践和发展在各地展开的较多,而水金融市场的实践刚刚起步。

(2) 水资源市场化仍处在探索阶段,全国性的法规基本没有形成。水资源的市场化的实践多由各地方自行开展,并根据实践的具体情况制定相关的地方法规。

(3) 水资源市场化至今仍未形成一种规范的有效的制度。虽然水资源市场化在中国的实践比较多,但是至今仍未形成一种规范的有效的制度。一方面,无论是水权市场、产业市场还是金融市场,都没有形成一种有效的规范的体系和运行制度;三个市场间的联系和互动制度也并不明确。另一方面,各个市场的运行也缺乏全国性的法律制度的保障。

第6章 水资源绩效评价

6.1 成本效益分析法概述

6.1.1 成本效益分析法的概念

成本效益分析亦称"费用效益分析"，是为了达到既定的目标，对拟建项目、规划或投资方案的成本与效益进行度量、计算、分析和比较，从中选择最佳方案的分析方法。它是在有限可用资源的前提下，对各种选择性规划作出成本和效益的评价，从多种投资方案或规划中选出最优方案，保证拟建项目达到既定目标，产生最佳效益的方法，贯串于整个评价过程。成本效益分析有社会成本效益分析和财务成本效益分析之分。

1. 社会成本效益分析

社会成本效益分析主要评价项目对整个社会福利水平的影响，包括对就业、收入分配、外汇及环境等方面的影响，主要适用于评价公共项目，从社会价值角度出发，分析项目的社会成本和社会效益，包括经济评价和社会评价两个方面。

1）经济评价

社会成本效益分析的经济评价主要从国民经济整体出发，站在国家的立场上，计算项目需要国家付出的代价和项目对国民经济整体的效益，分析项目给国家和社会所作出的贡献大小，考察项目投资的经济合理性和宏观可行性，依此评价项目在经济上的可取性。侧重于对社会生产方面的效率评价，审查项目的经济净效益能否全部抵消项目所耗用的资源，以求合理有效地配置和使用国家有限资源。

2）社会评价

社会评价是从整个社会健康运行的角度出发，考察投资项目对实现社会目标方面的贡献。社会目标主要是指项目对经济增长速度、收入的分配、劳动就业影响、技术进步及其他社会因素等的影响，侧重于社会分配方面的效益评价，主要考核经济增长和收入公平分配两个目标。

2. 财务成本效益分析

财务成本效益分析主要是考察某个项目对个人或者厂商（投资者）经济利益的影响，包括投资获利性分析、财务清偿能力分析和资金流动性（也称资本充裕性）分析等三部分内容，主要评价指标有投资收益率、投资利润率、净现值、投资回收期、借款偿还期及资产负债比、流动比、速动比等。

1）投资获利性分析

投资获利性分析是基于实际货币收入和支出的相关分析，涉及项目的投入与产出、市场与价格、厂房与设备、组织与经营、人事与管理等因素。通过对比实际交易年份的收入与支出的现金流量分析，测算出单个代表年份和整个项目寿命期的净收益和投资收益率，据此作为项目获利能力的评判标准。

2）财务清偿能力分析

财务清偿能力分析是检验项目在整个有效寿命期内每个年份资金盈缺情况及项目对借贷资金的偿还能力。清偿能力取决于项目投资的盈利能力，如果企业盈利能力强，则清偿借款的时间就短。

3）资金流动性分析

资金流动性分析集中反映项目各年的资产、负债和资金增减变化情况及相互间的对应关系，以检查企业的资产负债与资金结构是否能满足预期的资金需求和借款清偿能力。与资产负债表一起使用，分析负债与资产比率，衡量投资者承担风险的能力。

3. 两者的区别

1）评价角度不同

财务分析是从企业角度出发的，关心企业的盈利。而社会成本效益分析是从国家和社会的宏观角度出发，站在国家立场，关心整个社会的福利。

2）评价标准不同

财务成本效益分析的评价标准是企业利润最大化，而社会成本效益分析从整个国民经济效益和社会效益出发，不是以利润作为唯一的评价标准，是对方案向社会提供的有益效用和它所消耗的社会劳动之间的全面对比。通过社会效益和社会费用的比较，判断项目对国民收入和社会分配等国家目标与社会目标的实现程度，据此作为项目评价的标准。

3）评价范围不同

财务成本效益分析站在企业立场考虑问题，而社会成本效益分析从国家和社会的立场出发，不仅考虑项目相关企业（主要是业主）的成本和效益，更要考虑项目对整个社会的成本和效益。

4）对外部性的处理不同

财务分析忽略经济外部性，而社会成本效益分析必须包括对项目的外部影响的分析，即考虑和分析方案（或项目）所产生的直接效果，还考虑和分析与项目有关的相关效果或由项目引起的防止污染、环境美化等间接效果。

5）采用的参数尤其是价格参数不同

财务成本效益分析采用的是市场价格，而社会成本效益分析一般采用影子价格，即非市场价格的理论价格。财务分析所采用的资金成本及期望收益率一般较高，而社会成本效益分析所采用的期望收益率一般较低。

6.1.2　成本效益分析法的演变

美国的经济学家富兰克林是成本效益分析的最早创始者和实践者，他在对一个公共工程项目进行决策时，列出影响其效益和成本的各种因素，分别给予度量，并用数字标出它们的重要程度，最后综合平衡，得出结论。法国学者朱尔斯·杜皮特在 1844 年发表了论文《公共工程效用的衡量》，提出"消费者剩余"这一概念。杜皮特认为一个规划的产品乘以价格等于规划的最低社会效益，有些消费者可能愿意付出高于市场价格的代价以享受超额的效用，也就是消费者盈余。这一概念作为衡量公共工程项目的评价标准，以明确的方式对公共项目的论证条件作出定义，认为公共项目的社会总效益是项目产生的净效益与增加的消费者剩余之和。消费者剩余引出的净社会效益概念，至今仍是成本效益分析的理论基础之一。但是，真正将成本效益分析应用到实际中是很多年后的事。成本效益分析法最早应用在水利工程领域，1936 年，《美国防洪法》的颁布标志着成本效益分析应用的开始。美国国会在该法中宣称联邦规划对任何人来说都会增加效益，它是超过成本的。1962 年，美国参议院通过了第 97 号文件即《水利土地资源开发和利用计划的制订、估价及考察中的政策、标准和程序》。1973 年该文件又被"水利、土地资源计划的原则和标准"所取代。联邦水利资源委员会通过实践认识到仅靠国民生产总值来表示收益和亏损是远远不够的，还必须考虑四个方面的内容，即国民经济发展、环境质量、地区发展和社会福利。当美国政府致力于把这些认识付诸实施时，学术界也在创建坚实的理论基础。1958 年，奥托·爱克斯坦出版《水利资源开发》一书，同年约翰·克鲁迪勒和奥托·爱克斯坦合编了一本案例研究。与此同时，罗兰·N·麦肯发表了《政府效率的系统分析》，接着杰克·赫希莱弗、J·C·德黑文等一些学者都出版了有关公共支出分析方面的论文。

美国农业部自然资源保护局 1958 年出版第一本《水资源经济学手册》，1964年出版修订版，1974 年和 1984 年曾对手稿进行修改，1998 年，作为《自然资源经济学手册》的一部分，又出版了《水资源经济学手册》的新版本。美国水资源理事会 1983 年发布了《水土资源规划的经济学与环境准则与指南》，这些手册和指南的主要内容都是成本效益分析。著名经济学家 Mishan 在 1976 年出版的 *Cost-Benefit Analysis* 中指出，成本效益分析的主流不应仅是进行与水有关的研究，而是应该在其他更广泛的领域里应用。20 世纪 60 年代后，成本效益分析方法得到了进一步深化、完善和细化，开始从公共工程部门向工业、农业和其他经济部门发展，涉及的范围也逐渐从美国向欧洲、亚洲、非洲与拉丁美洲的国家扩展。

在欧洲，对成本效益分析的应用和实践要晚于美国。英国最早在 1960 年把成本效益分析应用于伦敦至伯明翰的公路项目中，此后才逐渐推广应用到运输、教育、城市改建、卫生设施和其他社会服务领域。加拿大于 1965 年由财政委员会发表了《成本效益分析的指导书》。有学者指出，东欧许多国家和苏联也采用过成本效益分析法，着重于项目宏观效果方面的分析论证，曾采用过类似于当前发展中国家使用的有关价格调整的办法。第二次世界大战后，在亚洲、非洲、拉丁美洲等不发达地区，先后建立了许多新兴的民族独立国家。为了促进本国的经济发展，这些新兴国家大多采用集中计划、行政管理和公共投资等手段，并通过对公共项目的评价使项目的社会效益超过其社会成本，以此保证和提高项目的投资效益。

20 世纪 50 年代初，随着发展经济学的形成与兴起，项目评价在发展中国家得到了较好的应用。自 20 世纪 60 年代起，国际经济组织和工业发达国家对发展中国家进行技术和财务援助，也把成本效益分析方法推广应用于项目投资建设评价之中。由于发展中国家经济构成中国有化成分占的比重较大，从制度上促使成本效益分析在发展中国家得以推广应用。同时，发展中国家普遍存在通货膨胀、外汇短缺、劳动力过剩及为了保护民族工业所采取的增加进口税和限额进口等保护性措施，致使商品价格与劳务价格的"失真"，国内价格不能真实反映其社会成本和效益，这就使成本效益分析法在发展中国家的应用更有意义。

在 20 世纪 60 年代，致力于发展中国家社会经济发展和项目评价研究的西方学者发现，成本效益分析原理在发展中国家有广泛的应用前景，并且通过在这些国家中项目评价的实践，丰富和发展了成本效益分析的理论和方法。人们把这种发展了的成本效益分析理论和方法称为现代成本效益分析。自此，成本效益分析不仅仅是对开发项目的评价，已扩展到对发展计划和重大政策的评价。例如，美国里根总统在 1981 年签署了 12291 号命令，首次把规制的成本效益分析作为法律要求。1996 年美国总统克林顿签署 12866 号命令，要求所有规章调整都要进行成本效益分析。

6.1.3　成本效益分析的功能

社会成本效益分析不仅适用于项目的评价，而且还有助于新项目的编制（设计）和已选项目的实施。在编制（设计）新项目时，人们可以通过社会成本效益分析，对项目的许多部分进行变更，明确哪些部分关系重大，哪些有待实施人员来解决。采用社会成本效益分析方法，各种选择方案的社会成本和效益状况都可以得到清晰反映。成本效益分析具有以下三个功能。

1）评价分析投资项目或投资方案的经济特征

为了达到某一目标，当只有一个方案可以采用时，只能在探求此方案的经济可行性（即确定效益成本比是否大于1）方面进行研究。成本效益分析适用于各类投资项目，不仅可用于货币计量效益的营利性工业、农业、交通运输及其他基本设施建设等项目，而且也可以用于那些效益不易用货币计量的、无营利性的人口控制、资源环境保护、公共卫生、文化教育、体育、国防等基础设施和社会服务福利事业项目，都可以进行项目与方案的经济分析评价。

2）评价单一投资方案

对于同一既定目标的若干个投资方案，确定其中一个经济效益最佳的方案，即效益与成本比值最大者。为了达到某一目标有一个以上的方案可以采用，效益分析必须扩展到把各个方案的效益成本比依次进行比较。

3）选取多方案的最佳项目

对于多个有不同目标的若干投资方案，确定其中一个总体经济效益最佳的投资方案，也就是从经济总体角度来看能产生最大的净效益的投资方案。对于目标完全不同的投资方案或项目、规划，比较它们的效益成本比，从国民经济总体角度分析，确定哪个方案单位成本能产生最大的经济效益。尽管有计量上的困难，或存在着各不相同的经济状况，但必须尽可能地把效果和支出的估计值折算成货币。

总之，要保证投资方案合格可行，除了产品或服务必须符合市场需求，项目在技术上可行，有足够的建设与生产资金以外，还应证明该方案的效益成本比高于其他可替代的方案，才能放心地采用这个方案。

6.1.4　成本效益分析的目的

1. 提高资源配置效率

应用成本效益分析方法的最根本目的是提高稀缺资源的利用效率。利用成本效益分析方法，对各种竞争性的方案进行比选，可以找出资源利用效率最高的方案来实施，从而保证资源的高效利用。

2. 减少决策盲目性，促进决策科学化

成本效益分析方法为分析决策的经济效果提供了行之有效的方法。为避免决策的随意性，减少决策失误，不仅一般经济建设项目需要进行成本效益分析，所有牵涉资源（资金、人力等）的使用事项，包括法规的制定、实施，都要进行成本效益分析，以促进决策的科学化。

3. 为不同方案的讨论、比选提供规则

成本效益分析为不同方案的经济比较提供了共同准则。例如，解决华北地区缺水问题，有节约用水、南水北调、海水利用等多种方案或主张，究竟哪种方案最好，只有通过成本效益分析，才能达到比较的目的。

6.1.5　成本效益分析的优缺点

1. 成本效益分析的优点

1）科学性

成本效益分析有严密的科学基础。它的理论基础及其基本经济学假设、所采用的分析方法、计算步骤都是按照科学规范建立起来的，是经得起科学检验的。

2）规范性

成本效益分析已经有一套比较成熟的实施规范。尤其是在美国等发达国家，对如何制定成本效益分析的步骤、收集哪些资料、采用什么方法进行成本和效益的计算、计算中的参数如何确定、如何编写成本效益分析结果报告，都有专门规定。例如，美国管理与预算办公室于 2003 年制定有关规制分析的指南，并且不断完善修订。

3）透明性

成本效益分析的科学性、规范性，保证了它的透明性。因为成本效益分析方法是国内外通用的，所以对一个项目的经济评价是否符合成本效益分析规范，可以从其最后的结果来判断，还可以从其中间参数的取舍来判断。只要一个项目按成本效益分析的方法来进行经济评价并接受公众的评判，就把它置于接受各方检视的透明状态，这种透明性也可以增加项目经济评价的说服力。

4）可比性

不同的项目或方案，只要按照统一的成本效益分析的规范来进行经济评价，就可以保证不同项目或方案的评价指标的可比性，便于不同方案的比较和选择。

5）及时性

成本效益分析对经济评价的工作内容、工作步骤有明确的规定，提供了收集、组织、处理有关项目影响社会福利的各种信息平台，便于发现资料或工作的欠缺。按照其工作步骤和内容的要求，可以很容易地了解应该收集哪些资料，开展哪些工作；可以检查发现哪些工作已经做了，哪些工作还没有完成；哪些资料已经收集了，哪些资料还欠缺。

2. 成本效益分析的局限性

1）个人偏好等基本假设的局限性

作为成本效益分析基础的福利经济学的基本假设，如每个人都是按个人偏好追求个人福利最大化的理性人、个人偏好的满足产生个人福利、社会福利是个人福利的总和等假设并不是完全满足的。例如，人的一些行为是出于社会的强制规范而不是个人的偏好，就像爱喝酒的司机在有驾驶任务时不能喝酒；因为信息的不对称，个人的选择可能没有反映商品或服务的真实价值，信息的变化可能导致选择行为发生很大变化，因此信息的不确定性是个人的选择行为及其反映的经济价值具有不确定性。

2）不是所有福利要素都容易价值化

这包括两个方面。一是不在市场交换的福利要素拒绝价值化，如感情。二是一些要素的经济价值难以量化，如生态环境的经济价值。

3）公平问题及其补救

原来成本效益分析只关心整个项目的净效益，而较少关心项目的成本和效益在不同人群中的分配，但新的成本效益分析要求对成本和效益的分配进行分析，尤其强调对弱势群体的福利的影响。

6.2　水资源成本效益分析

6.2.1　水资源成本效益有关概念

1. 内部成本与外部成本、会计成本与机会成本

从可持续发展和社会公平的角度而言，水资源项目的成本不仅包括项目本身的投资分摊和运行维护成本，还应该包括项目投资的机会成本高出项目本身成本的部分、项目的外部经济成本和外部环境成本。

$$水项目本身成本＝投资分摊＋运行与维护成本 \tag{6-1}$$

$$水项目直接经济成本＝\max(项目本身成本，项目机会成本) \tag{6-2}$$

$$水项目总成本 = 项目直接经济成本 + 外部成本 \tag{6-3}$$

1) 内部成本与外部成本、厂家（用户）成本与社会成本

内部成本是厂家或用户所支付的成本，也称厂家（用户）成本。外部成本是项目投资者、受益者没有支付而由社会承担的成本，包括外部经济成本和外部环境成本。外部经济成本是没有计入厂家成本的对各方造成的经济损失。外部环境成本是暂时没有直接表现为经济损失的外部损失，如水资源开发对生物多样性的影响，虽然短期内看不出经济损失，但从长期来看，生物多样性的损失可能影响生态系统的稳定和人类的开发利用。因此，外部经济成本与外部环境成本的划分并不严格，从经济核算的角度而言，希望尽可能地把外部环境损失货币化，因而也没有特意区分外部经济损失和外部环境损失的必要。

供水外部成本包括外部水资源成本和外部工程成本两部分，外部水资源成本，即供水者没有足额支付的水资源成本（如取水所导致的水源地所在水系的生物多样性损失）；外部工程成本，即供水者没有足额支付的供水工程成本（如没有足额支付的工程移民成本、没有足额补偿的供水沿线不利环境影响成本）。

$$外部供水成本 = 外部水资源成本 + 外部工程成本 \tag{6-4}$$

内部成本与外部成本之和称为社会成本，是全社会付出的成本。

$$社会成本 = 内部成本 + 外部成本 \tag{6-5}$$

与厂家成本和社会成本对应的，还有厂家效益和社会效益的概念。厂家效益是企业内部效益，社会效益包括内部效益和外部效益。厂家成本和社会成本的核算都是需要的。前者主要用于厂家财务成本效益分析，后者主要用于社会成本效益分析。

2) 会计成本与机会成本

会计成本是指实际支付的货币成本；机会成本是在资源有限的情况下，把资源用于从事某项经济活动而必须放弃的其他活动的收益。如某人有 100 万元存款，如果用于购买一套住宅，就不能再用于从事其他活动（存款获取利息、买股票、投资项目等）。用于购买住宅而放弃的从事其他活动的收益，就是这 100 万元用于购买住宅的机会成本。一般认为资本的机会成本等于社会平均资本利润率。

2. 水资源开发利用环节与成市效益

水资源开发利用以自然水体为源头，包括供水、用水、废水处理、废水排放多个环节，废水最后回到自然水体，形成水循环中的人工侧支循环。水资源开发利用的各个环节都有对应的成本或效用，并引起水的增值或贬值（表 6-1）。与自然水体对应的是水资源成本和水资源价值。水资源成本是维护、管理天然水资源的成本。这里水资源价值指未开发的天然水资源的价值。供水环节发生取水和水

加工处理的成本，使水的价值增值。用水环节是水的价值的消耗过程，不仅水量被消耗使水的总价值量减少，而且水被使用后的质量变差也使水的价值贬值。在废水处理环节，废水处理成本的投入使废水水质改善，水的价值得到部分恢复。废水排放过程虽然涉及排放费用，但不改变所排放的废水的价值，因为排放过程不改变污染负荷排放的数量。水回到自然水体后，经过自然恢复或人工治理，水的价值又得到全部或部分恢复。

表 6-1　水资源开发利用的不同环节所对应的成本与价值变动

水资源开发利用环节	引起的成本或产生的效益	水资源价值及其变动
自然水体	水资源成本	自然水的水资源价值
供水	供水成本（包括处理加工成本）	水的价值因供水投入而增值
用水	产生用水效益	水的价值被消耗
废水处理	废水处理成本	水的价值得到部分恢复
废水排放到自然水体	排放费用	废水回到自然水体后，其价值变动有两种可能：自然水体有自净功能，废水水质改善，水的价值有所恢复；污染负荷超过环境自净能力，废水得不到净化，进一步贬值

狭义的水资源成本是指天然水资源成本。供水者水资源成本包括水权成本、水资源税（费）和水源保护费三部分。水权成本是供水者为获得取水权或水资源使用权所支付的费用。对于取水权需要拍卖或水资源使用权需要购买的场合，获得取水权或水资源使用权需要集中支付较大数量的费用。例如，浙江省义乌市向东阳市购买 2000 万 m³ 水量 50 年的使用权支付了 2 亿元。对于政府无偿划拨水资源使用权的场合，不需要为取水权或水资源使用权支付费用，我国大多数情况下都无需支付水权成本。但随着水权的确立和水权交易制度的建立，水权成本将成为供水者水资源成本的一个重要部分。水资源税（费）是供水者向水资源所有者国家按取水量缴纳的资源税（费）。水资源税（费）体现了国家的水资源所有权权益，但是水资源税（费）直接作为供水水价的组成部分向用水者收取，供水者只是代收转交而已。水源保护费是为保护水源支付的费用，包括对水源区居民为保护水源作出牺牲的补偿。

广义的水资源成本还包括供水成本、用水成本、废水处理和水环境治理成本等。

与水资源成本发生在水资源开发利用的很多环节不同，水资源利用的效益只发生在用水环节（包括人类用水和自然生态用水）。所谓水资源利用效益实际上就是用水效益，但每个环节都存在与投入相对应的效益，如供水环节投入所产生的供水效益、废水处理与污染治理所产生的水质恢复效益、水环境效益等，这些效益最终都来源于用水效益。

3. 供水成本和用水成本

1）供水成本

供水成本指供水所导致的支出及损失，分为供水者（供水企业或个人）供水成本和社会供水成本。其中供水者供水成本用于企业财务分析，社会供水成本用于社会成本效益分析。

供水者供水成本是供水者支付的供水成本，是供水者水资源成本与供水者供水工程成本之和。供水者水资源成本是供水者为获得取水权所支付的费用和按取水量支付的水资源税费。供水者供水工程成本是供水者付出的工程投资和运行费。

社会供水成本是全社会付出的供水成本，为社会水资源成本与社会供水工程成本之和。社会水资源成本指因自然水体被抽取、消耗所引发的全社会的损失。社会供水工程成本除了供水者供水成本之外，还包括供水工程引发的外部成本。

社会供水成本与供水者供水成本的差别包括两个方面，即社会水资源成本与供水者水资源成本的差别和社会供水工程成本与供水者供水工程成本的差别。

2）用水成本

用水成本是因用水产生的成本或损失，包括供水成本、供水者利润和排放废水所造成的环境损失。用水成本也分用水者用水成本和社会用水成本。

用水者用水成本是用水者直接支付的用水成本，单位水量的成本等于用水者支付的水价。这里的水价包括资源水价、工程水价和环境水价三部分。其中，工程水价由供水工程成本和供水者利润两部分构成。

$$用水者单位成本 = 供水价格 = 资源水价 + 工程水价 + 环境水价 \qquad (6\text{-}6)$$
$$用水者总成本 = 供水水价 \times 售水量 \qquad (6\text{-}7)$$

社会用水成本是全社会为用水所付出的全部成本，包括水价反映的成本和用水外部成本。用水外部成本包括水资源成本被低估的部分、工程水价低于供水工程成本和供水者合理利润的部分和环境水价被低估的部分。

$$社会用水成本 = 用水者成本 + 用水外部成本 \qquad (6\text{-}8)$$
$$外部用水成本 = 外部水资源成本 + 外部工程成本 + 外部用水环境成本$$
$$\qquad (6\text{-}9)$$

4. 供水效益和用水效益

1）供水效益

供水效益指提供供水服务所获得的收益，分为供水者供水效益和社会供水效益。

供水者供水效益是指供水者获得的供水收益。社会供水效益是指全社会因为供水而获得的效益。如果把供水水价分成资源水价（抵偿水资源成本）、工程水价（抵偿供水工程成本及供水者合理利润）和环境水价（抵偿排放污水的损失），那么供水者毛效益等于供水水价乘以售水量，单位毛效益等于供水价格，净效益为供水者毛效益减水资源水价、供水者供水成本和环境水价：

$$供水者总毛效益＝供水水价 \times 售水量 \qquad (6-10)$$
$$供水者单位毛效益＝供水价格 \qquad (6-11)$$
$$供水者单位净效益＝供水价格－水资源水价－供水者供水成本－环境水价$$
$$(6-12)$$

2）用水效益

用水效益指用水所获得的收益，分为用水者直接获得的用水收益和全社会获得的用水收益。

5. 各种供用水成市、用水效益间的关系

1）供用水成本与社会成本

供用水成本属于内部成本，而社会成本包括外部成本。为了更好地调动市场参与者为自己行为负责的积极性，应尽可能地使外部成本内部化，使市场参与者在获益的同时承担相应生产和交易行为的全部成本，以避免对企业有利而对社会不利的行为发生。理想的情况是供用水成本等于社会成本，即外部成本为零。

2）供水成本与供水效益、用水成本与用水效益的关系

对于经济可行的供水项目，应该是社会供水效益大于社会供水成本、社会用水效益大于社会用水成本，在不存在政府补贴的情况下，还应该是供水者效益大于供水者成本、用水者效益大于用水者成本；对于经济不可行的供水项目，可能存在社会供水效益小于社会供水成本、社会用水效益小于社会用水成本、供水者效益小于供水者成本、用水者用水效益小于用水者用水成本的情形。

3）供水成本与用水成本的关系

不论是对供水者和水用户来说，还是对整个社会而言，都是用水成本大于供水成本。因为供水成本只牵涉把水供给用户之前的成本，而不包括用水和污水处理、排放环节的成本。而用水成本包括用水和污水处理、排放环节的成本，有时也把污水处理成本计入供水成本。根据谁污染谁承担治理成本的原则，污水处理成本还是应该计入用水成本。

4）供水效益与用水效益的关系

对供水者和水用户而言，供水效益和用水效益的大小关系是不定的。但就全社会而言，应该是供水效益等于用水效益，原因是供水效益和用水效益的计算应该包括所有直接效益和间接效益、内部效益与外部效益，其计算范围、标准应该完全相同。表 6-2 是各种供用水成本和效益的大小比较关系。

表 6-2　不同供用水成本与效益的关系（列 a 中的元素与行 b 中的元素相比）

b＼a	供水者 供水成本	社会供 水成本	供水者 供水效益	社会供 水效益	用水者 用水成本	社会用 水成本	用水者 用水效益	社会用 水效益
供水者供水成本		$a<b$	不定	不定	$a<b$	$a<b$	不定	不定
社会供水成本	$a>b$		不定	不定	不定	$a<b$	不定	不定
供水者供水效益	不定	不定		$a<b$	不定	不定	不定	$a<b$
社会供水效益	不定	不定	$a>b$		不定	不定	$a>b$	$a=b$
用水者用水成本	$a>b$	不定	不定	不定		$a<b$	不定	不定
社会用水成本	$a>b$	$a>b$	不定	不定	$a>b$		不定	不定
用水者用水效益	不定	不定	不定	$a<b$	不定	不定		$a<b$
社会用水效益	不定	不定	$a>b$	$a=b$	不定	不定	$a>b$	

6.2.2　供水成本核算

1. 供水成市计算项目

在会计核算中，成本指生产商品或提供服务耗费的资本，可以通过商品或服务的销售来补偿；费用指在会计核算期间会计主体的经济利益损失。可见，只要商品或服务适销对路，成本是可以回收而得到补偿的，因此成本一般不属于利益损失。但与此相反，费用一般表现为经济利益的减少，如利息支出、罚款、赠与等。国际会计准则委员会则采用广义的费用概念，认为费用包括营业费用与营业外支出（损失）。但中国的费用概念有所不同，中国于 1992 年颁布的企业会计准则认为，费用是"企业在生产经营过程中发生的各种耗费"。这一定义一方面包括一些不一定计入当期损益的耗费，如工业企业生产产品而发生的应计入产品成本的直接材料、直接人工和制造费用，另一方面又不包括营业外支出等利润减少的项目。所以中国会计核算中的总成本费用是生产和经营的成本及费用的总和，不包括营业外支出，如赠与、罚款等。总成本费用相当于成本效益分析中的成本。因此供水成本的核算项目就是供水的总成本费用的核算项目。

根据工程成本核算的一般原理和供水工程的特定情况，供水成本的计算项目如下。

1）水资源使用权购买费

供水者为获得用水资格、购买水资源使用权所付出的费用。目前因为水资源使用权的分割还不很明确，水资源主要通过政府分配，通过市场配置水资源的机制不完善，所以水资源使用权的交易还很少。但明晰水权、建立水权交易制度是大势所趋，水资源使用权购买费应该纳入供水成本。

但要注意水资源使用权购买费的核算不能与水源水费、取水引起损失补偿费、水源维护费重复。在不存在水资源使用权交易的情况下，只需核算水源水费、取水引起损失补偿费和水源维护费。在存在水资源使用权交易的情况下，必须核算水资源使用权购买费，但是否核算水源水费、取水引起损失补偿费和水源维护费则要根据不同情况分别考虑。关键的因素是商定的水资源使用权购买费包括哪些项目，如果已经包括全部费用，则不需要重复核算水源水费、取水引起损失补偿费和水源维护费，如果不包括或只是部分包括水源水费、取水引起损失补偿费和水源维护费，则需要另外计算，保证既不遗漏又不重复。

2）水资源费

由于我国水资源属国家所有，利用国家水资源而获得经济效益的任何单位和个人，必须向水资源主管部门缴纳水资源费。水资源费（或改称水资源税），既是水资源所有者的权益体现，又是勘探、评价、管理水资源的成本。

3）水源水费

供水公司向水资源使用权拥有者或水源提供者支付的费用。

4）取水引起损失补偿费

对因本工程取水而受损害的各方利益的补偿，包括对其他用水者的补偿、对下游发电损失的补偿、对下游航运损失的补偿、对生态损失的补偿等。取水必然减少取水口以下的水量，要减少下游电站发电量，对下游地区的工农业用水和生态环境等造成影响。这些损失必须得到补偿，并纳入供水成本。

5）水源维护费

为保护水源不被破坏所支付的费用，包括对水源区居民和单位为保护水源而限制其生产和消费所受损失的补偿。例如，为发展水库上游水源区高耗水、高污染项目的替代项目所支付的费用，为水源区发展水源林的生态补偿等。

6）折旧费

折旧费是初始集中投资分期回收的方式，是固定资产的一种补偿方式，是固定资产磨损、老化、腐蚀、落后等的价值反映。折旧费的计算，先要根据有关规定，根据工程的不同类型和规模确定折旧年限，然后选择有关规定允许的折旧方法，计算每年的折旧费。一般按直线折旧法计算：

$$折旧费＝固定资产价值×综合折旧率$$

$$综合折旧率 = 1 / 折旧年限 \times 100\%$$

关于固定资产的统计范围，必须把所有固定资产投资计算在内，既包括建筑安装工程的投资，也包括供水水源水库的淹没补偿、水库清理费等投资。同时根据资本保全原则，水利工程固定资产投资和建设期的借款利息分别形成固定资产、无形资产和递延资产三大部分。而固定资产价值只是全部固定资产投资和利息的一部分：

$$固定资产价值 = 固定资产投资 + 建设期利息 - 无形资产 - 递延资产$$

7）工程维护费

对工程的管护、修理费，包括日常维修、养护、岁修和大修理等费用。新财务制度统一按维护费定名和计算。工程维护费的计算公式为：

$$工程维护费 = 建筑安装工程固定资产价值 \times 工程维护费率$$

要注意工程维护费的计算基数是建筑安装工程固定资产价值，而不是全部固定资产价值。因为水库淹没补偿费、水库清理费与工程的维护关系不大，不应作为计提工程维护费的基数。关于工程维护费率的取值，目前尚无统一的标准，低的取 1%，高的取 3%。维护费率的取值，应根据具体工程维护的难易上下浮动，同时需要有关部门制定更细致的规定，以避免取值的随意性。

8）工资、福利等人员开支

直接参与工程运行的人员的开支，包括工资、福利、奖励、单位支付的员工保险或基金等。

9）材料、燃料及动力费

供水生产中购买材料、燃料及动力所需的费用。

10）管理费

供水管理部门为组织和管理生产、经营而发生的费用，目前一般按工资及福利费的 1～2 倍计算。

11）财产保险费

对固定资产保险所交纳的费用，按固定资产价值的一定比例提取。

12）利息净支出

生产运行期贷款（包括未还清的工程贷款和流动资金贷款）的利息支出与存款利息之差，计入当年成本费用中。由于还贷期间固定资产贷款的年利息净支出是变化的，在测算总成本费用时，可将还贷期各年的利息支出折算为年均值后计入供水成本。

13）税金

按国家和地方政府有关规定应缴纳的营业税和所得税等。

2. 中国现行待建供水工程成本计算规范

《水利建设项目经济评价规范》（SL72-94）于 1994 年 5 月 1 日开始实施。包括供水工程在内的水利建设项目的经济评价都应遵守该规范。在该规范中，成本统称为费用。该规范的第 2.2 节、第 3.2 节分别对项目的国民经济评价和财务评价的费用计算作出规定。

1）水利建设项目国民经济评价的费用计算

水利建设项目的费用应包括项目的固定资产投资、流动资金和年运行费。

（1）固定资产投资。固定资产投资包括水利建设项目达到设计规模所需的由国家、企业和个人以多种方式投入的主体工程和相应配套工程的全部建设费用。主体工程投资一般划分为建筑工程、机电设备及安装工程、金属结构设备及安装工程、临时工程、建设占地及水库淹没处理补偿和其他等六大部分。

国民经济评价中，属于国民经济内部的转移支付，不应作为建设项目的费用和效益。国民经济评价投资编制在具体项目划分上较工程设计概（估）算投资编制略有调整，主要有：建筑安装工程单价组成中不计列计划利润，另计列施工企业资金回收费用；机电设备及安装工程、金属结构设备及安装工程均不计列设备储备贷款利息；利用外资的建设项目，其他费用项内增列外资贷款利息；其他费用项目内，不计列三税税金；预备费项内只计列基率预备费，不计列价差预备费。

配套工程投资可采用典型设计的扩大指标或参照类似工程估算，对所用指标应认真分析其合理性和可靠性。水利建设项目固定资产投资，应根据合理工期和施工计划，作出分年度安排。

（2）流动资金。水利建设项目的流动资金包括维持项目正常运行所需购买燃料、材料、备品、备件和支付职工工资等的周转资金，按有关规定或参照类似项目分析确定。流动资金应从项目运行的第一年开始，根据其投产规模分析确定。

（3）年运行费。水利建设项目的年运行费包括项目运行初期和正常运行期每年所需支出的全部运行费用，可根据项目总成本费用调整计算。项目运行初期各年的年运行费，可根据其投产规模和实际需要分析确定。

2）水利建设项目财务评价的财务支出核算

水利建设项目的财务支出应包括建设项目总投资、年运行费、流动资金和税金等费用。

（1）建设项目总投资。水利建设项目总投资包括固定资产投资及建设期和部分运行初期的借款利息。固定资产投资包括建筑工程费、机电设备及安装工程费、金属结构设备及安装工程费、临时工程费、建设占地及水库淹没处理补偿费、其他费用和预备费等，根据不同设计阶段的深度要求，按有关规范进行编制。

（2）年运行费。年运行费包括工资及福利费、材料、燃料及动力费、维护费和其他费用等，可分项计算，也可按项目总成本费用扣除折旧费、摊销费和利息净支出计算。

（3）流动资金。流动资金包括维持项目正常运行所需的全部周转资金。

（4）税金。产品销售税金及附加税、所得税等税金根据项目性质，按照国家现行税法规定的税目、税率进行计算。

（5）利息。水利建设项目借款按年计息。建设期利息应计入固定资产，正常运行期利息应计入项目总成本费用，运行初期的利息可根据不同情况分别计入固定资产或项目总成本费用。

（6）建设项目总成本费用。水利建设项目总成本费用包括项目在一定时期内为生产、运行以及销售产品、提供服务所花费的全部成本和费用。可按经济用途分类计算，也可按经济性质分类计算。水利建设项目总成本费用按经济用途分类应包括制造成本和期间费用。制造成本包括直接材料费、直接工资、其他直接支出和制造费用等项。期间费用包括管理费用、财务费用和销售费用。水利建设项目总成本费用按经济性质分类应包括材料、燃料及动力费、工资及福利费、维护费、折旧费、摊销费、利息净支出及其他费用等项。折旧费按各类固定资产的折旧年限，采用平均年限法计提，也可参照已建类似项目的实际年综合折旧费率乘本项目的固定资产原值计算。

3. 中国现行已建供水工程供水生产成本核算方法

中国实行的已建供水工程供水生产成本核算规范是《水利工程供水生产成本、费用核算管理规定》（水利部水财〔1995〕278 号）。

1）成本核算项目

根据《水利工程供水生产成本、费用核算管理规定》第七条，水管单位设置"供水生产"、"营业费用"、"管理费用"和"财务费用"四个科目进行供水生产成本、费用核算。

（1）供水生产项目。"供水生产"包括直接工资、直接材料费、其他直接支出和制造费用等项目。直接工资是指直接从事供水生产人员的工资、奖金、津贴和补贴；直接材料费包括原水费、燃料动力费等，原水费是指水管单位购水支付的水费，燃料动力费是指供水生产过程中实际消耗的燃料动力费用；其他直接支出是指直接从事供水生产人员的职工福利费以及水利工程供水生产过程中发生的水文水工观测费、临时设施等支出；制造费用是指水管单位所属供水生产部门为组织和管理供水生产而发生的管理人员工资、职工福利费、固定资产折旧费、租赁费（不包括融资租赁费）、修理费、物料消耗、水资源费、低值易耗品摊销、运输费、设计制图费、监测费、保险费、办公费、差旅费、水电费、取暖费、劳动保护费、试验检验费、季节性修理期间停工损失以及其他制造费用，其中水资源费是指按国家规定交纳的水资源费。

（2）营业费用。营业费用指水管单位为组织对用户供水而发生的水费计收机构的经费，包括人员工资、职工福利费、差旅费、办公费、折旧费、修理费、物料消耗、低值易耗品摊销、代收水费手续费及其他营业费用。

（3）管理费用。管理费用指水管单位为组织和管理供水生产而分配的管理机构经费、工会经费、职工教育经费、劳动保险费、待业保险费、咨询费、审计费、诉讼费、绿化费、土地（水域岸线）使用费、土地损失补偿费、技术转让费、技术开发费、无形资产摊销、开办费摊销、业务招待费、坏账损失等。

（4）财务费用。财务费用指水管单位为供水生产筹集资金而发生的费用，包括水管单位在经营期间发生的利息支出（减利息收入）、汇兑净损失、金融机构手续费以及筹资发生的其他费用。

另外，该规定第八条还规定下列费用不得列入供水生产成本、费用：为购置和建造固定资产、无形资产和其他资产的支出；对外投资支出；被没收的财物；支付的滞纳金、罚款、违约金、赔偿金；水管单位赞助、捐赠支出；国家规定不得列入成本、费用的其他支出。

2）成本核算方法

关于各个项目的具体核算方法，该规定指出：

第九条　水管单位在供水生产过程中发生的"直接工资"、"直接材料费"以及"其他直接支出"应直接计入"供水生产"明细科目。

第十条　水管单位所属供水生产部门发生的"制造费用"应视不同情况进行核算，对于专为供水生产而发生的"制造费用"应直接计入；对于同时为防洪服务与供水兴利或者排涝与供水兴利共同发生的"制造费用"应采用一定的办法分配计入。

（1）为防洪服务、供水兴利共同发生的"制造费用"采用库容比例法进行分配：

$$防洪服务分摊比例 = \frac{防洪库容}{死库容 + 兴利库容 + 防洪库容} \qquad (6\text{-}13)$$

$$供水兴利分摊比例 = \frac{死库容 + 兴利库容}{死库容 + 兴利库容 + 防洪库容} \qquad (6\text{-}14)$$

（2）为排涝、供水兴利共同发生的"制造费用"采用工作量比例法进行分配：

$$排涝服务分摊比例 = \frac{排水工时（或排水量）}{供水工时（或供水量）+排水工时（或排水量）} \qquad (6-15)$$

$$供水兴利分摊比例 = \frac{供水工时（或供水量）}{供水工时（或供水量）+排水工时（或排水量）} \qquad (6-16)$$

（3）供水兴利与其他生产经营共同发生的"制造费用"采用生产人员工资比例法或其他方法进行分配：

$$供水兴利分摊比例 = \frac{供水生产人员工资}{供水生产人员工资 + 其他生产经营人员工资} \qquad (6-17)$$

$$其他生产经营分摊比例 = \frac{其他生产经营人员工资}{供水生产人员工资 + 其他生产经营人员工资} \qquad (6-18)$$

第十一条 为便于归集供水生产应负担的各项期间费用，水管单位应在"营业费用""管理费用""财务费用"科目下设置"供水、防洪、排水、发电及综合经营生产"等明细项目。

为组织供水生产发生的水费计收机构经费、代收水费手续费、按规定列支的水费坏账损失、为供水生产筹集资金发生的支出，应分别直接计入有关期间费用。

为供水生产与其他生产经营共同发生的期间费用，按生产人员工资比例法或其他方法分配计入有关期间费用中的"供水生产"明细项目中。"生产人员工资比例法"见第十条。

第十二条 水管单位供水生产成本、费用构成如下：

$$供水生产成本 = 直接工资 + 直接材料费 + 其他直接支出 + 制造费用 \qquad (6-19)$$

$$供水期间费用 = 营业费用 + 管理费用 + 财务费用 \qquad (6-20)$$

第十三条 各类用水中各供水对象之间按供水保证率法或其他方法分配供水成本。

某一供水对象应分配的供水生产成本、费用 = 水管单位发生的供水生产成本、费用总额 × 某一供水对象保证率分配系数：

$$工业城镇供水分配系数 = \frac{AA'}{AA' + BB'} \qquad (6-21)$$

$$农业供水分配系数 = \frac{BB'}{AA' + BB'} \qquad (6-22)$$

其中，A 为年工业、城镇供水量；B 为年农业供水量；A' 为工业、城镇保证率；B' 为农业供水保证率。

第十四条 水管单位按工程环节（或级次）管理发生的供水生产成本、费用，应在本级用户对象和向下级提供水源之间进行分配；某一环节（或级次）的供水成本、费用等于上一环节（或级次）分配的供水生产成本、费用加本环节（或级次）发生的供水生产成本、费用。

第十五条　各供水对象单位供水生产成本、费用按下式计算：

$$\frac{\text{某一供水对象单位}}{\text{供水生产成本、费用}} = \frac{\text{某一供水对象供水生产成本、费用总额}}{\text{某一供水对象实际供水总量}} \qquad (6\text{-}23)$$

4. 用水成本与废水处理成本、污染损失

1）用水成本项目

用水成本与供水成本的区别是用水成本除了包括供水成本之外，还包括供水者利润和排放废水所造成的环境损失。

根据式（6-6）：

$$\text{用水者单位成本} = \text{供水价格}$$
$$= \text{资源水价} + \text{工程水价} + \text{环境水价}$$

其中的价格如果采用影子价格，就可以表示社会用水成本。

换一种表达方式，用水成本可以表示为供水成本与利润、废水处理成本与利润和剩余废水污染损失之和：

$$\text{用水成本} = \text{供水成本} \times (1 + \text{企业合理利润率}) + \text{废水处理成本}$$

$$\times (1 + \text{企业合理利润率}) + \text{剩余废水污染损失} \qquad (6\text{-}24)$$

其中，废水处理成本指规划处理或实际已处理的废水的处理成本；剩余废水污染损失是未处理的废水，以及处理但仍含有污染物的废水造成的各种损失。

废水处理成本的计算跟一般工程的成本计算类似，包括废水工程初始投资和运行费两大项，可以参照有关规范，这里不再详述。下面主要介绍废水污染损失的计算方法。这里强调分析的是废水污染损失，而不是全部的水污染损失。

2）废水污染损失估算

（1）废水污染损失的传播路径。废水从各个水用户排出，首先流经排泄路径，沿排泄路径溢出、渗漏对土地造成污染，然后进入地表水或地下水，对自然水体造成污染，使水体内的水资源价值贬值。自然水体被污染后，水体中的各种生物首先直接受害，水力发电、航运、水上娱乐等河道内用水者也直接被祸及，接下来是以受污染水体为水源的河道外用水者因水质下降遭受的损失，最后是河道外用水者引用污水引起的间接损失。从污染源、自然水体、河道内外的直接受害者到最后的间接受害者，废水污染损失的传播路径包括 4 个环节（详见表 6-3）。

表 6-3　废水污染损失的传播路径

污染传播路径		具体内容	说明
第一环节：污染源		废水	
第二环节：直接的污染接纳体		废水排放路径上的土地	在进入天然水体之前，废水溢泄、入渗都会污染土地
		地下水	废水排放路径上的入渗、被污染的地表水的入渗，都会污染地下水
		地表水	地表水是废水的主要接纳者
第三环节：直接受害者	第一类：受污染土地的拥有者、使用者	受污染土地的拥有者	作为土地所有者的国家和集体因土壤污染遭受的损失
		受污染土地的使用者	乡村农民、城镇居民、企事业单位等土地使用者因土地污染遭受的损失
	第二类：河道内用水者	渔业（水生动物捕捞）	水生动物的繁殖、生长、品质受污染的影响
		水生植物	
		水力发电	水污染对水力发电设施的危害
		游览景点	以自然水域为主要元素的游览景点受水污染的影响
		休闲娱乐业	划船、漂流等娱乐休闲项目受水污染的影响
		航运	水污染对船舶造成危害
		其他河道内经济损失	
		非现实经济意义的水生生态系统	生物多样性
	第三类：河道外用水者	生活用水	水处理成本增加，生活用水不合格的风险增加
		渔业用水	水质下降对渔业有重大影响
		种植业用水	灌溉水质下降影响农产品产量和品质
		牧业用水	水污染对牲畜、灌溉牧草的影响
		林业用水	水污染对树木、果品的影响
		工业用水	增加水处理成本、影响工业产品品质
第四环节：间接受害者	第一类：河道外用水者引用污水引起的生态环境的间接污染	土壤的间接污染	污水灌溉对土壤的污染等
		水的间接污染	污水灌溉对地下水、地表水的污染等
	第二类：河道外用水者引用污水引起的其他产品用户的损失	作为中间产品对最终产品质量的影响	水源水质差通过中间产品对最终产品的影响
		作为最终消费品对消费者的影响	水源水质下降引起的生活用水、食品、其他消费品品质下降对人的生命健康的影响

（2）废水污染损失的项目划分。项目的划分是为了便于废水污染损失的统计和计算。划分的原则科学而简便，既要涵盖全部损失内容，又要扣除重复。

按是否跟废水、受废水污染的水体接触分为直接损失和间接损失。直接损失是生产或消费活动跟废水或被污染的水体紧密相关的利益主体的经济损失，包括直接土地污染损失、河道内用水者的损失和河道外用水者的损失。间接损失是因直接损失者利用了被污染的水对环境和下游生产者或消费者所带来的损失，包括污水灌溉带来的土壤污染损失和水资源污染损失、采用或替代直接损失者的受污染影响的产品所造成的损失。

按生产和消费分为经济部门损失和消费者损失。废水污染的经济部门损失是各国民经济行业的废水污染损失。废水污染的消费者损失是最终消费者因废水污染遭受的损失。废水污染的经济部门损失可以按国民经济行业分类来详细划分。2002 年修订的《国民经济行业分类》（GB/T4754-2002）中，共有行业门类 20个、行业大类 95 个、行业中类 396 个、行业小类 913 个。1994 年的标准新增加了 4 个门类、3 个大类、18 个中类、67 个小类。受水污染影响的主要行业有：渔业、种植业、牧业、林业、水的生产和供应业、水力发电、航运业、水利、环境和公共设施管理业及娱乐业等。

（3）废水污染损失估算的一般理论。从理论上讲，废水污染损失评估的基础是通过调查、实验找到两类关系：各种污染物与各种受污染影响的物理量状态之间的剂量-反应关系、受影响的物理量状态-经济损失的关系。以这些剂量-反应关系和状态-损失关系为基础，只要统计各个（类）利益主体对应的废水排放造成的污染物指标的变化，就可以计算各个利益主体因废水污染遭受的损失，并进一步估计废水污染的全部损失。

①水污染的物理量剂量-反应关系。受污染影响的对象（水体、水生生物、农作物、船舶、水中建筑物、土壤等）的物理、化学、生物状态与污染程度（污染物类型、污染物数量等）的对应关系可用下式表示：

$$s_{ij} = f(x_1, \cdots, x_k, \cdots, x_n) \qquad (6\text{-}25)$$

其中，s_{ij} 表示第 i 种受废水污染影响对象的第 j 种状态指标；x_k 表示第 k 种污染物的数量（用污染负荷或浓度表示，根据具体情况而定）；n 表示污染物类型数。式（6-25）是个多元函数，如果只有一种主要污染物，其他污染物的影响可以忽略，上式可以简化成单个自变量的一元函数，可用图 6-1 来概括污染物的剂量-反应关系。

关系呈 S 形，存在一个临界点，在污染物指标达到临界点之前，污染物的影响可以忽略，在达到临界点之后受污染影响的程度随污染加重急剧扩大，但当受污染破坏的程度很深时，对污染指标继续提高的反应变得不敏感。注意静态和动态两种性质不同的状态指标。静态指标表示被污染影响的对象在一定污染程度下所保持的状态，如在一定污染浓度下水生生物的存活率；动态指标表示按一定的速率变化，如在一定污染浓度下水下钢板被锈蚀的速率、生物生长量等。

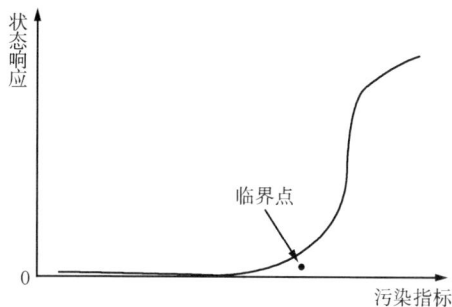

图 6-1　水污染的 S 形剂量-反应关系

②状态变化引起的经济损失。每种对象受污染影响的经济损失与其状态改变有关。对不同的对象有不同的计算模式，大体可归为以下两种类型。

经济收益是受影响对象的状态的函数，经济损失可以表示为受影响前后的经济收益之差：

$$d_i = f(s_{i1}^0, \cdots, s_{im}^0) - f(s_{i1}^t, \cdots, s_{im}^t) \tag{6-26}$$

或

$$d_i = f(s_{i1}^t, \cdots, s_{im}^t) - f(s_{i1}^0, \cdots, s_{im}^0) \tag{6-27}$$

其中，d_i 表示污染影响第 i 种对象的经济损失；0、t 分别表示污染前、污染后；m 表示状态变量的个数。其实际例子是水产品的价值与水产品中有害物质的含量有关，单位水产品品质下降的经济损失等于被污染前的单位水产品价值减污染后的单位水产品的价值。

经济损失可以表现为污染前后受污染影响对象的状态变化量的函数：

$$d_i = f((s_{ij}^t - s_{ij}^0), \ j = 1, m) \tag{6-28}$$

或

$$d_i = f((s_{ij}^0 - s_{ij}^t), \ j = 1, m) \tag{6-29}$$

其实际例子是当状态变量为船舶船体锈蚀率时，水污染引起的损失就是污染前后锈蚀率之差的函数。

(4) 废水污染损失调查评估。在现实中，很难有齐备的水污染剂量-反应关系和状态-经济损失关系的资料，因此很难完全采用理论方法进行废水污染损失的计算，而不得不采用替代的估算方法。

①估算废水污染损失的恢复成本法。把被污染的环境恢复到未污染前的状态所需花费的成本，称为环境恢复成本。在缺乏污染损失的足够信息的情况下，可

以把废水污染的恢复成本作为废水损失的近似估计。废水污染恢复成本的主体是污染源-废水的治理成本。严格而言，只有当废水零排放时才能完全消除对外部环境的不利影响，因此废水的治理成本应该以污染物零排放为标准。

环境恢复费用包括污染源治理费用和已被污染的环境的清理费用。从动态角度而言，只要停止排污，环境就会利用其自净能力自动恢复其正常功能，所以环境恢复费用一般主要由污染源治理费用组成。但如果已被污染的环境不能自动恢复而需要人工治理，如放射性污染一般都需要进行专门处理，则总恢复费用中应该包括环境清理费用。污染源治理费用与污染物的数量和治理的技术工艺有关，一般均通过治理费用函数来估算。治理费用函数是根据大量实验资料和调查资料建立的，国内常采用 C（费用）$-Q$（处理规模）$-s$（等标负荷量）投资费用函数法：

$$C = K_1 Q^{K_2} S^{K_3} \qquad (6\text{-}30)$$

其中，C 表示污染物处理设施的投资费用；Q 表示废物处理规模（需处理的废水总量、废气总量等）；S 表示废物中的污染物负荷总量；K_1、K_2、K_3 均为参数。污染物负荷总量的计算方法如下：

$$S = \sum_{i=1}^{n} S_i \qquad (6\text{-}31)$$

$$S = q_i / C_i \qquad (6\text{-}32)$$

其中，S_i 表示第 i 种污染物的等标负荷；q_i 表示第 i 种污染物折纯量；C_i 表示第 i 种污染物的排放标准。

以上治理投资费用函数是以国家污染物排放标准作为污染物处理基准的，不十分合理。原因是各地的自然条件相差很大，环境自净能力很不相同，按同样的国家排放标准排污，环境自净能力强的地区可以达到国家规定的环境质量标准，而环境自净能力差的地区就达不到国家规定的环境质量标准。因此，应以当地的环境自净能力或环境质量标准作为去污基准，而不能以国家统一的排放标准作为去污基准。设 C_{ij} 表示 i 种污染物的 j 级环境质量标，并用 C_{ij} 代替上面费用函数中的 C_i 重新建立投资费用函数，S_j 表示第 j 级环境质量标准所能允许的相对于 C_{ij} 的等标负荷总量即环境自净能力，则治理到第 j 级环境质量标准的投资费用为：

$$C_j = K_1 Q^{K_2} S^{K_3} - K_1 Q^{K_2} S_j^{K_3} = K_1 Q^{K_2} (S^{K_3} - S_j^{K_3}) \qquad (6\text{-}33)$$

除了一次性地处理设施投资费用之外，环境恢复费用还包括设施运行费。设第 j 级治理标准下的年运行费为 U_j，历年总运行费为 $V_j = U_j / i$，总恢复费用为 $TC_j = C_j + V_j$。环境自净能力的价值表现在环境设施投资费用的减少（减少数额为 $K_1 Q^{k_2} S_j^{k_3}$）和运行费用的减少（减少额为 $V_1 - V_j$），环境自净能力的总价值量为：

$$V_a = K_1 Q^{K_2} S_j^{K_3} + V_1 - V_j \qquad (6-34)$$

总之，从环境污染角度而言，环境既因其具有自净能力而具有正价值，又因其被污染后对人有害而具有负价值，污染性环境的总价值量应为环境自净能力正价值减去环境污染负价值，在数量上等于环境自净能力价值减去环境恢复费用。

②估算废水污染损失的替代成本法。用等效的产品或服务替代被水污染影响的产品或服务的成本，称为受水污染影响的产品或服务的替代成本。对某个企业或行业而言，它所支付的受水污染影响的产品或服务的替代成本，可以作为它所受水污染损失的估计。全部经济行业的受水污染影响的产品和服务的替代成本之和，可以作为总的水污染经济损失的近似估计。

③水污染直接经济损失的调查估算。水污染对各行各业造成的直接经济损失可以根据各行业所受损失的物理量（包括数量和质量）指标和相应的损失函数来估算。

6.2.3　供用水效益估算

1. 供用水效益分析概述

1）供用水效益项目构成

供水者供水效益包括供水者售水收入、政府对供水者的补贴。社会供水效益包括供水者效益、用水者用水净效益、回归水的效益和用水的间接效益。用水者用水效益包括用水者从用水获得的收益。社会用水效益包括用水者效益（用水者总效益中包括供水者效益）、回归水的效益和用水的间接效益。对于社会成本效益分析，供水效益等于用水效益。对于财务效益分析，则分别指明供水者供水效益和用水者用水效益。

2）供用水效益计算原则

（1）明确效益计算的基准-增量分析原则。供用水效益的计算需要有一个比较的基准。对于项目而言，一个项目的供用水效益是跟没有项目时的情况相比较而得出的，供用水效益应按有、无该供用水项目两种情况下的效益之差来计算，即采用增量分析方法。对于一个区域的全部用水，应区分经济用水、生活用水、生态用水等不同的用水类型来计算效益的基准。

对于某行业的经济用水，供用水效益可以按有、无该行业用水两种情况下的效益之差来计算，但前提是找到不供水时合理的生产模式以作为比较的基础。如对农业而言，灌溉用水的效益可以把无灌溉的农业、牧业生产模式作为比较的基础。对于工业用水而言，可以按照生态用水-农业用水-工业用水的水资源开发利用历史发展顺序，选择没有工业用水、假设工业用水仍保留为生态农业用水时的状态作为比较工业用水效益的基础，也可以比较用水的生产工艺与不用水的生产工艺的效益差别，来作为工业用水的效益。

对于生活用水，要区分饮用水和非饮用水。饮用水是生命的必需条件，是确保生存的基本需求，所以不能假设存在没有饮用水的情况。非饮用水则跟生活水平和水资源条件有关，在很大程度上是可多可少的。所以，从生活用水具有最高优先权的实际出发，生活用水的价值可以按经济活动用水的最高效益来估算，一般可以用工业用水效益来估算。

对于生态用水，应根据有无生态用水的生态环境差异来估算生态用水效益。

（2）经济效益、社会效益与生态效益不能重复计算。过去经济效益、社会效益与生态效益的分类和计算存在重复。如一项跨流域调水工程提供的新水源替代受水区原来的当地供水，并把原来过度开发的当地水资源还给生态系统作为生态用水，其总效益应该如何计算？分别对调水工程提供生产生活用水的经济效益、退还生态用水的生态效益进行评价是可以的，但这里调水工程的总效益绝对不等于把经济效益和生态效益简单加总，因为这里调水工程的经济效益和生态效益完全是重复的，只能计算一次。调来的水或者用于生产生活，或者用于生态，并不是既满足了生产生活、又满足了生态，新调入的水只不过替代了原来由当地水资源供给的生产生活用水，生态用水还是由被替代的当地水来满足的。

3）供用水效益的降水丰枯影响与多年平均效益计算

供水、用水都会受降水丰枯的影响，干旱年可能水少无水可供，丰水年又不需要用很多水，因此不同的降水、不同的来水年份对供水、用水效益有很大的影响。为具有代表性，水利建设项目应采用系列法或频率法计算其多年平均效益，作为项目国民经济评价的基础。对于重要项目，还应计算设计年及特大洪涝年或特大干旱年的效益。

2. 作为生产要素的生产用水的效益分析

1）灌溉用水效益

（1）分摊系数法。现行水利规范认为分摊系数法是供水效益"按有、无项目，对比灌溉和农业技术措施可获得的总增产值，乘以灌溉效益分摊系数计算。"分摊系数法合理地假设总增产值是水等多种投入共同贡献的结果，因此供水的效益只是分摊总效益的一部分，但难点是分摊系数的取值如何确定。在不存在价格扭曲的情况下，可以用水费支出占总生产成本的比例作为供水效益分摊系数。其理论假设是：总投入中的每一分钱都是等价的，他们对最终产出的贡献也是相等的，不论其是用来支付水费还是其他支出，因而不同的成本支出项对产出的贡献份额取决于该项支出在总支出中比例。但如果价格不反映实际的价值，用水费占总成本的比例作为分摊系数就可能存在问题，特别是在供水价格被低估的情况下，用水费占总成本的比例作为水效益分摊系数就会低估水的效益。

（2）缺水损失法。按缺水使农业减产造成的损失计算。该方法必须明确是什么条件下的缺水损失。因为供水工程针对的是经常性的缺水问题，而不是稀概率的干旱事件，所以比较的对象应该是有供水工程、供水有保障、农作物布局与供水相适应的情况和没有供水工程、农作物布局与经常性缺水相适应的情况，只有这两种情况下的缺水损失才能作为供水效益。需要强调的是，这两种情况下的农作物布局往往是不同的，因为在有无供水工程情况下人们采取的种植模式是不同的。因而不能简单地在假设农作物相同的情况下比较缺水的损失，在这样不正确假设下估算的缺水损失和相应的供水效益偏大。

2）工业用水效益

（1）最优等效替代法。有兴建等效替代工程条件或可实施节水措施来替代该项目向城镇供水的，可按最优等效替代工程所需费用或采用节水措施所需的年费用计算。

（2）缺水损失法。按缺水使城镇工矿企业停产、减产等造成的损失计算。与灌溉用水效益估算用的缺水损失法类似，估算工业用水效益的缺水损失法也必须注意估算缺水损失的条件。如果假设生产方式不变，简单估算缺水损失，这样估算的缺水损失只是短期的缺水损失。从长期而言，如果经常发生缺水，厂家就会转而选择适应缺水条件的生产方式，缺水损失就会减少。所以按短期缺水损失估算的供水效益必然偏大。

（3）影子水价法。按项目城镇供水量乘该地区的影子水价计算。

（4）分摊系数法。按有该项目时工矿企业等的增产值乘以供水效益的分摊系数近似估算。

$$B_w = \alpha \frac{W}{q} \tag{6-35}$$

其中，B_w 表示供水所分摊的效益；α 表示分摊系数；W 表示该项目的供水量；q 表示工业用水定额。

供水效益分摊系数按供水工程总投资占工业生产总投资（包括供水投资）的比例计算：

$$\alpha = \frac{C_w}{C_w + C_i} \tag{6-36}$$

其中，C_w 表示供水总投资（包括固定资产投资、流动资金和年运行费）；C_i 表示不包括供水投资的工业生产总投资。

如果所有成本的计算都是合理的，那么上述分摊系数法计算的供水的效益就是比较合理的。但如果成本估算不合理，以上分摊系数法有一个很不合理的地方，似乎供水工程的投资越大，其分摊系数就越大，供水效益就越大。因此在采用分摊系数法时要与其他方法相互比较，并仔细分析结果的合理性。

3. 作为生活资料的生活用水的效益分析

对生命个体而言，生命是无价的，也是无法替代的。但对整个社会而言，人力资本是有价的，也是可以更新和替代的。生活用水的价值也包括在人力资本的维持和更新中。

1）城镇生活用水效益

因为生活用水比工业用水拥有优先权，而且生活用水的效益难以直接估算，因此常用工业用水效益作为生活用水效益的近似估计。

2）乡村生活用水效益

根据规范，水利建设项目的乡村生活供水效益应按该项目向乡村提供人畜用水可获得的效益计算。主要有：

（1）节省运水的劳力、畜力、机械和相应燃料、材料等费用；

（2）改善水质，减少疾病可节省的医疗、保健费用；

（3）增加畜产品可获得的效益。

4. 作为公共物品的生态用水的效益分析

1）生态用水的价值尺度

水的生态价值是水的内在价值。某物的内在价值指其本身具有的、非由他物推导出的价值。外在价值则是根据其他事物的价值推导出的价值。是否承认自然物如水、生物等具有内在价值，关键是如何看待人与自然的关系。神学家及一部分环境保护主义者主张自然具有独立于人之外的内在价值，一些政府部门也主张自然，尤其是生物具有内在价值。但从人本主义观点而言，价值概念本身是人类社会的产物，只有人才是万物的价值尺度，离开了人就无所谓价值。根据马克思主义劳动价值论的观点，所有商品的价值是由其所包含的社会必要劳动时间决定的。根据效用价值论的观点，所有商品的价值都是由商品对于人类的效用决定的。笔者认为水的生态价值，或者生态用水的价值，完全取决于生态用水效果对人类的价值，并且可以根据生态用水效果的效用大小或达到同样效果需要的社会必要劳动时间的多少来度量。

2）生态用水效益估算

生态用水效益估算的任务是用货币单位来衡量生态用水价值的大小，生态用水的效益可用以下方法估算：

（1）直接市场法。就是直接运用货币价格，对可以观察和度量的生态用水引起的生态质量变动进行测算的方法。

①市场价值或生产法。与生态用水对应的生态质量的变化对相应的商品市场产出有影响，因而可以用产出水平的变动导致的商品销售额的变动来衡量生态用水引起的生态价值的变动，这一变动就等于相应的生态用水的价值或效益。

②人力资本法或收入损失法。生态用水变化引起的生态质量变化对人类健康有着多方面的影响，这种影响表现为因环境而导致医疗费用开支的增减及收入增减。

③ 防护或治理费用法。对生态用水减少导致的生态恶化，人们可以采取相应的措施预防或治理，采取上述措施所需的费用可作为生态用水的价值评估。

④恢复费用法或重置成本法。假如生态用水减少已导致生态退化，必须以其他方式来恢复受到损害的生态，以便使原有的生态质量得以保持，那么所需恢复费用可作为生态用水价值的度量。

（2）替代性市场法。在现实生活中，存在一些可以观察和度量的、也可以用货币价格加以测算的商品和劳务，不过它们的价格只是部分地、间接地反映了人们对环境价值变动的评价。用这类商品与劳务的价格来衡量环境价值变动的方法就是间接市场法，又称替代市场法。替代性市场法也可以用来估算生态用水的效益。

①后果阻止法。生态用水减少引起的生态恶化会对经济发展造成损害，为了阻止这种后果的发生，人们通过增加其他投入或支出来减轻或抵消环境质量恶化的后果。因此增加的投入就是相应的生态用水的价值。

②资产价值法。生态用水的效益可以用生态用水引起的固定资产的价值变动来估算。以房地产为例，是否靠近河湖等环境因素会影响房地产的价格。用 H_p 表示房地产价格，它取决于下述变量：S 为地点变量（如占地面积、房间数、房龄等）；A 为可接近性（如距离商业区或购物中心的距离、交通便利程度等）；N 为邻里特征（如住房密度、地方税、当地犯罪率等）；Q 为环境质量，则有：

$$H_p = f(S, A, N, Q) \tag{6-37}$$

如果选用线性对数函数来表示，则有：

$$\ln H_p = a(\ln S) + b(\ln A) + c(\ln N) + d(\ln Q) \tag{6-38}$$

对上式进行回归可以直接估算 Q 对所要确定的 H_p 的影响，由此推得对减少 Q 的边际支付意愿为：

$$w = \mathrm{d}H_p / \mathrm{d}Q \tag{6-39}$$

如果河湖生态用水减少，河湖减少或消失，房地产周围的环境质量下降，房地产的价格就会受到负面影响。通过河湖对房地产价格的影响，可以估算河湖生态用水的价值。

③旅行费用法。生态用水引起的环境质量变动的价值也可以用旅行费用法来估算。如以河湖为主要元素的公园的价值，主要由河湖用水的价值组成，可以用人们到该公园的旅行费用作为一种估算。

（3）意愿调查评价法。如果缺乏有关生态用水价值的货币信息，可以调查人们对生态用水效果的支付意愿或受偿意愿，根据它们支付或受偿意愿来间接评估生态用水的价值。

6.3　水资源项目评价

6.3.1　水资源项目概述

1. 水资源项目与可行性研究

1）水资源项目的含义

项目一般是指在一定约束条件下（资源、时间、质量等）具有特定明确目标的一次性的组织或事业。美国项目管理学会 PMI 对项目的定义是：将人力资源和非人力资源结合成一个短期组织以达到一个特殊目的。其中有关土木建筑和设备安装的项目称为工程建设项目。科研、规划、设计、培训等项目不属于工程建设项目。

水资源项目则指有关水资源勘探、评价、开发、利用、节约、保护、管理等的投资项目。根据项目的预期目标，水资源项目可以分为供水项目（包括城镇供水项目、农村人畜饮水项目、农业灌溉供水项目和生态供水项目）、水力发电项目、洪涝防治项目、航道项目、节水与水资源需求管理项目、水资源保护项目、渔业开发项目和以娱乐、休闲为目的的水资源项目，以及包含以上多项目标的多目标项目。

2）项目可行性研究

（1）可行性研究基本含义。可行性研究是对项目的主要内容和配套条件，如市场需求、资源供应、建设规模、工艺路线、设备选型、环境影响、资金筹措、盈利能力等，从技术、经济、环境、社会等方面进行调查研究和分析比较，从而提出该项目是否值得投资和如何进行建设的咨询意见、为项目决策提供依据的一种综合性的系统分析方法。

（2）可行性研究的程序。中国建设项目的申报和批准程序分为三个阶段：项目立项申请书阶段、项目可行性研究报告阶段和项目初步设计报告阶段。项目立项申请书根据项目性质、规模的不同，由业主单位或一定级别的规划设计部门编制，在向主管部门申请并得到批准后才能开展项目可行性研究，是项目前期工作的依据；项目可行性研究报告由有资质的规划设计部门编制，有关部门接受申报后，需组织专家委员会对可行性报告进行评估，通过评估并得到批准的项目才能开展后续工作；小型项目在通过可行性论证后就可以组织设计和施工，重大项目还必须提交项目初步设计报告给有关管理部门作出进一步论证。项目立项申请书、项目可行性研究报告和项目初步设计报告都要进行项目可行性论证工作，只是工作深度不同，越到后来工作深度越深。不论是哪个阶段，只要发现是不可行的项目，都应当立即停止该项目。

（3）可行性研究的意义。可行性研究对于整个项目建设过程乃至整个国民经济都有非常重要的意义。只有经过项目评价认为可行的项目，才允许依次进行设计、实施和运行。通过项目可行性论证，可以减少决策失误。项目评价报告也是筹措项目资金、进行银行贷款、开展设计、签订合同、进行施工准备的重要依据。有一种说法是，决策失误是最大的浪费，可行性研究正是避免或减少决策失误的科学方法和工具。在项目上马以前进行充分的可行性论证，可以有效地规避和减少决策失误的风险。

（4）项目可行性研究的依据。一个拟建项目的可行性研究，必须在国家有关法规、政策和规划的指导下完成，同时还必须要有相应的技术资料。可行性研究工作的主要依据包括：经过批准的项目建议书和在项目建议书批准后签订的可行性研究委托协议等；由国家颁布的建设项目可行性研究及经济评价的有关规定；有关国家、地区和行业的工程技术、经济方面的法律、规定、标准、定额和参数资料等；国家经济和社会发展的长期规划，部门、地区和流域规划，经济建设的指导方针、任务、产业政策、投资政策和技术经济政策以及国家和地方法规等；拟建项目地址的自然、人口、经济、社会等基础资料。对于水资源项目，尤其需要收集项目区的地质地形资料，以及蓄水将淹没的土地、人口、财产等基础资料；拟建项目领域的有关技术发展的最新资料；包含各种市场信息的市场调研报告；如果项目的投入或产出涉及进出口，还需要遵守国家进出口贸易政策和关税政策。

（5）项目可行性研究的要求。为了保证可行性研究工作的科学性、客观性和公正性，真正起到防止错误和遗漏的作用，在可行性研究中，必须做到客观公正的立场，避免主观性和各种利益相关者的干扰；开展详细的调查研究，做好基础资料的收集工作；仔细研究各种可能的替代方案，避免遗漏；客观比较各种替代方案，推荐最优方案；按有关规定和合同要求编制可行性研究报告，报告评价参数应符合有关规定，报告的基本内容要完整，形式要规范，结论要可靠；对于涉外项目，可行性研究的深度应该达到初步设计的水平。

2. 水资源项目评价及其评价内容

1) 水资源项目评价的含义

水资源评价始于 19 世纪末期的流域水量统计工作。20 世纪 60 年代，由于水资源问题的出现和大量水资源工程的建设，加强对水资源开发利用的管理和保护被提到议事日程。美国先后在 1965 年和 1978 年对美国水资源现状、可供水量和供水需求等进行了两次水资源评价分析。1977 年联合国在世界水会议上指出"没有对水资源的综合评价就谈不上对水资源的合理规划与管理"，强调水资源评价是保证水资源持续开发和管理的前提，是进行与水有关活动的基础。1988 年联合国教科文组织和世界气象组织给水资源评价的定义是"水资源评价是对水资源的源头、数量范围及其可依赖程度、水的质量等方面的确定，并在此基础上评估水资源利用和控制的可能性"。1990 年的《新德里宣言》、1992 年的《都柏林宣言》和《里约热内卢宣言》以及《21 世纪议程》都强调了水资源评价的重要性。自此，水资源评价进入全球性阶段。

1979 年，我国开始第一次水资源评价工作，全面系统地描述了全国地表水及地下水资源的数量、质量、分布规律和水资源总量以及开发利用状况等，并出版《中国水资源评价》（1985），为国民经济宏观决策、工农业合理布局、水资源开发利用与保护提供了科学依据。1996 年出版《中国水资源质量评价》，1999 年颁布水资源评价导则，对全国水资源评价进行技术指导。综上所述，笔者认为水资源评价就是确定水资源的数量、质量、分布范围和可靠性以及人类活动的影响，对水资源开发利用情况及开发潜力作出评估，对供需之间可能出现的矛盾和合理开发利用水资源提供一个科学的依据。

2) 水资源项目评价的主要内容

投资项目可行性评价主要包括必要性和可行性两个方面的评价，拟建项目必须通过这两个评价。评价的具体内容包括项目必要性评价、技术可行性评价、经济可行性评价、环境影响评价、社会可行性评价和风险评价等方面。

（1）项目必要性评价。它是对项目的需求进行的评价。项目是否有明确的用户、各类用户对该项目提供的产品或服务的需求有多大，只有明确用户需求的项目才是必要的。

（2）项目技术可行性评价。它是指对项目所采用的技术的可行性评价，包括技术的先进性、适用性、可靠性和经济性等内容。由技术专家通过技术可行性论证，保证所选择的技术方案是可行的，而且没有更好的技术方案。

（3）项目经济可行性评价。项目的经济评价指对项目的费用和效益进行分析，包括财务分析和国民经济分析，用合适的经济评价指标来衡量项目在经济上是否可行。美国在 20 世纪 30 年代就已开展过水资源项目的经济可行性论证，20 世纪 50 年代中国在引进苏联的项目时，也引进了苏联的项目技术经济评价方法。

（4）项目环境影响评价。环境影响评价是指依据环境影响评价的法规和规范，把项目对环境所产生的影响进行专业评价。同时，对环境影响在物理量评价的基础上，应尽可能地将其货币化以纳入经济评价。

（5）项目社会评价。项目的社会评价是指对项目（包括项目建设、实施与运营）对社会经济、自然资源利用、自然与生态环境、社会环境等方面带来的社会效益与影响的分析。社会评价主要应用社会学、人类学、项目评估学的一些理论和方法，通过系统地调查，收集与项目相关的各种社会因素和社会数据，分析项目实施过程中可能出现的各种社会问题，提出尽量减少或避免项目负面社会影响的建议和措施，以保证项目顺利实施并使项目效果持续发挥。项目社会评价着重研究经济评价、环境评价不能解决的项目与社会协调的问题，包括项目与所在地的互适性、项目与人之间的关系问题、项目成本和效益在不同利益主体之间的分配，特别是项目对贫困弱势群体的影响问题。项目的社会评价还涉及项目的政治影响评价，包括项目评价是否符合国家战略利益的评价。

（6）项目风险评价。项目风险评价是对可能影响项目预期效益实现的各种风险的评价，包括技术风险、经济风险、环境风险、社会风险和灾害风险。风险评价是过去水资源项目可行性评价中比较薄弱的环节，特别需要重视和加强。

（7）项目前评价与项目后评价。根据评价实施的时间又可将评价分为项目前评价和项目后评价（或称项目后评估）。项目前评价是在项目实施前针对项目的可行性进行的评价。项目后评估是在项目实施后对项目的实际应用效果的评价。开展项目前评价的时间很长，但开展项目后评估则是近年来的事情。通过项目后评估，可以与项目前评价相对照，检查哪些预期目标实现了，哪些预期目标没有实现，原因是什么，从中总结经验和教训，改进以后的项目前评价，减少项目决策失误，提高项目成功率。

3. 水资源绩效评价指标体系的构建

1）指标体系的构建原则

评价水资源综合利用状况的指标体系，必须考虑到目标统一性、数据的易获得性和科学性等因素，在可持续发展指导下，选择评价水资源利用状况的指标时既要考虑经济发展的需要，又要考察自然资源生态环境的协调发展与支撑能力。因此，水资源评价必须考虑其用途的差异性，寻找具有显性特征的方面进行评估，坚持以下几个原则。

（1）功效性原则。水资源及其开发利用系统复杂，综合评价指标选择具有多样性，综合评价的评价指标及其体系应有所侧重。所以水资源绩效评价指标选取应遵循功效性原则，即对于不同评价目标、不同评价区域、不同评价时段，选择不同的评价指标。

（2）系统性原则。水资源利用受自然、人类活动、生态环境等各种因素及其组合效果的影响，水资源绩效评价指标体系应采取系统设计、系统评价的原则，建立梯级系统结构，客观、全面地反映评价对象的优劣。

（3）可度量性原则。水资源评价的一个重要前提是指标能够进行数值计算，对一些定性指标或含义比较模糊的指标，原则上不选取，确保所选取指标具有可操作性和实用性，应依据《全国水资源综合规划附表式样及附图目录》《中国统计年鉴》所提供的附表，选取的指标都能够从附表统计项中直接或间接获取。

（4）代表性原则。影响水资源及其开发利用综合评价的因素众多，与之对应的描述指标也众多。因此应选择指标间具有弱关联性的代表性指标，构建综合评价指标体系。

（5）可行性原则。指标设置应便于现有统计资料的兼容，注意指标含义的清晰度，避免产生误解和歧义；另外指标数量的选取应该得当，以便提高实际评估的可操作性。

2）指标体系选择

鉴于水资源绩效管理的侧重点不同，根据水资源利用性质的不同，可以从社会发展、水资源属性等方面对水资源利用绩效进行评价，因此需要建立不同的指标体系。

（1）社会发展指标体系。社会发展指标体系是从整体上对水资源项目进行绩效评价，涉及全面的评价，可以从水资源的投入产出的利用率考虑，选择工业用水量、农业用水量、生活用水量等能源消耗量以及污水排放量等对环境影响量等指标作为输入指标，国民生产总值等作为输出指标，对水资源进行整体的评价。

经济效率评价。评价水资源的利用状况必须考察其经济利用的投入和产出状况。从产出的角度来看主要包括单位水资源的价值产出和总量产出，考虑到水资源缺乏弹性的特性，用总量来标度其生产效率更准确。从投入的角度看可用单位水资源的利用成本来标度，包括公共引水工程投入，输水管网及其管理成本，购买水权的支出和企业相应配套设施的成本支出等。另外不同的产业结构、工农业与居民生活用水比例都是水资源利用绩效评价的重要内容。主要的水资源利用的经济效率评价指标有工业企业每吨水产值、农业每吨水的产值、服务业和其他产业每吨水产值、工农业用水与居民生活用水比例、每吨水供给成本与全年降雨量之比等。

可持续性评价。人类经济和社会发展不能超越资源环境的承载能力，水的可持续利用应是可持续发展评价的一个重要方面。水资源的可持续性评价包括水的循环利用率，地区使用总量占地区已知储量的比例，以及人口增长速度和水资源人均拥有量等方面。主要指标有用水总量占已知储量比重、循环利用率、区域水资源人均拥有量和代际补偿系数等。

环境影响力评价。水资源在被利用后水质会降低，水质的改变会衍生出一系列经济的、社会的和生态的问题。因此，必须选择水质和水量改变后，经济、社会、生态发生直接而显著变化的方面进行考察。如工业废水净化成本的增加，农业用水导致农作物和水产品减质、减产，家庭购买纯净水的支出增加，生态环境中生物数量普遍下降和种类减少等。主要指标有全年累计排污量、已有致污面积、水污染对人体的健康损失、农作物经济损失及渔业水体污染损失等。

影响力受控水平评价。自然资源环境的承载力在一定时期总是有限的，因此人类在对水资源的利用活动中，要把对人类的环境影响作用纳入人类自身理性的控制下，如治污染、节约资源、改善产业结构等。反映控制水平的指标主要有全年除污量、单位水除污量、节水和洁水公共工程支出、水污染防控科研支出、洁水工作人员人数以及其工资水平等。

（2）水资源属性指标体系。水资源项目绩效评价涵盖水资源的自然属性、社会属性、经济属性、环境属性。结合评价和实践需要，把水资源属性划分为水资源系统、水资源利用系统、水环境系统、社会经济四大系统，结合这 4 大系统构建水资源及其开发利用系统描述指标体系。

水资源系统描述指标。水资源系统描述指标由地表水可开发率、地表水可开采模数、水资源可开发利用率、人均水资源可利用量、亩均水资源可利用量及单位 GDP 水资源可利用量等 6 个指标构成。

水资源开发利用系统指标。描述水资源的开发利用过程是水资源实现其价值的开端，所以水资源开发利用系统描述指标包括供水能力指标和供水成本指标两大方面。供水能力指标主要有人均供用水量、城镇人均供用水量、供用水模数、地表供水占总供水量比重、外调水占总供水量比重等。供水成本指标主要有单方当地地表水供水投资、单方地下水供水投资、单方节水投资、单方回用水投资、单方外调水投资、用水计划率等。

水环境系统指标。水环境状况是构成水环境系统的主要描述指标集，有水体水功能等级、城镇人均废水污水排放量、城镇人均污染物质排放量、污染河长占评价河长比例、污径比、超标地下水比例和污染湖泊面积比例等 7 个主要指标。

经济社会系统指标。经济社会系统指标主要有人均 GDP、非农业经济比重、城镇居民可支配收入、农村居民纯收入、耕地率、耕地灌溉率等。

综上所述，水资源绩效评价是水资源及其开发利用评价的主要目标性任务，评价的内容是水资源的利用效率。所以本书所选择的指标，都是具有普遍性的。各地区的地理结构、产业结构、水环境状态、水位条件等不同，在评价细微之处时，应该有不同的评价指标。

6.3.2　水资源供需平衡项目的可行性评价

1. 科学预测水资源需求

水资源需求数据是进行水资源供需规划的最主要依据。准确的需求预测是正确决策的前提，而错误的需求数据必将导致错误的规划和决策。因此水资源需求预测工作不能只是走形式，而必须保证预测结果的科学性。水资源需求预测不能简单地根据过去的趋势预测未来，因为水资源需求的变化往往不是线性的，甚至不是单调上升的，而可能出现先上升后下降的情况。因此，必须把握不同社会经济发展阶段的用水特性和用水演变的宏观规律。水资源需求预测还必须弄清楚在什么假设条件下作出预测，是否考虑了水价上升、经济结构升级及污水排放限制对需求的影响，因为未来的发展充满了不确定性。因此，比较合理的预测结果需要详细的说明并作出可能情景下（不同的水价水平、不同的用水计划措施、不同的污水限制水平和不同的经济发展水平等）的不同预测结果。

2. 找出所有的替代方案

实现水资源供需平衡的途径有多种，既有增加供水的多种方案，又有减少水资源需求的多种方案（表 6-4）。在规划、论证水资源供需平衡方案时，务必囊括各种可能的方案，不能有重要的遗漏。

增加供水的可能方案有多种，具体见表 6-4，每种方案类型中又可能会有多个具体方案。例如，地表水工程有不同取水方式（蓄水、引水、提水）、不同取水点和不同取水规模组成的多个方案，地下水工程也有不同水源地、不同取水规模等多个方案，海水淡化也有不同工艺（渗透膜法、蒸馏法、电解法）、不同规模等组成的多个方案。

表 6-4　实现水资源供需平衡的替代方案

可能方案	说明
增加水资源供给的可能方案	
提高当地常规水资源开发利用程度	为提供更多的社会经济用水，在条件允许时，可以新建地表蓄水、引水、提水和地下水开采井等工程，以增加社会经济供水量。但前提是水资源开发利用应与生态环境相协调，不能把全部的常规水资源都开发用于农业、工业和生活，而必须保证必需的生态用水
从外流域调水	当地水资源不够用时，可以把从外流域调水的供水方案作为可能的方案
雨水利用	在干旱缺水的山区农村，可以采取收集和储蓄暴雨洪水的办法，解决人畜饮水和农业微观的水源问题
污水回用	城镇工业和生活污水经过污水处理厂集中处理并达到一定水质要求后，可以用于环卫、绿化、灌溉等用途
中水利用	小区或企业内部，对水质要求较高的用水环节用过的水，经过简单的处理可以用于对水质要求不高的用水环节或用途。例如，洗浴废水、洗衣废水经过简单过滤处理，可以用于冲厕所、绿地灌溉等用途
陆地咸水利用	直接利用微咸灌溉，或者把咸水与淡水混合后用于灌溉，或者把陆地水淡化提供人畜饮水等
海水直接利用	干净的海水可以直接用于厕所冲洗、锅炉冷却等用途
海水淡化	淡化的海水是很多海岛的主要水源。随着海水淡化成本的降低，沿海缺水城市可以把海水淡化作为可能的供水替代方案之一
减少水资源需求的可能方案	
微观管理节水方案	企业、家庭等微观用水单位在不改变用水设施的情况下，通过加强内部管理来达到节水的目的。例如，企业内部建立各用水单元的用水成本核算制度、家庭开展水的多次利用等
微观技术节水方案	企业、家庭等微观用水单位在不改变生产产品和生活质量的情况下，安装节水设施、采用节水工艺来达到节水的目的
微观结构调整方案	企业在不影响企业效益的情况下，调整内部产品结构，少生产用水多的产品、多生产用水少的产品，从而达到减少水需求的目的
宏观结构调整节水方案	在第一产业、第二产业和第三产业内部及各产业之间，调整宏观经济结构，实现少用水而维持经济社会发展的目的
水价调整	设计合理的水价水平及结构，用价格杠杆促进节约用水
用水配额	利用政府的用水计划职能，为各种用户制定用水配额，包括用水定额和用水总量指标
污水排放限制	通过污水排放限制来控制用水

从实现水资源需求减少的具体途径来说，包括两大类：一类是直接减少用水但使生产产出和生活质量受到影响的途径。例如，水价的提高使得一些居民减少洗澡次数和时间，虽然达到了减少用水的目的，但居民生活质量也随之下降了。另一类是在不影响生产总产出或生活质量条件下减少需水的技术途径，包括不需设施投入的微观管理途径、不改变产品但需要设施投入的微观节水技术、改变产品结构的微观结构调整和宏观结构调整。为了保证这些具体的技术路线得以实现，需要动用宣传教育、制订用水计划、水权水价等多种手段，而且所有水资源需求管理活动都应该在法制的框架内进行。特别提出的是污水排放限制，它将成为水资源需求管理的重要手段。随着人们环境意识的增强，有了防治环境污染的经济基础，我国将进入真正治理环境污染、环境法规由"软法"变成"硬法"的新时期。而发达国家的经验表明，一旦实施严格的环境保护法规，对污水排放实行严格的限制，用水量就会大大减少。因此，"污水排放限制"不仅是防治水污染的主要措施，也是水资源需求管理的重要措施。另外，供水方案应该与节水方案、水资源需求管理方案一起比选。

3. 科学估算替代方案的成本和效益

只有首先弄清楚单个替代方案的成本和效益，才能对它们的优劣进行比较。前已述及水资源成本与效益的估算方法，在实际估算中应避免低估成本、高估效益的主观倾向。由于历史的原因，工程移民成本往往被低估。但被忽视的那部分移民成本不会因为没有计入工程成本就不存在，总是要有人承担，项目所有者不承担就会落到移民头上、落到迁出和接受移民的有关部门和地区头上，由此才造成了移民的普遍贫困。在强调可持续发展、以人为本、建设和谐社会的今天，必须计算移民的真实成本，并对移民给予足额赔偿，而不只是补偿。移民的真实成本，除了实物淹没损失之外，还包括很多非实物隐性成本，如移民对原居住地自然环境的熟悉、对适应当地条件的生产技能的掌握、在当地建立的广泛的社会联系，乃至对生于斯长于斯的故乡的感情寄托等，这些对移民而言都是宝贵的财富，一旦迁移到陌生的环境，这些财富就都会失去。并且，要熟悉新的环境、掌握新的谋生技能、建立新的社会关系都需要一个学习过程并支付一定的成本。这些学习成本理所应当由引起移民原有知识和情感资本受到损害的项目所有者来承担。

4. 替代方案的经济性评价

对于多个替代方案的比较，则首先需要考虑各个方案之间的关系。对于互斥方案，必须选择其中一个方案而放弃其他方案。对于相互独立的方案，则需要排出先后优先顺序。当水资源供需缺口不大、单一方案就可以实现水资源供需平衡时，各种增加供水和减少需求的方案之间就构成了互斥关系，因为选择了其中一个方案就会排斥其他方案。如果水资源供需缺口很大，单一的方案难以满足供需平衡要求，需要多种途径和方案来共同实现供需平衡的目标时，则为实现水资源供需平衡的各种替代方案之间不是绝对互斥的，它们在一定程度上是相互独立的。所以这些替代方案之间因为经济效益的好坏会有先后排序，但一个方案的选取不会导致另一个方案的绝对放弃。

6.3.3　水资源项目评价的发展趋势

1. 广泛听取各方意见，科学决策

水资源项目往往工程规模较大、投资大，除工程技术的复杂性外，同时涉及社会经济、生态、环境等方面，决策难度大、风险大，决策前必须经过各方面充分的论证，广泛听取各方意见，尤其要听取反对意见。在水资源项目的决策过程中，普遍存在"上马偏好症"，似乎计划部门计划的项目、主管部门规划的项目，论证专家都应该表态支持上马，这会影响项目可行性论证的质量。所以，只有让大家自由、充分地表达意见，才能尽可能弄清项目存在的问题和风险，才能起到可行性论证的作用。同时，对于反对意见，要给予足够的宽容和尊重，给予同赞成意见同等的地位，而不能在不给反对意见提供研究条件的前提下，借口反对意见没有足够证据支持，就简单否定反对意见的合理性。

2. 完善项目可行性论证制度

在项目可行性论证的程序上，过去由提出项目的主管部门主导项目的论证，阻碍了论证专家自由地发表意见。因为主管部门当然不愿意自己提出的项目和前期工作被否定，所以主管部门倾向于邀请赞成项目的专家，而评审专家因为拿了项目提出部门的评审费而难以表达不同意见，这显然存在制度安排的缺陷，应建立有利于各方自由表达意见的可行性论证体制。

3. 科学把握水资源需求，为工程提供科学的规划依据

过去很多供水工程之所以达不到设计目标，是因为高估了需水量。需水量的高估主要有主观和客观两方面的原因：一是存在主观偏向高估的动机。在水权由国家控制、或者工程投资大部分由国家承担的情况下，各个部门包括国家主管部门都希望高报需水量。这样对地方而言，既可获得更多的水权配额，又可以获得更多的国家投资，对国家行政主管部门而言，则可以把更多的国家投资争取到本部门。二是客观上对水资源需求规律研究不够，根据过去的用水增长趋势推导未

来的需水量往往会导致需水量高估。

4. 保证投资及成市核算的真实可靠

与高估需水量相反，过去很多水资源工程有低估成本的倾向。为了促进工程上马以争取国家投资，项目的申请、规划、设计以及潜在的建设部门往往结成利益共同体，有意低报工程投资和成本，等工程上马后，又不断要求国家追加投资，导致实际投资远远超过预算。为尽量避免这种干扰，必须严格规范成本计算的程序、范围和有关参数，以保证投资及成本计算的真实有效（尤其要避免移民成本的低估）。

5. 重视非水行政部门主管范围的替代方案

在中国，水利部是国家水行政主管机构，但海水资源归海洋局主管，污水处理和回用归环保总局主管，城市节水和中水利用归城建部门主管，农业节水归农业部门主管，因此水利部门制定的水资源规划往往重视常规水资源的利用和保护，而对节水、海水利用、污水回用、中水利用等方面考虑较少，或没有真正落实。实际上节水、海水利用、污水回用和中水利用是实现水资源供需平衡的重要的可行方案，为实现水资源供需平衡设计的项目，必须把它们作为可能的替代方案加以研究。由于长期重视供水、轻视节水，重视常规水资源、忽视非常规水资源，致使常规水资源的供给成本越来越高，因此节水和非常规水资源的利用变得越来越有比较优势。

6. 保证配套工程投资与主体工程同时落实

工程效益的发挥，需要主体工程和配套工程的配合，主体工程和配套工程相辅相成。众所周知，配套工程离不开主体工程，但人们往往忽视主体工程也离不开配套工程。在项目的资金安排中，往往只重视主体工程投资的筹措，而忽略了配套工程投资所需资金的保障。这使得很多水资源项目在主体工程建成后，配套工程跟不上，整个项目的效益大打折扣。因此需要把主体工程和配套工程作为一个整体看待，同时落实主体工程和配套工程的投资，以保证配套工程和主体工程同时建成和运行。只有这样，才能保证所规划的项目效益落到实处。

7. 完善水资源项目投资、建设和运行体制

在公益性大型水资源项目建设及运行体制上，引进业主制是一大进步。业主制的建立，使得项目从建设开始到最后运行管理，都有了负责的单位。但目前主要由国家投资的公益性项目，由政府出面组织成立业主，实际上是把国家财产委

托给业主单位进行管理和经营，与所有公有制企业遇到的问题一样，如何保证所委托的业主真正为项目的投资负责、如何防止委托代理人不尽职和损害资产所有人的利益，这仍是值得进一步研究和探讨的问题。如果在资产委托的形式和程序上进行改革，把政府直接出面组建业主委托经营过渡到社会公开招标委托经营，把水资源项目委托给技术先进、项目管理经验丰富的企业来建设和经营，并建立与所委托的建管企业效益分享和风险分担的机制，以保证项目投资的成功。

第7章 水资源管理

7.1 水资源管理概述

7.1.1 水资源管理的基本含义

1. 水资源管理的概念

目前学术界关于水资源管理一词还没有统一的定义。《中国大百科全书》是权威的工具书,在不同卷中,对其也有不同的解释。

陈家琦等认为水资源管理是水资源开发利用的组织、协调、监督和调度。运用行政、法律、经济、技术和教育等手段,组织各种社会力量开发水利和防治水害;协调社会经济发展与水资源开发利用之间的关系,处理各地区、各部门之间的用水矛盾;监督、限制不合理的水资源开发和危害水源的行为;制定供水系统和水库工程的优化调度方案,科学分配水量(陈家琦等,中国大百科全书水利卷,1983)。

李宪法等认为水资源管理是为防止水资源危机,保证人类生活和经济发展的需要,运用行政、技术、立法等手段对淡水资源进行管理的措施。水资源管理工作的内容包括调查水量、分析水质,进行合理规划、开发和利用,保护水源,防止水资源衰竭和污染等。同时也涉及水资源密切相关的工作,如保护森林、草原、水生生物,植树造林,涵养水源,防止水土流失,防止土地盐渍化、沼泽化、砂化等(李宪法等,中国大百科全书环境科学卷,1983)。

水利管理被定义为,运用、保护和经营已开发的水源、水域和水利工程设施的工作。水利管理的目标是:保护水源、水域和水利工程,合理使用,确保安全,消除水害,增加水利效益,验证水利设施的正确性。为了实现这一目标,需要在工作中采取各种技术、经济、行政、法律措施。随着水利事业的发展和科学技术的进步,水利管理已逐步采用先进的科学技术和现代化管理手段(李石和曹松润.中国大百科全书水利卷,1983)。

上述定义从水资源管理的最新发展来看定义范围比较狭窄。陈家琦等的定义偏重于开发利用,李宪法等的定义是以解决水资源危机为出发点的,李石和曹松润的定义最终落实在"开发的水源、水域和水利工程设施"上,范围更加狭窄。用现代认识水平来看,这些概念既有一定的合理性,也存在完善补充的问题。

　　姜文来（2014）认为，水资源管理就是为了满足人类水资源需求及维护良好的生态环境所采取的一系列措施的总和。这一定义有些宽泛，因为有些维护良好的生态环境所采取的措施超出水资源管理的内容，如对大气污染、噪声的管理，就不属于水资源管理的内容。

　　综上所述，水资源管理定义需要既能概括所有的水资源管理活动，又能明确限定与其他管理活动的区别。因此笔者从水资源的特性出发，认为水资源管理是人类管理活动的一种，对水资源的开发利用和保护并重，对水量和水质进行统一管理，是人类社会的各种组织为最有效地满足对水资源的要求而对水资源及其影响因素进行的管理，是对地表水和地下水进行综合管理和统筹调度，以及尽可能谋求最大的社会、经济和环境效益，制定相应的水资源工作的方针和政策，兴利和减灾并重，重视并加强水情预报工作等。它有广义和狭义之分，广义的水资源管理是整个社会为了满足社会对水（包括水量、水质、与水相关的环境）的需求而对水进行的各个层次（国际、国家、流域、区域、灌区、用户等）的管理。狭义的水资源管理仅指公共管理部门对水资源的管理。显然，水资源管理是组织性行为。

2. 水资源管理的原则

　　1992 年都柏林 "水和环境国际会议" （ICWE）上提出四项水资源管理的原则：

　　（1）淡水是一种有限而脆弱的资源，对维持生命、发展和环境必不可少。

　　（2）水的开发与管理应建立在共同参与基础上，包括各级用水户、规划者和政策制定者。

　　（3）妇女在水的供应、管理和保护方面起着中心作用。

　　（4）水在其各种竞争性用途中均具有经济价值，因此应被看成是一种经济商品。

　　提出都柏林原则的目的在于促进对改善水资源管理的基本概念和实践的改变。同时，都柏林原则在 1992 年里约热内卢召开的联合国环境与发展大会所通过的《21 世纪议程》的建议中作出重大的贡献，受到国际社会的普遍支持，成为支持水资源统一管理的指导性原则。

3. 水资源管理的目标

　　水资源管理的目标是使一个地区有限水资源得到持续利用和保护，并达到最佳的社会经济和环境效益。水资源管理的目标确定应与当地国民经济发展目标和生态环境控制目标相适应，不仅要考虑资源条件，而且还应充分考虑经济的承受能力。

《中国 21 世纪议程》对水资源管理提出的基本目标：一是形成能够高效率利用水的节水型社会，即在对水的需求有新发展的形势下，必须把水资源作为关系到社会兴衰的重要因素来对待，并根据中国水资源的特点，大力保护并改善天然水质。二是建设稳定、可靠的城乡供水体系，即在节水战略指导下，预测社会需水量的增长率将保持或略高于人口的增长率。三是建立综合性防洪安全社会保障制度，有效地保护社会安全、经济繁荣和人民生命财产安全，以求在发生特大洪水的情况下，不影响社会经济发展的全局。四是加强水环境系统的建设和管理，建成国家水环境监测网，掌握水环境质量状况，加强水资源保护，实行水量与水质并重、资源与环境一体化管理，以应付缺水与水污染的挑战。

7.1.2　水资源管理系统组成

任何管理系统都包括五个组成要素，即管理主体（管理实施者）、管理客体（管理对象）、组织目的（管理目的）、组织环境或条件（管理条件）、管理方法（怎么管）。水资源管理系统由管理主体和客体组成，它们都在一定的水资源管理制度和体制下活动，并受社会环境和条件的制约，两者之间通过水资源管理方法和措施发生作用，如图 7-1 所示。

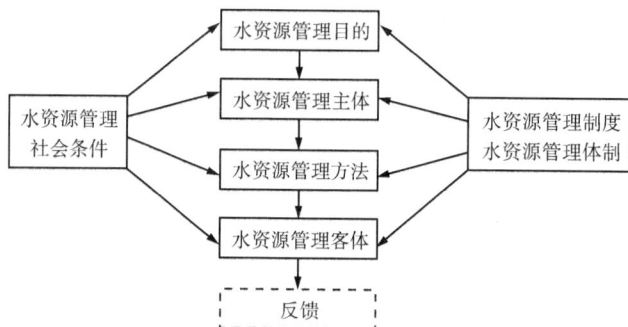

图 7-1　水资源管理系统及要素作用关系示意图

水资源管理的目的是为了高效地满足人类对水的要求，包括人类用水对水的水量、水质的要求，对与水相关环境的间接用水要求（如生态需水），及免除洪水、水污染等水害的要求。水资源管理的专门机构是为了满足社会的水资源管理目的而设置的，因此管理目的位于管理系统的最上层。

水资源管理主体是指实施水资源管理的各种机构，由各个层次的对水实施管理的组织组成的系统。其中每一层次的管理者既是其管辖范围的管理者，又是更高层次管理者的管理对象。其中最核心的是国家层次或联邦制国家的联邦国（或州）层次的管理者，国家层次以下的管理者一般都要服从国家层次的管理，而跨国家层次的管理也需要国家层次管理的批准。

水资源管理客体是指水资源管理的对象，由水资源系统及与水相关的组织和个人组成，如水资源开发者、利用者，甚至管理者本身。这种循环制约的制度安排是人类文明的重要成果。

水资源管理制度是指水资源管理的规则，如水权制度、水价制度等，包括正式的法规及非正式的乡规民约、风俗习惯等。

水资源管理体制是指水资源管理的组织形式，有集权管理与分权管理、以流域为主的管理与以区域为主的管理等区别。

水资源管理的社会环境和条件是指制约水资源管理的各种社会环境因素，最主要的是社会经济发展水平。

水资源管理方法是指水资源管理主体为实现水资源管理目标，在一定水资源管理制度与体制和社会条件下，对水资源管理对象所能采取的控制、调节措施。

7.1.3　水资源管理的内容与类型

1. 水资源管理的循环环节内容

从水在人类开发利用过程中的流动过程来看，水的流动组成了一个闭合的社会循环，对水资源的管理也渗透到其中的每个环节，如图 7-2 所示。

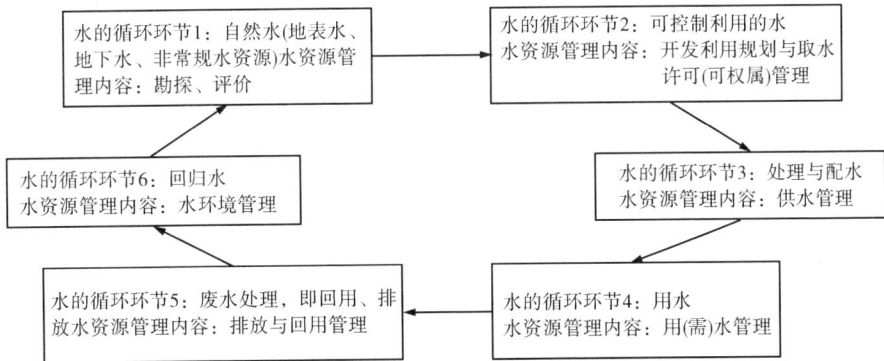

图 7-2　水的社会循环及其管理内容

水从自然状态的水，变成水利工程可控制的水，再经过处理和分配供给用户，用户使用后将剩余的废水排放，其中一部分废水可以回收利用，一部分排放到环境中，另有一部分以回归水的形式回到自然水体中，还有一部分在流到自然水体之前蒸发了。相应的水资源管理的内容包括：水资源勘探与评价、水资源开发利用规划与取水许可（或权属）管理、供水管理、用（需）水管理、废水排放与回用管理、水环境管理等。

在以上每个循环环节，都包括对水量和水质的不同要求，需要同时对水量与水质进行管理。对各个环节的管理还需要从总体上进行协调，因而有综合管理的必要。最适合水资源综合管理的单元是流域，因此流域水资源综合管理成为较为流行的管理模式。由于各个环节都存在不确定性，水资源管理的内容还应该包括风险管理。

2. 水资源管理的功能体系内容

根据各类水事活动的不同功能，可以把水资源管理的内容体系概括为表 7-1。

表 7-1　水资源管理内容体系

水事活动的功能类型	对应的水资源管理内容	具体管理内容
获得"水是什么样的"信息的水事活动	水资源勘测与评价管理	降水、蒸发、地表水、地下水、土壤水、水土流失、泥沙、水质等监测网络的布局、监测机构的设置、监测结果的整理和颁布、水资源评价制度等
决定水资源属于谁、给谁用的水事活动	水资源权属管理 用水计划管理 水资源配置与调度管理	由计划经济向市场经济转变过程中初始水权的划分、水权交易制度的设计、权属登记、权属纠纷仲裁、不同用户之间的水资源合理配置、水资源时空优化调度、用水计划等
决定水资源长远发展战略的水事活动	水资源战略与规划管理	定期或不定期研究、制定、修订水资源长远发展战略与规划，包括流域规划
实现水资源规划、配置、调度的工程活动	水资源工程管理，包括工程建设管理、水资源工程运行管理及移民管理	水资源工程的项目前申报与审批、尤其是水资源工程可行性论证管理；水资源工程建设中的管理，包括移民工程管理、施工资金管理、施工进度管理、施工质量管理等；水资源工程建成后的运行管理，包括供水质量管理（如自来水的质量控制）、水资源工程移民的后续管理（如移民补偿基金的收集、分配、使用等）
保护水资源不受污染、破坏的水事活动	水资源保护管理	防治水污染、保证水质；防治打井、开矿、土地利用等活动对原有地表地下产水、输水、储水系统的破坏、保护水源
控制不合理的水资源需求	节水管理、水资源需求管理	利用经济、行政等手段，促进水资源高效利用，减少浪费，促进经济社会发展模式与水资源条件相适应

水事活动的功能类型	对应的水资源管理内容	具体管理内容
水资源经济经营活动	水资源资产管理、水资源价格管理、水资源成本管理	对水资源资产评估、经营、委托或承包、买卖等的管理；水价管理，包括水价构成和变动程序的制度安排等；对具有自然垄断性的供水企业的成本进行严格控制管理
水资源科学研究、技术开发和推广活动	水资源科技管理，包括水资源技术标准管理	水资源科技管理的关键是水资源科技资源的合理配置，以取得更好的科技成果；技术标准管理的宗旨是把成熟先进的技术推广到实践中，并获得标准化管理的可靠、通用、共享等好处
水资源人才培养活动	水资源人才管理	对水资源人才的教育、培训、考评、奖惩等制度进行的管理
水资源信息传播活动	水资源信息管理	对有关水资源的各类信息（包括法律、规定、政策、规划、水资源勘测和评价数据、水资源工程论证信息、水资源工程运行信息、水资源成本与效益信息等）的发布、宣传、共享等活动进行管理
规避风险	水资源风险管理	风险管理涉及所有水资源活动，因为所有活动都有一定风险

3. 水资源管理的具体内容

中国是世界上水利建设最早和工程众多的国家之一，也是一个水资源管理历史悠久的国家。随着经济发展和科学进步，管理的内容不断丰富，并逐渐形成一门管理科学，其主要内容如下。

1）水资源产权（水权）的管理

我国《宪法》第九条规定："矿藏、水流、森林、山岭、草原、荒地、滩涂等自然资源，都属国家所有，即全民所有"。水资源及其大部分环境所有权的明确规定，为合理开发、持续利用水资源奠定了必要的基础。因此，作为全民所有的水资源产权的明晰界定是非常必要的，关系到水资源开发利用是否合理高效、是否能促进环境与经济的协调、持续发展。

2）水资源配置管理

水资源合理配置方式是水资源持续利用的具体体现，有计划配置和市场配置之分。水资源配置如何，关系到水资源开发利用的效益、公平原则和资源、环境可持续利用能力的强弱。根据中国国情和水资源特性，完全的市场配置方式只重视了经济效率，忽略了社会公平和福利。所以，按照可持续发展理论，应探索计划配置与市场配置相结合的办法，既使水资源配置取得高效利用，又使资源分配公平、取得最大的社会效益。

3）水资源组织与协调管理

要统一管好水资源，必然要建立专门的协调机构，或调整某些部门职能，以利于水资源持续利用和发展的统一管理。此外，中国的部分河流和水域（如湖泊、水库）是跨越国界的，对这种国际性水资源的开发、利用、保护和管理，应建立双边或多边的国际协定或公约。

4）水资源开发利用与水环境保护管理

水资源开发利用管理是指地表水的开发、治理与利用和地下水开采、补给和利用的全过程管理。水资源环境保护管理是指用水质量、水生态系统及河湖沿岸生态系统的保护管理。水资源环境保护管理还包括对地下水开发利用与污染控制的管理。

5）水资源信息与技术管理

加强水文观测、水质监测、水情预报、工程前期的调查、勘测和运行管理中的跟踪监测等，是管好水资源开发、利用、保护、防治的基础。建立水资源综合管理信息系统，及时掌握水资源变动情况，如水量与水质变化、供水能力与需求变化、各行业用水与需水情况变化，为科学管理和调配提供依据。

4. 水资源管理类型

根据从事管理的组织的性质，水资源管理可分为政府组织的水资源管理、政府间国际组织的水资源管理、非政府组织的水资源管理参与、企业水资源管理和家庭水资源管理等类型。

1）政府组织的水资源管理

立法机构的水资源立法管理。立法机构负责制定水资源管理的法律。由于水资源立法的复杂性，必须加强对水资源立法的研究和管理，如水资源管理的法律体系包括哪些组成部分、已颁布了哪些法律、还缺少什么法律、已有的法律哪些方面需要修改、制定水资源管理法律最合适的程序是怎样的、由哪些部门或人员起草水资源管理法律比较合理等，这些都是水资源立法管理的内容。

行政机构的水资源行政管理。水资源行政管理即行政部门实施的水资源管理。在一定的水资源管理体制下，行政部门在自己的法定管辖权限范围内，通过政策、规划、计划、项目审批、行政处罚等行政手段对水资源进行管理。

司法机构的水资源司法管理。监督和保证立法机构制定的水资源管理法律得到严格执行，是司法机构的任务。每种水资源管理的法律是否得到贯彻执行、如何推进有关的水资源管理法律的贯彻落实，是水资源司法管理应考虑的内容。

2）政府间国际组织的水资源管理

双边、多边政府间国际组织的水资源管理权限来自各参与国政府的授予。跨国水系的水资源管理往往需要建立专门的跨国机构来进行，如欧洲莱茵河的"莱茵河流域管理委员会"。国际权威组织就人类共同关心的水资源问题形成的公约，如联合国通过的有关国际河流的公约，对各国的水资源管理起到很好的指导作用。

3）非政府组织的水资源管理参与

非政府组织没有直接的水资源管理权，但根据社会民主的原则，非政府组织有权了解水资源管理的有关事宜、参与水资源管理并提出建议。"水资源用户协会"等自治组织属于非政府组织，可对其范围内的供水、用水、排水等进行自治管理。

4）企业水资源管理

企业水资源管理指企业对其用水、节水、污水处理、排水的管理。企业的水资源管理只限于企业内部，超出企业范围但与企业相关的水事就需要有关管理部门来管理。

5）家庭水资源管理

家庭水资源管理指家庭对其用水进行的管理。

5. 水资源管理的其他分类

根据水源的不同，水资源管理分为地表水管理、地下水管理。

按照水资源管理的科层系统，水资源管理分为国际管理、国家管理、地方管理和基层管理。

根据城乡地域的不同，水资源管理分为农村水资源管理和城市水资源管理。

根据水资源管理空间单元边界的性质，水资源管理分为自然流域管理和行政区域管理。

6. 国民经济行业分类中的水资源管理行业分类

在《国民经济行业分类》（GB/T 4754—2002）中，水资源管理行业属于水利、环境和公共设施管理业下的水利管理业，下分水库管理、调水引水管理和其他水资源管理，见表7-2。而水污染治理属于与水利管理业平行的环境管理业，见表7-3。显然，这里的水资源管理行业的范畴是比较狭窄的，既不包括水环境管理业，也不包括划入制造业的水的生产和供应业（行业代码46），也没有明确提出用（需）水管理。因此，国民经济行业分类中的水资源管理业与一般意义上说的水资源管理并不是一个概念。实际的水资源管理内容比国民经济行业分类中的水资源管理行业的内容要广得多。

表 7-2　《国民经济行业分类》（GB/T4754-2002）中的水资源管理业

行业代码	行业名称	说明
792	水资源管理	指对水资源的开发、利用、配置、节约等活动
7921	水库管理	指对水库等水利设施的管理活动
7922	调水、引水管理	指对运河、河渠、渠道、水利枢纽、水闸的管理活动
7929	其他水资源管理	指节水及其他未列明的水资源管理活动

表 7-3　《国民经济行业分类》（GB/T4754-2002）中的水利、环境和公共设施管理业

行业代码	行业名称	行业代码	行业名称	行业代码	行业名称
N	水利、环境和公共设施管理业	80	环境管理业	8024	危险废物治理
79	水利管理业	801	自然保护	8029	其他环境治理
791	防洪管理	8011	自然保护区管理	81	公共设施管理业
792	水资源管理	8012	野生动植物保护	811	市政公共设施管理
7921	水库管理	8019	其他自然保护	812	城市绿化管理
7922	调水、引水管理	802	环境治理	813	游览景区管理
7929	其他水资源管理	8021	城市市容管理	8131	风景名胜区管理
799	其他水利管理	8022	城市环境卫生管理	8132	公园管理
		8023	水污染治理	8139	其他游览景区管理

7.1.4　水资源管理方法

1. 管理学的管理方法

管理方法是运用管理原理、实现组织目的的方式，也是为实现管理目的而进行的手段、方式、途径和程序的总和（许激，2004）。

管理方法按其普遍性程度不同分为专门管理方法和通用管理方法两种，专门管理方法是对某个资源要素、某一局部或在某一时期实施管理所特有的专门方法，是为解决具体管理问题的管理方法；通用管理方法是以不同领域的管理活动都存在某些共同的属性为依据而总结出的管理方法，主要包括：任务管理法、人本管理法、目标管理法及系统管理法等。

任务管理法实际就是"泰勒制"，通过时间动作研究确定标准作业任务，并将任务落实到工人。人本管理法是管理学的人际关系理论和行为组织理论的具体实现，强调调动组织成员的自主性和创造性，提高工人的士气，以达到提高生产

效率的目的。目标管理法是指下级与上司共同决定具体的绩效目标，并且定期检查目标完成进展情况的一种管理方式。系统管理法是应用系统科学方法来进行管理的方法，强调从整体出发，采用分析与综合相结合、定性分析与定量分析相结合的方法，寻找整体最优决策。

2. 水资源管理方法

水资源管理与一般企业管理有很大不同。企业管理是企业领导对企业员工的管理，因为企业领导和企业员工属于同一个企业，因此管理是在企业这个组织内部进行的；而水资源管理的主体以政府部门为主，管理的对象涉及全社会，虽然从广义上说一个国家、一个地方行政单位也是一个组织，但这样的组织比企业要松散得多，管理者不属于进行管理的政府部门。因此，水资源管理可以适用任务管理法、人本管理法、目标管理法和系统管理法等通用管理方法，但是要结合水资源管理的具体特点，采用不同的水资源管理方法。尤其是以流域为单元的水资源综合管理，是水资源行业管理区别于其他管理的一大特色。

7.2　水环境管理

7.2.1　水环境概述

1. 水环境的基本内涵

《辞海》中环境就是"周围的境况"。具体来讲，"环境"泛指某一主体（如人）周围的空间及空间中存在的事物。从环境学角度来看，环境是指人以外的外部世界，也就是人类生存及繁衍所必需的、相适应的环境或物质条件的综合体。从系统学的角度来看，任何一个具体的环境都是由相互联系、相互影响、相互制约的子系统构成的复杂的大系统。

"水环境"是在"环境"一词的意义上赋予了"水"的内容。目前，水环境还没有权威的内涵，有不同的定义。郭根林认为"水环境"是"存在于水及水体周围的情况、条件的集合体，是影响水及其周边事物发展的外部因素事物的总称"。彭盛华等认为水环境是储存、传输和提供水资源的水体，也是水生生物生存与繁衍的空间和各种污染物的最终归宿。它由地表水环境和地下水环境组成，与水环境有关的自然、社会和经济等方面的因素为水环境的影响因素。韩守江等认为水环境具有狭义和广义之分。狭义的水环境指由于人类的生产和生活活动，使自然水环境系统失去平衡，反过来影响人类生存和发展的客观存在。广义的水环境是指由自然力和人力引起水环境平衡破坏，最终直接或间接影响人类的生存和发展的一切客观存在。

笔者认为水环境也有狭义和广义之分，狭义的水环境主要指水的质量，广义的水环境是以水体为中心的周围的空间及空间中存在的事物。目前，国家环境保护总局所指的水环境主要指水的质量，也就是狭义的水环境。

2. 水环境管理

管理是规划、协调和引导人类活动的过程。环境管理就是"运用行政、法律、经济、科技与教育等手段，预防与禁止人们损害环境质量的行为，鼓励人们改善环境质量的活动，通过全面规划、综合决策、制定环境目标、选择行动方案，正确处理发展与环境的关系，实现既满足当代需求又不危及后代人满足其需求能力的发展"。也就是说，环境管理是运用一定的手段去约束人类的开发活动，使人类活动对环境的影响限制在环境承载力阈值之内，同时满足人类日益增长的物质、文化、生活需要，使经济发展与生态环境相协调。

水环境管理就是将环境管理赋予"水"的内涵，通过行政、法律、经济、科技和教育等手段，对水环境进行各种管理的行为，其目的就是通过水环境的管理，维护或者改善水环境质量，研究与调控水量和水质，使不同区域水体的主要功能得到满足，促进经济与社会环境的协调发展。

3. 水环境管理的内容

水环境管理的目的就是满足可持续发展对水环境的需要，通过污染物的控制、水量的调度、水质的恢复工程、节水、需求管理等多种手段，维护地理和生态区的完整性，提高经济效率，保证社会公平。水环境管理的内容主要包括水环境规划、水环境监测、水环境模拟、水环境评价、污染源（点源、面源和线源等）治理、污染事故应急处理、水污染纠纷调解、水环境政策与法规的制定和实施、水环境科研等内容。

水环境规划是水环境治理和恢复的基础，它是对与水环境有关的活动和行为作出的具体安排，是一种指南，用来指导水环境各种行为，在水环境管理中具有重要作用。水环境监测是为水环境管理提供基础数据，帮助人们掌握水环境演变规律，并对未来进行预测，以便及早采取措施，将不利影响降到最低，为治理措施的效果评价提供依据。水环境模拟就是对水环境变化、可能存在的各种情况进行模拟，主要有物理模拟和数字模拟两种方式。水环境评价就是对水环境给予各种评价，包括回顾性评价、现实性评价和预测性评价三种方式。污染源治理是水环境管理的重要环节，根据污染源调查和监测，判断污染负荷，削减其排放量，或者使排放污染物达到排放标准。近年来，中国污染事故发生频繁，突发事件经常发生，对水污染事故进行应急处理成为水环境管理的重要工作之一。水污染纠纷调解是水环境发生变化后给相关单位或个人造成影响，需要进行调解的处理方式。可以通过诉讼或者协商的方式解决，使污染者和受害者都受到环境教育。制定水环境政策与法规并予以贯彻实施，可以引导人们的行为，有利于水环境保护。水环境科研是探索水环境问题的科学活动，包括很多方面的内容。目前，我国需要在国外研究的基础上进行创新，走中国特色的水环境科研之路。

4. 水环境管理的原则

水环境管理应遵循整体统一性、区域综合性、主导动态性和公众参与性等原则。

1）整体统一性原则

水资源是水量与水质的统一，由于水具有流域性，必须将流域作为一个自然经济社会综合体进行考虑，才可能实现总体最优。此外，流域内不同区域之间、点源与非点源之间、水资源和水环境与其他资源和环境之间、现状与未来之间，构成了相互联系、相互作用的有机体，只有实行统一规划、统一管理，才能实现水环境管理目标。

2）区域综合性原则

水环境的区域特征明显，不同的流域或者同一流域不同的河段，由于自然、生态、社会和经济背景差异，水环境问题各具特色。因此，应采取不同的治理措施和适应区域特征的水环境政策。由于影响水环境的因素是多样的，涉及自然、生态、社会、经济领域的许多方面，所以，水环境管理采取单一的手段难以实现水环境管理目标，需要综合运用技术、法规、政治、行政、经济、政策、教育等多种手段进行综合管理。

3）主导动态性原则

尽管影响水环境的因素是多样的，但对于具体的水环境而言，常常有几个因素起着主导作用，要抓住主导因素进行重点管理。由于水环境处于动态变化之中，为适应水环境新形势，水环境管理的措施也需要不断地调整，以适应新的形势。

4）公众参与性原则

水环境是一个涉及面广、关系重大和复杂的问题，需要政府部门、各种团体、企事业单位及个人的广泛监督和参与。没有公众的参与，水环境管理是不能成功的。公众参与既是民众民主管理水环境的途径，也在维护公众自身利益、监督污染治理、参与水环境规划、舆论监督等多方面起着重要作用。

7.2.2　中国水环境管理现状

1. 中国水环境管理法规

新中国成立以来,有关水环境的立法和标准逐步建立,如先后制定了《中华人民共和国水法》、《中华人民共和国水污染防治法》、《中华人民共和国水土保持法》、《中华人民共和国防洪法》、《中华人民共和国环境保护法》、《中华人民共和国环境影响评价法》和《中华人民共和国渔业法》等法律,同时国务院以行政法规、批复、通知、规定的形式出台了一系列规定和要求,主要包括《中华人民共和国河道管理条例》、《中华人民共和国防汛条例》、《取水许可制度实施办法》、《淮河流域水污染防治暂行条例》、《国务院关于淮河流域水污染防治规划及"九五"计划的批复》、《关于淮河流域城市污水处理收费试点有关问题的通知》、《关于辽河流域水污染防治项目排污费贴息的规定》、《国务院关于太湖水污染防治"九五"计划及 2010 年规划的批复》、《国务院关于滇池水污染防治"九五"计划及 2010 年规划的批复》、《国务院关于长江上游水污染整治规划的批复》、《国务院办公厅关于批准海河流域水污染防治规划的通知》、《国务院关于批准辽河流域水污染防治"九五"计划及 2010 年规划的通知》、《中华人民共和国水污染防治法实施细则》、《水污染物排放许可证管理暂行办法》和《饮用水水源保护区污染防治管理规定》等。一些省(自治区、直辖市)也出台了相关的法规,这些法律、法规、批复等对于保护中国的水资源环境发挥了重要作用。

2. 中国水环境管理体制

中国的水资源环境管理部门众多,涉及国家环保总局、水利部、农业部、国土资源部、建设部等相关部门。以国家级管理部门为例可以说明我国水环境管理的现状。1998 年,中国政府进行了较大规模的改革,政府部门的职能进行了部分调整。在新的机构改革职能划定中,国家环保总局的职能包括:"拟订国家环境保护规划;组织拟订和监督实施国家确定的重点区域、重点流域污染防治规划和生态保护规划;组织编制环境功能区划;拟定并组织实施大气、水体、土壤、噪声、固体废物、有毒化学品以及机动车等的污染防治法规和规章;指导、协调和监督海洋环境保护工作,组织和协调国家重点流域水污染防治工作;定期发布重点城市和流域环境质量状况"。水利部职能包括:"按照国家资源与环境保护的有关法律法规和标准,拟订水资源保护规划;组织水功能区的划分和向饮水区等水域排污的控制;监测江河湖库的水量、水质,审定水域纳污能力;提出限制排污总量的意见。"建设部职能则包括:"指导城市供水节水、燃气、热力、市政设

施、公共客运、园林、市容和环卫工作；指导城市规划区内地下水的开发利用与
保护"。国土资源部职能包括："……海洋资源等自然资源的规划、管理、保护与
合理利用；组织拟定海洋环境保护与整治规划、标准和规范；拟定污染物排海标
准和总量控制制度，按照国家标准，监督陆源污染物排入海洋，主管防止海洋石
油勘探开发、海洋倾废、海洋工程造成污染损害的环境保护；管理海洋环境的调
查、监测、监视和评价，监督海洋生物多样性和海洋生态环境保护，监督管理海
洋自然保护区和特别保护区；核准新建、改建、扩建海岸和海洋工程项目的环境
影响报告书。"农业部门职能包括："组织农业资源区划、生态农业和农业可持续
发展工作；指导农用地、渔业水域、草原、宜农滩涂、宜农湿地、农村可再生能
源的开发利用以及农业生物物种资源的保护和管理；负责保护渔业水域生态环境
和水生野生动植物工作；维护国家渔业权益，代表国家行使渔船检验和渔政、渔
港监督管理权。"建设部门职能包括："指导全国城市和村镇建设；指导城市供水
节水、燃气、热力、市政设施、公共客运、园林、市容和环卫工作；指导城市规
划区的绿化工作；负责对国家重点风景名胜区及其规划的审查报批和保护监督工
作；指导城市规划区内地下水的开发利用与保护；指导城市市容环境治理和城建
监察。"

　　从整体情况来看，中国水环境绝大部分权利在国家环保部门。为加强全国水
环境管理工作，进一步强化国家环境保护部对重点流域、跨省区域水污染防治工
作的监督管理，全面落实国家确定的水环境保护目标和任务，国家环保部成立了
国家环境保护部水环境管理办公室（简称水办）。为此，国家环境保护部于 2002
年 3 月 29 日发出通知指出，水办是国家环保总局具体负责水污染防治工作的职
能机构，设在污染控制司，由污染控制司归口管理，水办的主要职责是：①拟定
全国水污染防治的政策、法规、规章和标准并监督实施；②负责重点流域水污染
防治工作的监督管理，组织拟定重点流域水污染防治规划及重点江河跨省界水质
标准，并监督实施；③组织开展全国水环境功能区划分及饮用水水源保护工作；
④指导地方和流域水污染防治工作。同时，水办内设河流污染防治组和湖泊污染
防治组，分别负责重点江河流域和湖泊流域水污染的监督管理工作，其他部门只
是管理局部的水环境。

3. 中国水环境管理存在的问题

1）缺乏统一管理

　　中国的水环境管理涉及很多部门，缺乏统一的管理机构来统筹管理。由于部
门职能的叠加必然出现权利和义务的矛盾。其中一个普遍存在的问题就是管理权
限的争夺。近年来，国家环保部与水利部在水环境管理上的争夺现象一直存在。

目前，水利部已经出台《水功能区划》，国家环保部正在抓紧制定《水环境功能区划》。尽管水环境功能和水功能区划有一定的区别，但都存在于水资源之中，如果不将它们结合起来，地方政府执行会存在一定困难。

2）全面系统的水环境规划缺失

水环境规划是水环境保护和治理的基础工作之一，全面系统的规划是水环境规划由"蓝图"变为现实的基础。而中国目前水环境规划致命的弱点是缺乏全面系统的规划。由于条块分割的影响，水环境规划难以落到实处。从流域角度而言，林业规划与水环境保护规划不衔接的现象很普遍，如林业规划由林业局制定和实施，对水环境产生一定的影响，水土流失的变化导致水环境的变化，涵养水源、净化水质在不同程度上影响水环境；农业发展规划是以农业部门为主导的规划，化肥的使用、农药的喷洒、耕作方式的改变、农业结构的变化等对水环境的影响很显著；工业发展规划涉及产业结构调整，污水量和质的变化对水环境的影响是非常显著的。总之，与水环境有关的各种规划不同程度地影响水环境。然而，由于水环境规划不够全面，与各种规划的协调不够，偏重于污染物的规划，其实施效果不理想。从整体情况来看，国家投入了大量的资金和人力物力，但效果并没有达到最优。

3）水环境保护法规不完善

尽管出台了众多的法律法规，但目前中国的水环境保护法规还不完善，主要表现在以下几个方面：一是缺乏水环境综合治理的法规，法规不完善，与水环境涉及众多部门有很大的关系。二是没有综合性的跨行政区水环境管理的法律，目前的法律规定散见于各个有关的法律文件，不系统不全面，难以依法对跨行政区水环境进行综合系统地管理。三是缺乏程序性立法，使实体性立法的目标实现困难。由于实体性的法规没有程序性的法规相配合，导致实体性规定的目标难以实现。如许多法律法规中都规定了水事纠纷和污染纠纷的处理机构，但纠纷当事人如何申请处理、处理通过哪些步骤和手续、决定如何作出、不服处理的申诉或上诉期限等都没有规定。四是执法不严、有法不依现象普遍。

7.2.3　水环境管理展望

1. 国外水环境管理经验

实事求是地剖析国外水环境管理经验对于中国的水环境管理具有重要的借鉴意义。从整体情况来看，国外水环境管理模式有以下几种。

1）以环保局或者水利部为主的水环境管理

国外水环境管理有的以环保局为主，有的以水利部为主。德国与法国是以环保部门为主体集中管理水环境的典型国家。法国在环境部设有专门的水务管理司，主要职责是管理和保护水资源，在防止水污染和预防洪水方面与国家有关机构、社会团体、企业协同采取干预行动。在德国，联邦环保部负责防洪、水资源利用、水污染控制以及污水处理、水质监测、发布水质标准等方面的工作。荷兰是以水利部门全面负责水管理的典型代表国家，水利部负责制定国家水战略指导性的方针及国家级水域及防洪工程的管理，省级水利部门负责制定非国管的区域水与防洪的战略政策和地下水的开采，以及部分渠道航运的具体管理。

　　2）分散、集成水环境管理模式

　　分散、集成水环境管理模式包括普通分散式、部级别集成分散式管理模式和国家级集成分散管理模式。普通的分散式管理模式就是水环境管理分散在有关部门，英国、加拿大和日本是这类管理的代表。在英国和日本，水环境管理由政府的有关部门分别承担；在加拿大，环境、渔业、海洋和农业部等联邦政府部门都设有专门的水管理机构。

　　以色列是部级别的集成分散式管理模式的代表，农业部长负责全国水资源的管理工作，农业部领导"国家水委会"对全国水资源的保护与开发利用进行统一管理，主要职能是制订国家水资源开发利用规划，进行国家水利工程的评估、审批和管理，制订国家水的年度生产和分配计划，负责全国水资源开发生产的审批和许可证的发放，负责水资源的水质监测和污染防治工作及国家有关水资源保护与开发利用的政策法规的制定等。

　　国家集成分散管理模式是国家水资源管理委员会全面负责水资源与水环境管理工作，澳大利亚与印度是这一模式的代表。澳大利亚国家水资源理事会是水资源管理最高组织，由联邦、州和北部地方的部长组成，联邦国家开发部长任主席。理事会负责制定全国水资源评价规划，研究全国性的关于水的重大课题计划，制定全国水资源管理办法、协议及全国饮用水标准，安排和组织有关水的各种会议和学术研究。印度国家水资源委员会是以印度总理为首，由各相关部和邦的负责官员组成，职责是制定和监督国家水政策，审查水资源开发计划，协调各邦间水资源利用的冲突等。

　　3）流域水环境管理模式

　　按流域统一管理水环境，使水资源管理和水污染防治统一管理成为一种逐步被接受的水环境管理模式。目前，大多数发达国家通过流域范围内的综合利用来对水资源与水污染实行统一管理。英国在流域层面实施的是以流域为单元的综合性集中管理，在较大的河流上都设有流域委员会、水务局或水公司，统一流域水资源的规划和水利工程的建设与管理，直至供水到用户，然后进行污水回收与处理，形成一条龙的水管理服务体系。

4）区域水环境管理模式

英国政府通过 1963 年、1974 年和 1989 年对《水资源法》的修正，将英格兰和威尔士划分为 10 个区域性水管理局，综合管理辖区内的水资源、控制污染、渔业、防洪、水土恢复与保持等，改变了水资源管理和水污染控制上的相互交叉和推诿的混乱局面，取得了显著的成效。美国 20 世纪 80 年代初削弱了流域水资源管理委员会的作用，加强了各州政府对水资源的管理权限。各州以流域为单位划分自然资源区，由州政府的自然资源委员会统一管理，负责管理自然资源区水土保持、防洪、灌溉、供水、地下水保护、固体废弃物处理、污水排放及森林、草地、娱乐和生态资源。

2. 中国水环境管理趋势

1）水资源量与水环境质统一管理

水资源是水资源量与水资源质的高度统一，是相互联系制约的统一体，目前两者的管理还不协调，需要采取各种措施进行统一管理。从总的情况来看，水量与水质是一个辩证统一的整体，现在环保部门偏重于水质的保护和研究，而水利工作者则侧重于对水量的管理，切断了水资源质与量的辩证关系，是不科学的。为了实现水量与水质的统一管理，相关部门必须采取协调一致的行为。一是在行政职能划分上要明确谁为主，谁配合，不能出现扯皮行为，必要时可成立国家水资源委员会，进行协调统一管理。二是建立与水量相适应的水环境调控方法或者与水环境相适应的水量调度的方法，在干旱期，减少污染物的排放，在洪水期，可以适当增加污染物的排放，根据水资源量的变化调整污水排放标准。在进行水量平衡或者调控的时候，把水质作为一个重要的因素考虑，做到数量与质量的平衡。三是要充分发挥水资源功能，根据水资源质量状况，避免高质低用或者低质高用。

2）流域水环境协调管理

流域是以水文单元为基础构成的社会、经济和环境高度耦合的综合体，以水为纽带，实行流域水环境协调管理是一种必然趋势。改变单独由行政区划分块管理的模式，实现以流域为单元、以行政区划协调的综合防治与管理的水环境协调模式。为实现此种模式，需要做以下几个方面的工作。

（1）赋予流域管理委员会新的职能。目前我国的流域委员会是水利部的派出机构，负责协调流域水资源开发利用等工作，但其职能远不能满足流域水环境协调管理的需要，它不是一个独立的机构，权限极其有限，需要对其进行适当的改造，满足其流域管理的功能。美国田纳西流域综合治理的成功经验值得借鉴，如强化流域委员会职能，包括编制流域水资源规划、流域相关法规的编制、修订，协调各流域内各地区、各部门在水资源开发与保护中的冲突，实现流域水环境统一管理等。

（2）制定满足流域水环境目标的可控标准。根据流域的实际情况，按照国家标准制定严格的标准，可根据水资源的周期性变化对标准进行调整。

（3）建立完善的"契约"规范。流域不同行政区和上下游之间关系，流域上下游和不同行政区之间可以用契约的方式规定各自的允许总排污负荷、交界断面的水质、水资源量分配等，防止产生冲突，协调解决各种冲突。

3）水环境治理由注重点源走向点面并重

长期以来，中国的水环境管理一直将点源作为重点，对改善中国的水环境发挥了巨大作用。但随着点源治理的推进，面源污染问题日益突出，而且在一些地区，特别是一些湖泊流域面源成为重要的污染源。因此，水环境管理工作应在注重点源治理的同时向点面并重转变。实事求是地讲，中国面源污染系统治理和研究起步较晚，但发展比较迅速，这与中国面源污染日益突出有关。治理面源污染一是要科学合理地利用土地，不同的土地类型单位负荷输出量有较大差异，确立科学的用地结构对治理面源污染物十分必要。二是要改进农地的耕作方式，等高耕作（沿天然等高线耕作土地）可以减少一半的物质流失量，免耕等保护性耕作有利于控制面源污染源。三是要工程措施和非工程措施有效结合，在坡度较大的地区建立梯田，在土壤排水性能欠佳的地区，可安装地下排水设施，以减少地表径流量及侵蚀量，还可以建拦沙坝以及促使沉积物沉积的沉降槽等。

4）水环境功能分区

水环境功能区是指依照《中华人民共和国水污染防治法》和《地表水环境质量标准》，综合水域环境容量、社会经济发展需要，以及污染物排放总量控制的要求，划定水域分类管理功能区，包括自然保护区、饮用水水源保护区、渔业用水区、工农业用水区、景观娱乐用水区及混合区、过渡区等。水环境功能区划是水环境分级管理和落实环境管理目标的重要基础，是环境保护行政主管部门对各类环境要素实施统一监督管理的需要。

5）水环境治理由尾端治理走向首尾并控

尾端治理注重的是污染物产生以后对环境的影响及如何进行防治等，这种治理方式虽然成效显著，但是一种被动状态。长远来看，水环境管理在加强尾端管理的同时，注重首端管理，即从减少污染物上下功夫，开展清洁生产。

6）加强公众参与管理

国外水环境管理的实践和研究表明，成功水环境管理需要公众参与和支持。公众参与到有关水环境问题的立法和管理过程中将增加水环境管理的透明度、提高水环境管理的效率和效果。公众参与在很大程度上决定了水环境制度是否能够更有效地运作。广泛的公众参与能够降低交易成本和管理成本，可以确保决策者能了解公众的意见，并通过各方的协作来协调多目标、多部门、多地区和多利益集团之间的关系。同时，公众还是水环境质量的监督者和水环境污染控制行动的参与者。

7.3　流域综合管理

7.3.1　流域综合管理概述

1. 流域与流域经济

1）流域的特殊性质

人类的各种活动总是在一定的地域空间内进行的。流域属于一种典型的自然区域，它是以河流为中心，被分水岭所包围的区域，在地域上具有明确的边界范围。从经济角度可以把流域看成是一个具有双重意义的范畴，即流域既是由分水岭所包围的自然区域，又是以水资源为中心的综合开发的重要形式，构成流域经济管理的重要内容，其主要特点如下：

（1）整体性和关联性。流域是整体性极强、关联度很高的区域，流域内不仅各种自然要素之间联系极为密切，而且上中下游、干支流各地区间的相互制约、相互影响也很显著。上游过度开垦土地、破坏植被，造成水土流失，会使中下游河道淤积抬高，招致洪水泛滥，威胁人民生命财产安全和相关地区的经济建设。因此，流域内的高关联度，致使任何局部开发都应考虑流域的整体利益。

（2）区段性和差异性。流域特别是大流域，往往地域跨度大，上中下游和干支流在自然条件、自然资源、地理位置、经济技术基础和历史背景等方面均有较大不同，表现出流域的区段性、差异性和复杂性。如长江和黄河两大流域横贯东西，跨越东、中、西三大地带，存在着两个互为逆向的梯度差：一是资源占有量或枯竭程度的梯度系列，包括矿藏、水能、森林、土地资源等；二是经济实力和经济发展水平的梯度，包括资金、技术、劳动力素质、产业结构层次等。

（3）层次性和网络性。流域是一个多层次的网络系统，由多级干支流组成。一个流域可以划分为许多小流域，由此形成小流域生态经济系统、各支流生态经济系统、上中下游生态经济系统、全流域生态经济系统等。流域经济网络的层次性要求流域开发也应该有一定的先后次序和层次。

（4）开放性和耗散性。流域是一种开放的耗散结构系统，内部子系统间协同配合，同时系统内外进行的大量人、财、物、信息交换，具有很大的协同力和促进力，形成一个越来越高级的耗散性结构经济系统。具体来说，就是流域内各地区既要有专业化分工和密切协作，对外又需要大力加强国内国际分工协作和科技、人员交流，发挥河（海）港口或内陆口岸的对外窗口作用，吸引国外的资本、技术、人才和先进的管理经验，推动流域外向型经济的发展。

总之，流域所具有的这些特性，要求人类在流域内进行各种活动时，都必须考虑到活动给流域带来的影响和后果，在流域开发规划和治理上要符合全国国土综合开发治理的总体要求和宏观部署，协调流域内部、流域与流域、流域与国家的关系。

2）流域经济的内涵

流域经济是区域经济的一个分支，是以流域为研究范围，以水资源的合理利用为核心，探讨和研究流域内资源开发利用、治理保护以及与此相联系的流域发展中的经济问题。流域经济涉及的主要内容有：

（1）水资源的综合利用问题。水资源的开发利用是流域经济发展的重要条件，同时，流域经济的发展又能促进水资源更合理地开发利用，决定着水资源开发利用的方向、规模和速度。综合利用要求最大限度地利用水资源，满足国民经济各部门的合理要求，以获得最大的国民经济综合效益。

（2）流域规划与环境问题。流域内各自然要素、经济要素关联度大、整体性强，流域经济的发展必须做好全流域的总体规划，确定开发方针、方案、重点、程序以及工程兴建运行时期等重大问题。在水资源的综合利用中，需要兴建一定数量的水利水电工程，并形成一定容量的水库。因此，库区淹没补偿、移民安置、水库清理、综合利用等社会经济问题，以及生态平衡、水源保护、水土流失等流域环境问题都是流域经济所要面对的问题。

（3）流域经济结构、流域内经济联系问题。水资源的开发利用与流域内国民经济各部门的发展、经济结构的形成和发展以及各地区的经济联系都有密切的关系。如水电的开发，将促进当地大耗电工业的迅速发展和矿产资源大规模的开发利用；内河航运的发展，有利于沟通上中下游、干支流地区的经济联系，促进地区之间的物质交流和经济繁荣等。流域经济就是要研究流域内国民经济结构的变化规律，研究水资源开发利用对地区经济发展的影响及流域内各地区的经济联系。

（4）流域综合开发与管理问题。流域整体性极强的属性要求对流域进行综合开发和综合规划，同时为了维护和恢复流域良性循环的生态环境，使人类活动与流域环境之间的关系达到和谐，必须统一管理和协调流域内的各种社会、经济活动的关系。

2. 流域综合管理的基本含义

1）流域综合管理的含义

流域是水循环和人类开发利用水资源的完整系统，是具有层次结构和整体功能的复合系统，也是重要的管理单元。流域水循环不仅构成了经济社会发展的资源基础，还是生态环境的控制因素，也是诸多水问题和生态环境问题的症结所在。所以，以流域为单元对水资源及其他自然资源进行综合管理与规划越来越受到了人们的重视。流域综合管理就是以流域为单元进行的综合管理，是以水为纽带对流域的人口、资源、环境和经济的综合协调，其核心是流域水资源管理。以流域为单元实行综合统一管理，已经成为目前国际公认的科学原则。美国早在20世纪30年代就建立了田纳西流域管理局，新中国成立后也相继设立了7大流域管理机构。尤其是随着水文地理和生态学等学科的发展，人们逐步认识到，以流域为单元对水资源及与水关系密切的其他自然资源（如土地、植被等）实行综合管理，顺应了水资源的自然运移规律和经济社会特性，可以使流域的整体功能得到更充分的发挥，也是政府推进区域性资源与环境管理的有效手段。

综上所述，流域综合管理就是以流域为管理单元，在政府、企业和公众等共同参与下，应用行政、市场、法律手段，对流域内资源全面实行协调的、有计划的、可持续的管理，促进流域内公共福利的最大化。

2）流域综合管理的目标

总的来说，流域综合管理的目的是如何优化各种资源，合理配置水资源、土地资源、林业资源，优化农业、工业结构，以获取最佳经济效益等。因此，在做流域管理决策立项时，应多方面兼顾权衡，突出建设重点，以流域为单元，在保障人民生产生活的前提下，促进区域生态和社会经济的协调发展。具体来讲，依据流域本身的特点，流域综合管理的目标可以分为以下几种类型：

（1）保护型流域。对于具有生态、文化、景观等重要价值的流域，以及自然灾害严重，不便开发的流域，流域管理应该强调减少人类的破坏、提高灾害防治机能。随着时代的发展，需要保护对象的价值也在增长，防灾强度也要求提高，目前中国对这种类型流域的治理还未达到应有的程度。

（2）恢复型流域。对于流域自然条件恶劣，如植被稀少、草地退化、水土流失及岩石裸露等这类流域的管理工作，首先要恢复该流域的自然生态环境，改善立地条件，防止灾害的扩大或再发生。

（3）经济型流域。对于生态条件、社会经济基础都比较好的流域，应综合发展林、牧、农、渔等各种产业，以经济效益为追求目标，注重资源的持续利用，为流域的经济发展服务。

（4）发展型流域。对于一些社会经济发展相对落后的流域，在注重生态环境保护的同时，以经济效益为首要目标，尽量提高人民的生活水平。

总之，这种管理目标分类，能对流域管理进行系统、全面而又简明的评价，避免发生主观随意性、盲目性和片面性，能确切反映流域管理措施的方向和内容。

3）流域综合管理的基本任务

社会经济越发展，对水资源的依赖性就越强，对流域综合管理的要求也就越高。结合联合国环境与发展会议通过的《21世纪议程》所阐述的流域管理的目标和任务，得到对流域实行综合管理的基本任务是：

（1）制定稳定的、可靠的、科学的流域综合规划，一个好的流域综合规划是进行流域综合管理的基础。

（2）合理开发利用流域的水资源及以水资源为核心的其他流域资源（如土地、植被等），防治洪涝灾害，达到兴利与防洪的双重目的。

（3）协调流域社会经济发展与流域水资源及其他流域资源（如土地、植被）开发利用的关系，处理各地区、各部门之间的用水矛盾，实行对水资源的优化配置，使有限的水资源实现最大的综合效益，同时也要考虑到弱势群体等的用水利益。

（4）监督、限制流域资源的不合理开发利用活动和污染、危害水资源的行为，加强流域生态资源的保护，实行水量与水质并重，资源与环境的一体化管理。

4）流域综合管理的基本内容

国内外流域管理的经验和有关方面的研究表明，流域管理主要是围绕着流域自然环境的恢复与保护、人类活动与生态环境以及各种人类活动之间的协调等方面进行的。可以概括为以下几点：

（1）流域整体的防洪管理。防洪是关系到国计民生的大事，是流域管理中的重要内容，是促使现代流域综合管理发展的主要动因。流域管理部门要根据流域防洪规划，制定防御洪水的方案，落实防洪措施，维护水库和堤防的安全。由于堤坝切断了干流与洪泛区、通江湖泊、湿地的横向联系，降低了流域内的蓄洪能力；上游和支流地区植被的破坏降低了这些地区的滞水能力；堤坝束缚和河道整治改变了丰富的河道地貌形态，使得洪峰在河道中的行进速度加快；不断加高的堤坝和洪泛区密集的人口增加了洪水的风险等原因，加剧了现代洪灾。

对于这些现状，需要各政府部门、科研单位、非政府组织、工商企业、农民等协商合作，制定科学的既保证有效防洪又不妨碍地方经济发展的防洪措施。流域综合管理区别于传统的单纯依靠工程的防洪措施，采取非工程措施和工程措施相结合的方式，利用河流的自然水文特性，通过归还河流行洪空间的方式恢复其自然水文弹性。现代流域管理防洪问题有三个特点：流域内全部涉益群体的参与合作和统一行动；以非工程措施为主；先局部实验，再大范围推广。

（2）水资源量的流域管理。水资源是流域最重要的组成要素，是生活、生产的基础资源。水资源管理工作是进行流域管理的中枢，流域其他方面的管理工作是围绕水资源而展开的。水资源管理主要是合理分配水资源并实现用水的最高效率，在流域内表现为不同用途用水的部门平衡和区域平衡。所有的用水，无论是不同部门之间，还是不同的河段区域或者行政区域之间，都要采取综合管理的思路，由全部涉益群体达成共识，建立水权制度和用水分配方案。流域间的水资源管理表现为跨流域调水，调水的前提是受水区的用水效率已达最高并且无任何潜力增加供水，因此流域综合管理要求不同流域间的合作。可以预见，随着水权制度的发展，源流域的管理委员会将有权拒绝参与向未实现最高用水效率的流域供水的引水工程。

（3）水质与水环境-流域管理。水质与水环境管理的核心是防治水污染。河流的污染主要有工业和城市的点源和线源污染，以及农业面源污染两个方面。由于河流是流动的连续体，上游的污染会对下游造成很大的影响。所以，防治污染同样需要流域内所有涉益群体的合作。最成功的例子是莱茵河污染治理，其通过一个由多国组成的莱茵河防治污染国际委员会来统一治理污染。1950 年 7 月 1日，在荷兰的倡议下，莱茵河沿河 5 国（瑞士、德国、法国、卢森堡、荷兰）共同成立了莱茵河防治污染国际委员会（ICPR），最初只是一个国际论坛组织，只有建议权，随后逐渐发展成为各国部长自愿参加的国际协调组织，每年召开部长会议制订具体方案。1963 年，ICPR 在瑞士首都伯尔尼签署有关莱茵河国际委员会的框架性协议（伯尔尼公约），并作为以上 5 国未来合作的国际性法规。1976年，欧共体（EEC）加入该组织，成为签约方，当年成员国签署了莱茵河防治化学污染公约和防治氯化物公约（1991 年补充了附加条款）。这些公约在污染源治理和综合政策措施方面都取得了很大的成效。

（4）流域土地利用管理。从流域生态系统的要求出发，尤其是从流域水的限制和要求出发，对流域土地利用进行规划和管理，包括对流域土地利用结构、植被覆盖率、水土保持等方面的规划管理。

（5）航道及其设施的维护管理。包括航道整治、码头设施、枢纽船闸设施等的维修和运营。

（6）流域法规与流域政策。根据流域特点和国家对该流域的要求而制定的、对在流域内进行各种类型的社会经济活动具有约束力的法律条文和行政命令等。

5）流域综合管理的功能

现代流域综合管理是由古代的水管理演变而来的，是一个特定的整体动态系统，具有决策、指挥、监督三大功能（王浩等，2011）。

（1）决策功能。决策是流域综合管理工作中的一项重要功能，它不仅是整个流域管理工作的前提，也是各项管理工作的基础，贯穿于整个流域管理工作。流域综合管理系统的水资源与土地资源调查评价、需水量预测、水质预测及水资源综合规划、生态环境保护、自然资源的综合规划和开发利用方案等因素众多、关系复杂、影响很大，必须为决策者提供若干个方案供决策者选择，以保证决策的正确性，促使流域综合管理决策日趋科学化。

（2）指挥功能。流域综合管理的指挥功能包括组织、协调、分配、控制等具体功能。流域综合管理系统，首先由决策部门根据社会经济发展的需要，制订当地水资源的长期供求计划和其他资源分配计划及资源调整意见，批准体现决策者意愿的流域开发、利用、保护综合规划，通过流域管理机构的指挥、协调功能保证规划的实施。

（3）监督功能。监督功能亦称控制功能，即对下级或分系统的活动进行必要的控制和监督，以确保规划项目能够顺利开展。由此，流域综合管理的监督功能，就是依据当地流域系统的决策目标，对流域内从事有关流域开发和利用活动的各个部门实行监督和控制，以使原定计划目标得以实施。

3. 流域管理的发展历程与特点

流域是特殊的生态系统，是连接陆地与海洋，产生洪泛区、湿地、河口三角洲等一系列重要功能单元。完整的流域生态系统存在着源头、中游和下游的纵向联系，也存在着干支流和洪泛区与通江湖泊的横向联系，在自然及人为扰动与河流形态之间也存在着时间上的联系。客观来讲，人类的流域管理活动应该始于远古时代，从人们最初扔石块保护自己的水洞，到使用水车灌溉或者引水都具有流域管理的意义。人们真正开始关注流域综合管理的概念是在 20 世纪 90 年代，这是由世界范围的洪水引发的，1993 年美国密西西比河暴发洪水，1993 年和 1995年莱茵河暴发洪水，1996 年和 1998 年中国长江暴发洪水。这些洪水带来了巨大的经济损失，使得人们开始重新思考管理河流的方式，流域综合管理的理论、方法和技术得以迅速发展。

1）全球流域综合管理的发展历程

早在 20 世纪 30 年代，美国就建立了田纳西流域管理局，其在 1965 年的《水资源规划方案》中要求建立新型的流域机构；法国根据 1964 年《水法》制定了全国范围的流域管理体制；1968 年欧洲议会通过的《欧洲水宪章》就提出水资源管理应该以自然流域为基础，而不应是政治和行政区域，流域应作为最适合的管理单元；英国在 1973 年和 1989 年两次调整了流域管理体制；20 世纪 80 年代英格兰与威尔士出现了流域综合管理规划；1983 年澳大利亚建立了墨累-达令流域管理委员会；2000 年欧盟议会通过了“欧盟水框架指南”（王浩等，2011）。这些措施大大丰富了流域水资源管理的理论和实践，在促进流域水资源的开发和利用方面发挥了巨大作用，并且通过流域内以水资源为主的自然资源（如土地、植被等）全面实行协调的、有计划的、可持续的管理，采用各种物质的、社会的和经济的政策与技术，综合开发利用并合理保护各种流域资源，降低了流域的水污染水平，改善了流域的生态环境，并通过流域的水资源优化配置与合理调度，实现了整个流域的可持续发展。

2）流域管理模式的不同特点

（1）管理范围不同。在管理范围上，美国田纳西流域管理局的职责包括流域内水土资源开发及发展地区经济；法国的流域管理主要是流域水污染的控制；英国则以城市的供水和水污染治理为主要任务。

（2）管理机构性质不同。在管理机构的性质上，虽然各国都强调流域管理机构是自治的机构，给予很大的自主权，但在实际操作中各有特点。西班牙的流域机构是国家机关；美国田纳西流域管理局和英国的流域管理机构是法律赋予很大行政管理权力的水企业，自负盈亏，需要向国家上缴利润；法国的流域管理机构带有财政金融机构的性质。

（3）管理方法不同。在管理方法上，大部分流域管理机构，国家都赋予其对流域内水资源和河道的开发利用的行政管理权。在进行流域统一管理的同时，流域管理机构都直接参与流域水工程的建设和管理。但是法国的流域管理机构，则是通过对地方和企业水工程的资助和有效的协调监督与服务来实现流域管理的，并不经营、建设和管理水工程。

（4）流域开发方式不同。在流域开发方式上，美国田纳西河流域和法国罗纳河流域的开发是以水电开发为龙头，实现流域的滚动开发；英国的流域开发则是以城市供水和污水处理为中心的流域综合开发。

3）各国流域综合管理的阶段

考察全球综合管理程度较高的流域，其管理阶段可分为防洪、调节径流、污染控制和综合管理四个阶段：

防洪阶段。多是洪水控制和河道整治工作，依靠堤防防洪，逐渐提高流域防御洪水的能力，有些国家同时还注意航运的开发。

调节径流阶段。采用修建水库、兴修渠道等措施，实现对径流的调节，其目的除了继续提高防洪能力之外，还要为流域各行业的用水提供保证，一般首先为农业用水，再逐步发展为工业和生活用水，并注意航运及旅游事业的开发。

污染控制阶段。战略重点是水量、水质并重，进一步调节径流，并控制污染。随着社会经济的发展，人口增长并向城市集中，起初对水污染防治未能引起足够重视，结果使地表水、地下水水质恶化，引起了一系列问题，因而把注意力转到污染控制。

综合管理阶段。实行使水土资源统一管理和保护的流域综合管理战略，即合理地利用流域的水、土、资金、人力及能源等自然和社会经济资源，把防止水害和水资源的调节进一步结合起来，加强污水处理、再利用和排放管理，进行需水管理和科学分配。

4）流域综合管理的实践特征

关于流域的开发规划与综合管理，世界上许多国家已着手进行，并获得了一定的经验：

（1）具有严格的立法保证和法律权威保障的管理权力。目前，流域开发与管理由少目标向多目标转化，呈现出流域开发与管理、水土保持、工业布局、农业发展、城镇建设、区域综合开发等融为一体的趋势。通过立法给予流域管理机构广泛的管理权及实施保障，如美国密西西比河流域及其支流田纳西河流域的综合开发就是建立在立法保证和有充分的管理权限的基础之上。田纳西流域管理局（TVA）经济上完全自主，负责全面规划田纳西流域及有关地区自然资源的保护、开发和利用，只接受总统的领导和国会的监督，是国家的独立机构。

（2）流域统一管理与行政区域管理相结合的管理体制。由于流域水的开发利用和管理涉及各地区、各部门，利益关系十分复杂。为此，各国都赋予流域管理机构相当大的权力，以保证其完成所担负的职责，同时还都在不断地探索适合各自国情的管理体制。近三十多年的演变表明，以国家和地方为基础的管理、以流域为基础的管理在不同的国家都找到了各自适合的模式。但总的趋势是更强调以流域为基础，与国家和地方行政监督、协调相结合的管理体制。

（3）重视流域的综合开发利用。按流域统一管理，将资源管理和生态环境管理统归流域管理机构，并使之公司化，在这方面英国有非常成功的经验。英国政府根据 1963 年、1973 年和 1989 年的《水（资源）法》几次调整流域管理模式，综合管理流域区内的水资源、排水、供水、污染控制、渔业、防洪、水土恢复与保持等问题，改变了英国水资源管理和水污染控制上的相互交叉和推诿的混乱局面，取得显著成效，被称为英国水管理方面的"现代革命"。美国、法国、加拿大等发达国家以及一些发展中国家也通过组建流域管理机构，按流域进行统一管理。始终以水资源和土地资源的统一为基础，以工业、农业、城镇的发展和生态环境统一为目标，建立自然、经济和社会协调体系，以流域为单元，围绕水资源、土地资源的开发，综合开发流域经济。

（4）流域管理的科学论证与公众参与。许多国家在制定流域开发规划和确定工程项目时，重视"智囊团"的作用，使工程建立在科学基础之上。如美国在开发密西西比河流域过程中，就十分注意与有关高等院校、科研机构和企业集团的科研力量进行合作，并建立了科学实验机构。此外，由于流域管理的广泛性和社会性，国外还相当重视公众参与，并将其作为流域管理的关键因素。流域管理参加者有专属流域机构、流域内政府、流域内拥有土地的集体和居民及其他代表。如法国的流域委员会的国家和专家代表、选民代表及用户代表人数各占 1/3，被称为"水务议会"。

（5）国家在经济和政策上大力扶持。田纳西河流域综合治理开发的成功，首要的条件是国家在法律上给予有力保证和经济上的大力扶持，以国家力量扶持贫困地区的开发，通过综合治理开发，带动全流域经济社会全面发展。同时，国家以优惠经济条件和政策扶持田纳西流域管理局，并通过管理局扶持地方经济发展。例如，田纳西流域管理局事业管理费由联邦政府拨款，并对该流域内的电力等投资实行优惠政策。

7.3.2　流域综合管理体制的构建及运行

流域综合管理体制是指流域管理机构的设置、管理权限的分配、职责范围的划分以及流域管理机构运行和协调的机制，其核心问题是管理机构的设置、运行机制以及职权范围的划分。流域的管理体制问题是流域可持续发展研究方面的重点问题之一。因为一个科学、合理的流域管理体制，是对流域的开发、利用和保护活动进行有效管理所应具备的先决条件，是实施流域可持续发展战略目标的基本组织保证。因此，世界上许多国家都非常重视流域管理体制方面的研究，并且经常总结本国有益的或成功的经验，不断地调整流域管理制度，以便更加适合流域管理活动的需要。

1. 国外流域综合管理的组织类型

国外以流域为单元的管理机构，按照不同的管理基础，可以分为政府主导、民间协调、企业主导三种类型。

1）以民间协调为主、政府参与为辅的仅有规划和协调功能的机构

其主要功能是协调流域内有关部门和地区在资源开发利用和环境保护方面的矛盾，制定流域的发展规划。以美国为例，分为两大类：一类是没有联邦政府参与的州际协议和协调机构，如西北地区电力规划委员会，由美国西北部位于哥伦比亚河流域的四个州根据所签订的协议分别派出代表组成，委员会的任务是协调哥伦比亚河流域的水利、电力和野生生物资源开发与保护的关系；另一类是有联邦政府参与的州际协议和机构，如联邦局际委员会和河流流域委员会，美国先后在多个较大的流域，如密苏里河、哥伦比亚河、阿肯色河等设置了这类委员会，范围涉及三十多个州。这类委员会一般由有关的几个州分别派出代表加上联邦政府的一名代表组成。除特拉华河流域委员会和萨斯奎汉纳河流域委员会外，大多没有实质性的权力，其决议都要报请地方政府和联邦政府批准执行。

2）自负盈亏、以企业形式存在的综合性流域管理机构

此类机构以美国田纳西河流域管理局（Tennessee Valley Authority，TVA）最为典型。20 世纪 30 年代的田纳西河流域，是一个典型的以农业为主、较为贫穷、环境恶劣的区域，劳动力人口中从事农业生产的占 62%，从事工业生产的仅占 12%，人均收入只及全美平均水平的 1/3，且工业化进程滞后，经济实力十分低下。与此同时，流域内森林砍伐殆尽，一半以上土地由于水土流失和侵蚀而贫瘠荒芜，洪水经常泛滥成灾。流域内蕴藏的丰富的水能资源和矿产资源，由于缺乏资金和技术而不能开发。1933 年，罗斯福就任总统，提出集中力量开发田纳西河流域的法案，根据法案成立 TVA，授予其规划、开发、利用、保护流域内各种资源的权力，其职能包括兴建防洪设施、发展航运、开发电力、发展农林牧渔业、治理环境、发展旅游，甚至包括科技和教育事业。经过半个世纪的建设，田纳西河流域在经济发展和环境改善方面均取得了举世瞩目的成就，成为经济发达、环境优美的区域，人均收入增加了 40 多倍，赶上了全美平均水平。TVA 模式也因此为世人所推崇。然而 TVA 拥有广泛的权力，相对削弱了地方政府和联邦政府有关职能部门的权力，这种模式的推广受到越来越多的抵制和反对。在美国，类似 TVA 的组织形式至今仍是独一无二的。

3）政企结合，带有某些经济实体性质的流域管理机构

这种类型的管理机构可以说是前两种类型的一种过渡形式。它属于政府管理机构，具有一定的行政职能和管理权力（但不如 TVA 的权力那样广泛），又带有经济实体的性质。英国于 1973 年颁布了新的水法，对流域管理体制进行了改革，依法在英格兰和威尔士设立了 10 个新的区域水务管理局，负责流域内水资源的开发管理和水环境治理，接管了众多水管理机构的多项水管理事务，其职能包括水文监测、水资源开发利用规划、城市与工业供水、污水处理、农田灌溉、防洪、水产、水上旅游度假等方面。英国典型的综合性流域管理机构是 1974 年成立的泰晤士河水务局。依照 1973 年颁布的英国水法，它负责流域统一治理和水资源统一管理，包括河流管理所有方面的内容，并有权颁发许可证和制定规章制度，是既有部分行政职能又是非营利性的经济实体。通过发展与水有关的产业，使管理局取得经济收入，从而具备自我发展能力，同时还有能力上缴国家财政，发展构成了英国的水产业，即水利产业。

2. 流域综合管理体制的构建

国外的流域综合管理体制类型较多，管理的综合程度也不尽相同。但它们都是以流域为单元的管理机构，赋予一定的综合管理或协调职能，制定专门的法规，为所建立的流域机构提供法理基础。通过市场调节机制、宏观调控机制、法

律法规机制等手段，形成流域综合开发和管理的运行体制（王浩等，2011）。

1）市场调节机制

市场机制是市场经济活动的内在机制，主要是以价格经营机制为中心，以微观经济活动主体为代表，包括一套完整的市场体系、市场组织和规则所组建的经济运行机制。在流域管理方面，主要指流域管理机关和区域管理机构使用经济手段实现管理职能，并调整、平衡相互权力关系。经济调控机制包括微观的水环境资源的产权化、市场化配置，如水环境容量及水资源的有偿使用、水使用权的市场交易、排污权的市场交易、宏观的水环境资源使用及补偿的税费制度、财政制度等。通过水环境资源使用的产权化和市场化配置等微观经济手段，可以达到水环境资源在各产业、行业、部门和使用主体间的合理配置，通过水环境资源收益在流域、区域两个层级按比例分配，达到平衡流域与区域间利益的目的。通过水环境资源使用、补偿税费制度和财政制度等宏观经济手段，达到筹集维护资金、平衡区域利益、维护社会公平的目的。在实践中，要逐步建立明晰的水环境资源产权制度、完整的市场化的水资源使用和排污交易制度，以及健全的水环境资源使用与补偿的税费制度、财政制度，将财力支配权与事务管理权结合起来，将经济调控和社会调控结合起来，在流域管理机关和区域管理机构间作出合理分配。但是，市场机制也存在局限性，首先是市场不能使经济资源达到最优配置状态。其次，市场不能有效地协调个人利益与社会利益，不能很好地解决个人利益与社会利益对立所引起的重要社会问题，如流域环境污染、水资源枯竭等问题。最后，市场不能有效地协调短期利益与长期利益的关系，经济当事人追求短期利益的最大化，对成本、收益的评价都是短期的。如砍伐森林可以获得收入，换取各种产品，对当代生产者有利，可是森林资源的减少造成的水土流失、气候的改变、某些生物物种的减少或消失的代价则由后代人来承担，这是市场不能有效解决的问题。

2）宏观调控机制

鉴于市场机制的局限性，政府组织必须采用宏观调控机制，通过政府的干预发挥调控作用的资源配置机制，达到总量平衡和总体结构完善，实现宏观调控的目的。

（1）加强科学规划管理。编制各大中小江河流域综合开发与治理规划，要以流域为单元，以水资源综合开发利用为核心，实现水资源综合开发利用这项中心任务。编制的规划要统筹兼顾流域内的工业、农业、第三产业及城镇居民点建设，对生态环境保护作出中长期安排，做到突出重点，开发与治理并重。尤其要重视开发的多目标综合性及水资源开发与整个流域经济、社会、环境全面发展的关系，使资源开发利用与流域发展同步进行。同时，江河流域综合开发与治理是百年大计，前期工作的些许疏忽会造成巨大而深远的不良影响，因此，在规划实施前，要进行反复论证及修正。

（2）实施财政调控措施。流域不同地区间经济发展不平衡是各国流域社会经济发展过程中所共有的现象。例如，流域开发中大型水利枢纽的建设，对所在地经济的发展产生巨大的促进作用，为地方经济提供稳定可靠的财政来源，有些甚至可以从根本上改变原来的面貌。但上游库区可能受益较少，甚至要作出牺牲，因此出现地方之间的利益不平衡。对于这类问题，就需要通过财政转移支付来调节。

（3）建立健全金融政策体制。流域综合开发是一项重大的基础性和公益性项目，具有投资大、回收周期长、经济效益低甚至没有经济效益的特点，政府应成为主要投资者或采取特殊优惠政策吸引投资，如配套相关的金融政策。开发资金可以采取国家财政拨款、银行优惠贷款、发行政策性债券、引进外资、地方集资、授予特许权、公开发行股票及民营资本入资等多种方式筹集，为流域开发提供资金保障。

3）法律法规机制

在市场经济体制下，国家和政府通过立法形式和经济杠杆进行必要的干预、组织与协调，以弥补市场机制对社会公平和提供公共物品方面的负面效应。在流域综合管理中，建立完善的法律法规体系尤为重要。法律保障机制就是要通过法律手段保障流域综合管理目标及实施的权威性和统一性，有助于流域内跨区域开发的综合规划与统一实施，避免出现各自为政、缺乏统一协调和统一管理的局面，从而达到流域内经济协调、有序发展的目标。国外流域综合开发管理的一个重要特点是注重流域立法，把流域的法制建设作为流域开发管理的基础和前提。流域综合管理法律体系的建设，可以从以下几个方面着手：

（1）国家对流域实行综合开发与管理体制的法律确定。国家通过立法实行流域管理与行政区管理相结合，行政区管理要服从流域管理的制度，从而明确流域综合管理的体制。

（2）流域综合开发管理机构地位的法律确定。国家在重要江河、湖泊设立流域综合管理机构后，并通过立法确定流域综合管理机构的职能，划清流域综合管理机构和地方政府、地方行政主管部门的职责和权限，建立流域综合管理的运行机制。使流域管理机构有法可依，从而依法实施组织、指导、协调和监督工作。

（3）流域综合开发利用制度的法律确定。在确定流域综合管理机构的职能后，对制定的流域资源综合开发利用的原则、方针和政策也通过立法形式加以保证。建立与完善流域资源的综合规划，水资源、土地资源、植被资源的长期供求计划和水量分配方案的编制与规划，确立流域资源综合利用工程的政策措施、投资效益分摊、资金筹措的机制等。

（4）完善流域水资源管理的法律制度。国家为了保障流域管理机构按照一定的程序和制度管理流域的水资源，必须立法确定流域的水资源管理制度，包括水资源规划管理制度、取水许可制度、水资源费征收管理制度、河道管理制度、水事纠纷调处制度等。

（5）完善流域生态环境保护的法律制度。随着人类对流域内以水资源为中心的各种资源开发利用程度越来越高，不可避免地对流域内的生态环境造成了破坏，而且破坏的程度越来越深，尤其是流域水污染、水土流失造成流域水环境的急剧恶化。因此，国家必须通过立法建立和完善流域水资源保护和水土保持的管理体制，建立相应的处罚和激励机制，建立流域水环境保护和水土保持规划、植被规划管理制度以及流域水质管理制度等。

4）民主协商和公众参与机制

流域综合管理在实际的流域管理过程中还需要引入民主协商和公众参与机制。民主协商和公众参与机制是指在进行流域综合管理的过程中，采取民主与协商的形式，与相关利益主体进行合作式的管理，并接受公众的监督和参与。流域管理机构实施的流域综合管理，实质上是关于水资源及以水资源为中心的其他各类自然资源相关利益在使用主体间的分配，最终关系到相关利益者的利益和社会公共利益。采取民主协商的合作式管理实践中，要求流域管理机关不仅在规划、决策、标准制定等抽象管理中实现民主化，而且在具体的执行性管理中与相关利益主体协商、合作，并接受公共团体的参与，接受媒体、公民的监督，保障相关利益者的知情权、异议权、申诉权及公众参与的权利。

以上四种机制并不是互不相干的系列制度，而是相互配合、相辅相成的制度系统，它是根据流域综合管理体制的构想、流域管理的目标和要求得出的结论。流域综合管理体制的运行机制将随着流域管理的不断改善、管理手段的不断更新而不断改进。

7.3.3　中国流域综合管理体制的创新

1. 中国流域开发管理的基市特点

新中国成立后建立了水资源高度集中管理与分级分部门的水管理体制，即按行政区划在各级政府建立水利部门，以行政力量解决水利建设中面临的各种难题，分级分部门对水资源进行开发和利用。这种体制促进了中国水利建设大规模的发展，也造成了各地区、各部门为各自利益而忽视或排斥水资源的流域统一性，使地区之间和部门之间的矛盾突出。为适应新的形势发展需要，国家设置了七大江河流域管理机构，加强了流域管理，取得了一定的成绩。

1）以流域综合规划为中心的流域管理模式

自 20 世纪 50 年代起，中国各流域机构相继完成了七大江河流域综合规划的编制，其后又多次进行了修订和补充，使之不断完善。这些规划初步确定了各大江河治理开发的任务、主次关系、相应的措施方向及重要水工程的主要参数等，是流域工程建设和流域管理的基本依据。流域管理下一步要继续修改和完善这些综合规划，使之更趋科学合理和实现最大效益，在流域多主体、多目标的治理开发中加强规划的管理。

2）以防洪减灾为重点逐步向综合治理开发发展

洪水是对中国影响最大的自然灾害，并且主要集中在七大江河流域。流域机构的责任是制订流域防洪规划和防御洪水方案，从防洪管理入手对流域内各地区各部门的水资源开发利用项目进行审查，并组织本流域水土流失重点治理区的预防、监督和综合治理工作，并设置防汛指挥部或防汛办公室，负责监督和指挥流域内由各地区各部门管理的水电工程的调度。随着防洪减灾的逐步落实，流域水资源的综合治理、综合开发和综合利用以及流域的综合管理也逐步得到加强。

3）强化流域的行政管理

新中国成立初期，由于各地技术力量比较薄弱而流域机构技术力量相对集中，流域机构负责流域内水资源综合利用枢纽工程的规划、设计、工程质量的监督及工程运行规程的制定，这是流域管理的基本责任。但随着国家经济技术的迅速发展，流域治理开发步伐加快，流域机构的水行政管理职能需要逐步加强。从管理国家的水利投资计划、取水许可、水量分配及水资源保护和水土保持到调处省际水事纠纷等，流域水行政管理的范围和领域在拓宽，流域管理的力度在加大，水平在提高。

4）流域法制建设逐步加强

20 世纪 50 年代是集中统一的流域管理，主要靠政府的行政权威和行政手段。随着市场经济体制的建立，市场化多个利益主体的出现，逐步恢复和增设了流域机构，拓展了流域管理范围，采用法制化流域管理手段就成为必然。自 1988 年《中华人民共和国水法》颁布以来，相关的法规相继出台，如《中华人民共和国水土保持法》、《中华人民共和国防洪法》等，流域管理正朝依法治水和依法管水的方向发展。1995 年 8 月，中国历史上第一部流域性法规《淮河流域水污染防治暂行条例》颁布实施。

2. 流域开发管理体制中存在的问题

根据《中华人民共和国水法》、《中华人民共和国水污染防治法》及其他法律和法规性法律文件的规定，中国现行的流域管理体制是一种"统一管理与分级、分部门管理相结合"的管理体制。这种管理体制，实质上就是一种"统一管理与分散管理相结合"或"流域管理与部门管理和行政区域管理相结合"的管理体制。按照这种管理体制，理应是以流域统一管理为主，以部门管理和行政区域管理为辅。但在中国流域管理的实践中却逐步形成了以河流流经的各行政区域管理为主，各有关管理部门各自为政，"多龙管水、多龙治水"的分割管理状态。从流域管理的实际进程和效果看，流域统一管理还十分薄弱，实行流域统一管理常常会陷入困境。存在的主要问题有以下几方面。

1）立法滞后，管理机构的法律地位不够明确

在20世纪80年代以前，中国流域管理的地位并未在法律上明确过，但流域管理工作仍然开展得比较顺利，流域机构具有较高的权威。这种权威，一是来自于国家最高行政管理机关，即流域机构由国务院批准建立并规定职责，其领导由国务院或中央组织部任命；二是来自中央计划经济体制，水利投资主要来自中央财政并主要由流域机构负责具体的安排实施。80年代以后，以社会主义市场经济为目标的经济体制改革在很大程度上改变了流域机构的工作环境。在新的条件下，加强流域管理的有效手段和途径就是通过流域立法，明确流域管理的法律地位。但1988年通过的《水法》中并没有明确流域管理的地位。《水法》规定水行政管理主体和执法主体是县以上人民政府及其水行政管理部门，其中没有关于流域管理和流域机构的任何规定。因此，从总体上看现有关于流域管理与流域机构的立法，远远不能概括和满足流域机构实际已经担当的职责，国家对流域立法严重滞后，流域机构的整体法律地位仍然不够明确。

2）体制不顺，水行政主体地位不够明确

流域管理是一种综合管理，涉及水利、交通、地矿、环保、城建等多个行业和部门，但流域机构仅仅作为水利部的派出机构，既受水利部行业职能范围的约束，又受地方各省行政分权管理的影响，要实现流域综合协调管理困难不小。流域机构的水行政管理地位不够明确、体制不顺，直接影响到流域管理的成效。从流域机构自身来看，现有流域机构是国家为对主要江河实施大规模治理而设置的，从设立之初即带有浓厚的基本建设色彩，形成了一支集工程勘测、规划、设计、施工及工程管理为一体的庞大技术队伍，经费靠拨款、生存靠计划，客观上形成了重视技术管理和工程管理，忽视水域、水资源和水行政管理的工作习惯，难以很快适应市场经济环境，也难以承担起流域水行政主管部门的职责。尽管国家建立了七大流域管理机构，但它们都不是权力机构，其工作重点是洪水、泥沙、干旱的防治，负责边界地区的水污染、编制所在流域水资源综合规划等，无权过问行政及经济方面的事情。这样，流域机构与各地环保局、各省市有关部门之间在处理水问题时无法统一指挥，无法做到全流域的统筹规划和管理。虽然中

国水管理是流域管理与行政区域管理相结合的水管理体制，但从现实情况看，是以各省（市、自治区）到地方各级的水管理机构为主的分块管理机制在发挥主导作用，而以流域机构为主体的流域统一管理机制并未发挥其应有的功能。如长江水利委员会、黄河水利委员会、珠江水利委员会等长期以来并不具有实施统一管理所必须拥有的管理权限。

3）缺乏有效的监督管理手段

在流域管理中，流域机构无权纠正地方水管理法规中的越权和相互矛盾错误，对于违法水事行为很难进行处罚和纠正，使流域管理实际上统一不起来。现有《水法》虽然规定流域规划是开发利用水资源和防治水害的基本依据，但没有明确监督管理行政执法主体以及执法的程序，以至出现违背流域规划的工程或活动时，流域机构不能采取有效的措施予以制止，使流域规划的实施缺乏保障。现有的流域机构中，除黄河、淮河、海河三家流域机构对部分省际矛盾较为突出的河段和工程实施直接控制外，流域机构对流域内的控制性骨干工程，都没有直接管理权和调度权，无法对流域内的水资源进行有效调控，流域管理很难具体落实，流域机构缺乏必要的行政和法律的监督管理手段。

4）公众参与的缺乏

中国流域管理的传统规划往往是从工程的角度出发的，而且大部分规划者不是来自流域地区。流域内的居民往往被视为流域管理的障碍、问题的一部分被忽略掉，结果导致许多流域管理规划的失败。实际上流域居民一旦作为流域资源合法的使用者，他们将有助于问题的解决而不是成为问题的一部分。公众参与到有关水问题的立法和管理过程中将会提高流域管理的效率并增加管理的效果。笔者认为，这是今后中国流域管理工作的重点。此外，流域统计资料缺乏、资金投入不足等也是流域管理中存在的问题。

3. 中国流域综合管理体制的创新

流域机构的法律地位和行政地位不明确，缺乏必要的监督管理手段，已经导致地方和部门之间条块分割管理江河利益的局面。不仅流域综合规划实施困难，而且诱发一系列新的问题，如重要江河流域防洪形势严峻，直接威胁和影响国家经济安全；水污染和水土流失呈恶化趋势，水环境人为破坏严重；水资源的无序开发和单目标开发严重浪费了中国紧缺的水资源，直接干扰和影响国民经济的可持续发展。为把流域水资源的开发利用与土地资源、原材料的开发利用、环境保护、维持生态平衡等方面结合起来，迫切需要建立一套着眼于整个流域的流域一体化综合管理体制。

1）应主要考虑三个原则

流域管理机构一个流域内不应有所有有关流域性的管理事务；流域管理机构应有相对独立的自主管理权；应该让各方面的代表充分参与流域管理，包括参加决策和监督决定或决议的贯彻执行。

2）建立流域综合管理的权威协调机构

构建新型的流域综合管理机构应当集中统一，不可能在现有的区域行政系统之外再另建一套流域行政系统、或者设立多个平行的流域性管理机构，统一到一个流域管理机构，并通过流域涉及的各行政单位的协调来实现。为此，应改变现有的流域机构仅作为水利部的派出机构的状况，把它变成或新建流域各行政区之间的议事、决策机构，提高其行政级别。大流域的综合管理委员会由国家主管部委副部长和各省的主管副省长作为领导小组成员（现有流域机构可做为其常设办事机构），流域管理委员会通过的文件由相关部委和省（自治区、直辖市）共同发布，以增加其权威性。

3）规范流域综合管理机构职能

现有的流域机构一方面综合管理权限不够，另一方面机构过于庞大，把很多应该社会化的工程设计、施工等功能也包括在本应只执行管理功能的流域机构之中，造成流域机构定位不准，背离了流域机构应站在全流域的角度进行综合管理的立场，干扰了流域综合管理的正常开展。因此，迫切需要规范流域管理机构的职责，剥离应该社会化的工程设计、施工方面的机构和队伍，使流域管理机构的职责集中到流域综合管理上来。

4）建立国际河流对外协调机构

国际河流一般是指流经或分隔两个或两个以上国家的河流。国际河流的开发一般是参与开发的国家先根据国际法或国际惯例签订有关协议或条约，并根据协议或条约建立国际河流联合委员会或其他组织机构，然后由联合委员会或其他组织机构负责进行有关国际河流工程的研究、规划、设计、施工、运行、维护等。中国国际河流合作开发已提到议事日程的主要有图们江流域、澜沧江-湄公河流域等。但由于各流域国制度环境上的差异，缺乏有效的组织协调机构，致使国际河流的开发进展缓慢。因此，应当建立专门的国际河流开发的组织协调机构，具体协调流域国之间的各种政治、经济利益关系，如流域国之间跨境资源非法贸易问题、政策优惠问题、全流域通航协议的签订等，都需要各流域国制定相应政策和法律法规。

7.4 水资源制度管理

邓小平说："我们过去发生的各种错误，固然与某些领导人的思想、作风有关，但是组织制度、工作制度方面的问题更重要。这些方面的制度好可以使坏人无法任意横行，制度不好可以使好人无法充分做好事，甚至会走向反面。"（《邓小平文选》第二卷第 333 页）他认为比起领导者个人的作用，制度问题更带有根本性、全局性、稳定性和长期性。水资源问题就有制度问题，制度根源于人们在与水资源相互作用时所形成的人与人之间的关系。目前我国水管理缺乏市场机制和制度环境，是制度制约着水资源的可持续发展。

7.4.1　制度的含义

19 世纪 20 年代，凡勃伦和康芒斯创立了制度经济学派。到了 20 世纪 60 年代，加尔布雷斯、格鲁奇等发展了制度经济学，形成了主张国家干预的新制度经济学。70 年代以后，以科斯和诺斯为代表的新制度经济学派提出了顺应经济自由的思想，通过适当的制度来消除市场不稳定性的决定，使该学派成为西方主流经济学之一。

1. 制度的基本内涵

对于制度内涵的认识，不同历史阶段、不同学派对于制度内涵的理解是不一样的。国内外不同的学者有多种不同的表述，并没有形成统一的说法。笔者认为制度是约束人们行为的一系列规则，覆盖了社会、经济以及政治等多个方面。由于制度本身是一个不断发展的概念，随着社会的发展而不断地进行演化。

1）制度与人的动机及其行为有关

人类社会自从诞生以来，就一直生活在一定的制度框架之中，制度影响与制约着人的动机与行为。即人们在追求物质和非物质两种财富最大化的过程中，是受一定制约的，这些制约就是人们创造的一系列规则、规范等。反之，如果没有制度的约束，人们在追求效应最大化的过程中，会由于自私的动机驱使，产生行为的失范，造成社会、经济生活的混乱或者低效率。

2）制度是一种"公共品"

制度作为一种行为规则，针对某一特定的利益集团或者一定的人群设立，它是一种公共规则，一种无形的公共品，是人的思想观念的体现以及在既得社会利益格局下的公共选择，它表现为规则、法律制度或者一种习俗等。

3）制度的概念包含组织的含义

拉坦把组织的含义纳入制度的概念之中，他认为，一种制度被定义为一套行为规则，它们被用于支配特定的行为模式与相互关系。一种组织则被看成是一个决策单位——家庭、企业或部门——由它来实施对资源的控制。一个组织（例如一个家庭或一个企业）所接受的外界给定的行为规则是另一个组织的决定或传统的产物，诸如有组织的劳工、一个国家的法院体制或一种宗教信仰。

2. 制度的构成

对制度的构成或制度结构的理解和认识是制度分析的理论前提。制度不仅内涵丰富，而且种类繁多，覆盖面很广，它的构成可以归纳为三个基本要素。

1）正式制度（或称为正式约束）

正式制度是人们针对特定的目的而有意识地创造的一系列法律法规、政策规定，它们包括政治规则、经济规则、契约以及由这一系列规则构成的一种等级结构，共同约束、规范人们的相互行为。新制度经济学认为，正式约束中的政治规则决定经济规则，法律制度可被视为最明确、最严肃、最强硬的制度，具有一定的权威性。

2）非正式制度（或称为非正式约束）

非正式制度是人们在长期的日常生活交往中形成的，主要包括价值信念、意识形态、伦理规范、道德观念、风俗习性等因素。其中，意识形态处于核心地位，可以在形式上构成某种正式制度安排的"先验"模式。

3）实施机制

实施机制是使正式约束或非正式约束发挥作用的机制。一个社会制度的运行效率的高低，除了正式约束与非正式约束的完善之外，还要看是否有一种强有力的实施机制。检验一个国家的制度实施机制是否有效，关键看违约成本的高低。也就是说，微观经济行为主体的违约成本大于违约收益，才能阻止违约行为的发生，才是有效的实施机制。

制度的三要素之间有着密切的联系，正式制度与非正式制度两者的作用具有互补性，分别作用于不同层面、不同领域，并具有相互促进的作用，正式制度的作用有效发挥是以与非正式制度相容为前提条件的。实施机制是正式制度与非正式制度发挥有效作用的必要条件，如果没有强有力的实施机制，即使有完善的正式制度和非正式制度，社会秩序也会陷入一种"有法不依"的状况。

3. 制度的功能

由于制度涵盖面非常之广，又加上人的有限理性，国内外的学者对于制度功能的描述没有形成统一的意见。笔者认为制度的主要功能如下。

1）节约交易成本

交易成本是新制度经济学研究的核心范畴。科斯认为交易成本是获得准确的市场信息所需要支付的费用，以及订立和执行各种经常性契约的费用。科斯之后，更多的经济学家，如德姆塞茨、威廉姆森、阿罗、汪丁丁等都投入到对交易成本研究之中，并相继提出了自己的阐释。交易成本应理解为制度的成本，即在给定的完备的知识集合上对可供选择的制度做选择的机会成本。从交易成本的定义中，可以找到交易成本与制度之间的内在联系，即任何经济制度的运行都需要成本和费用，交易成本的存在又影响到制度的形成与安排。交易成本、制度与资源配置效率三者之间的关系，即交易成本的存在必然导致制度的产生，有效率的制度运作又有利于降低交易成本，提高经济效率，实现资源配置的优化。所以，一种有效的制度可以抑制人们的败德行为和机会主义倾向，防止人们的行为失范，维持有效的竞争与合作关系，从而节约交易成本。

2) 合理的优化配置资源

社会经济发展是一个资源不断优化配置的过程，资源优化配置的前提是资源能有效自由流动，而要想资源能有效自由流动，就要有一种有效的制度安排来对资源的产权进行明确界定和有效保护，建立激励资源的自由流动的制度。

3) 提供激励机制

激励就是要使社会经济活动当事人具有从事某种活动的内在推动力，即调动行为主体的积极性与主动性。一种有效的制度，会明确界定行为主体获取与其努力相一致的收益的权利，保证个人收益率与社会收益率相一致，使整个社会富有创新精神，促进经济的发展。如果私人收益率低于社会收益率，行为主体就没有动力去从事各种有益的活动。

4) 提供保险机制

由于经济社会的复杂性、不确定性以及人的有限理性，行为主体往往存在一种危机感，缺乏一种安全感。而有效的制度（如保险公司）能提供一种保险机制，帮助行为主体减少风险，增强安全感。

制度具有多种基本功能，但是制度如果不经过它对人类行为产生作用，其功能是不可能有效发挥的，即只有通过对人的目标和行为的影响，制度才能有效地发挥它的功能。因此，任何新的制度安排都必须以经济社会的客观需要为前提，通过对处于其中的微观经济主体的行为的作用，充分发挥其功能，达到促进经济发展的目的。

7.4.2　水资源管理的制度保障

水资源管理制度是为实现水资源持续利用而制定和实施的方针政策。制定水资源管理制度的依据是一个国家的法律和基本国策以及实施社会经济发展的根本战略方针。把国策和方针具体落实到水资源的管理中，成为在特定条件下进行决策的规则与指南就是水资源管理制度。水资源管理的内容涉及水资源的开发、利用、保护和防治水害等各个方面活动的管理，还涉及国内和国际间的水事关系。

实现有效的水资源管理，必须有一定的制度保障。

1. 文化环境保障

提高全民的水资源意识，使公众自觉参与对水资源的保护和管理，节约用水。宣传教育群众，使之了解可持续发展战略意义、提高生态环境和水意识以及明了水资源各项法规，使全社会都来珍惜水、保护水，创建节约型社会，为有效持久管好水资源创造良好的社会环境。

2. 经济制度保障

水资源开发利用是国民经济的一项重要基础产业，必须遵循经济发展和经济规律，既保证水资源的开发利用，更要利用经济政策和手段，利用市场机制与国家宏观调控相结合的自然资源管理体系管好水资源。其中商品水的水价确定、水费与水资源费的征收管理、污染和破坏水资源的赔偿和罚款等，都是可以利用市场机制或经济杠杆管好水资源的手段。

3. 行政体制保障

运用国家的行政权力，建立管理机构，并制定相应水资源管理体制。在水的利用方面有多部门分工的情况下，也要指定国家的水行政主管部门或机构，以协调各方面有关水的工作，统一制定水资源综合开发规划，并监督执行有关水的法令和规章。水资源管理体制是一个递阶组织结构形式，各级有各级的隶属关系和一定的责、权、利关系。行政体制一般带有一定的强制性和准法治性，水资源管理体制既是水资源经常性管理的执行渠道，又是解决突发事件强有力的组织者和指挥者。

4. 法律制度保障

《水法》是依法开发水、利用水、保护水和治理水及水资源管理依靠的重要措施。《水资源法》或《水法》是综合性的法规和专门性法规，如《水污染防治法》、《水土保持法》和《水利工程管理条例》等制定的基础。对于边界河流、湖泊和出入国境的河流，要根据双方的共同利益，按照国际公法，订立协定或公约，以保护水源，合理而公正地开发利用共有的水资源。

5. 信息技术保障

加强水资源基本资料的观测、调查和水资源持续利用理论方法的研究，是管好水资源的重要手段。一切有关水资源的开发规划、运行管理、政策制定和预测决策，都要借助水科学及多学科理论的提高和现代技术方法实现，特别是水资源和环境的持续利用与经济社会的持续发展，离开技术手段是不可能实现的。

以上这些水资源管理的保障措施并不是互相排斥的，相反的是要各司其职，互相支持，互相配合，充分发挥整体效应，共同组成一个水资源管理的制度保障体系。

7.4.3　水资源管理的制度安排

1. 水资源管理的法制法规

1）法律、法规、规章

在法制社会，所有公共管理都必须有法可依。水资源管理也必须依靠法制，水资源管理的原则、制度都应该利用法律、规章等形式正式规定下来，以作为管理的基础和依据。因此水资源法规对于水资源管理具有特别重要的意义。无论是水资源管理的基本制度，管理体制还是一般制度都应该有明确的法规。

法规体系包括法律、行政法规、地方法规和部门规章。在实行成文法的国家，法律是立法部门通过和颁布的规范性文件，权威性最高。在实行习惯法的国家，以前的判例也是法律的组成部分。在广义上，法律也包括行政部门制定的规章，但本书做狭义的理解。法规是指省、自治区、直辖市和较大的市的人民代表大会及其常务委员会依照法定职权和程序制订的地方性法规，经济特区所在地的省、市的人民代表大会及其常务委员会依照法定职权和程序制定的经济特区法规，以及自治州、自治县的人民代表大会依照法定职权和程序制定的自治条例和单行条例。地方法规是立法机关（人民代表大会及其常务委员会）制定的，规章是行政部门制定的。但其中又有国务院的行政法规、决定、命令的说法，所以行政法规特指国务院制定的规定性文件，地方法规特指地方立法机关制定的地方性法规，规章特指国务院下属中央行政部门和地方行政部门制定的规定性文件。

2）国外水资源法律体系

美国是联邦制国家，水资源管辖权主要在各个州，因而没有全国统一的水资源法律体系。但联邦政府也有一些全国性的水法律，因此美国的水法律体系有两个层次。一是联邦参、众议院通过的水法律，用来约束全国的所有水事活动。如1902年通过了《垦殖法》，成立了内务部垦务局，以承担西部17个州干旱地区的水资源开发任务；1965年国会通过了《水资源规划法案》，并成立联邦中央水资源理事会；1969年颁布了《国会环境政策法》；1972年颁布了《清洁水保护法》等。二是各州因地制宜制订的地方性水法律。美国水法律体系是典型的案例法，体系比较健全，一切水事活动依法办事。大中型水工程的规划、兴建和管理，都要通过法律程序决定，而获取水权是工程兴建的第一步。在水权管理上，参与水事活动管理的政府机构、事业单位、企业单位的职责明确分开，各自在法律赋予的权限范围内充分发挥作用，若发生违法行为，通过法律手段给予纠正（李可可和邵自平，2004）。

日本自 1896 年起实施《河川法》，并于 1964 年、1997 年进行两次修改，迄今为止，日本形成了以《河川法》为中心，由《特定多用途水库法》、《水资源开发促进法》、《水资源开发公团法》、《水源地区对策特别措施法》、《运河法》、《公有水面填海造地法》、《防洪法》和《防沙法》等组成的法律体系，成为河川行政和水资源管理的法律基础（秦雪峰和夏明勇，2001）。

3）中国水资源法规体系

依法开发、利用、保护和治理水资源是依法治国的组成部分，我国已经制定了一系列法律法规来规范各地区、部门和水用户的责、权、利关系和行为。目前，中国已出台与水利相关的法律 4 部，包括《水法》、《水土保持法》、《防洪法》和《水污染防治法》、行政法规 19 件、部规章 80 多件，并出台了《水利产业政策》和《水利产业政策实施细则》等多项政策性文件。从地方来看，各省（直辖市、自治区）已基本建立地方性水法规体系。

我国《宪法》第九条规定"矿藏、水流、森林、山岭、草原、荒地、滩涂等自然资源，都属于国家所有，即全民所有"，从法律上明确了水资源的所有权属于国家所有，即全民所有，国家作为产权代表来实施管理。《水法》属于水事活动的基本法，明确规定了水资源的所有权属国家所有，即全民所有的性质。在水资源规划和水资源开发利用中，水资源、水域和水工程的保护，水资源配置和节约使用、水事纠纷与执法监督检查、法律责任等方面，《水法》都作出原则性的规定。《水污染防治法》对防治地表水、地下水污染的管理在法律上作出明确规定，是我国防治水污染的基本法。《水土保持法》规定了水土保持的方针、主管部门、预防与治理水土流失的若干事项和措施、水土保持监督的有关事项，以及规定了违反《水土保持法》的法律责任等。《防洪法》规定了减轻洪涝灾害的原则、管理体制、有关部门的职责、防洪工程的管理、各部门及公众的法律责任等。同时我国的《刑法》与《民法通则》里都有有关处理水事纠纷的条款。另外，《土地管理法》、《草原法》、《矿产资源法》和《环境保护法》里也有涉及水资源管理的法律条文。

根据《宪法》和法律法规，国务院又制定和颁行了一系列水行政管理条例，如《河道管理条例》、《水库大坝安全管理条例》、《防汛条例》和《水利水电工程建设征地补偿和移民安置条例》以及其他有关行政法规。水利部在自己职权范围内也颁发了一系列部门规章，如《水闸工程管理通则》、《水库工程管理通则》、《农用凿井管理办法》和《灌区管理办法》等。各级地方政府又根据《宪法》的规定和本地区的特点，颁布了一些水管理的地方性规章规程。

2. 水资源管理制度的基本内容

按照上述法律与法规，目前我国水资源管理制度的基本内容大致包括：

（1）水资源属于国家所有。水资源的所有权由国务院代表国家行使，农村集体经济组织的水塘和由农村集体经济组织修建管理的水库中的水，归该农村集体经济组织使用。

（2）国家鼓励单位和个人依法开发、利用水资源，并保护其合法权益。开发、利用水资源的单位和个人有依法保护水资源的义务。

（3）国家制定全国水资源战略规划。开发、利用、节约、保护水资源和防治水害，应当全面规划、统筹兼顾、标本兼治、综合利用、讲究效益，发挥水资源的多种功能，协调好生活、生产经营和生态环境用水。

（4）开发、利用、节约、保护水资源和防治水害，应当按照流域或区域统一制定规划。规划分为流域规划和区域规划，流域或区域规划包括综合规划和专业规划两类。

（5）国家对用水实行总量控制和定额管理相结合的制度。国务院发展计划主管部门和水行政主管部门负责全国水资源的宏观调配。

（6）国家对水资源依法实行取水许可制度和有偿使用制度。直接从江河、湖泊或者地下取用水资源的单位和个人，应当向水行政主管部门或者流域管理机构申请取水许可证并缴纳水资源费，取得用水权。

（7）节约用水，大力推行节约用水措施，推广节约用水的新技术、新工艺，逐步淘汰落后的、耗水量高的工艺、设备和产品，提高农业用水效率和工业用水的重复利用率。用水实行计量收费和超定额累进加价制度，加强城市污水集中处理，提高污水再生利用率，建立节水型社会。

（8）水资源、水域和水工程保护制度。水资源开发利用时，应当注意维持江河的合理流量和湖泊、水库以及地下水的合理水位，维护水体的自然净化能力。建立饮用水水源保护区。保护和改善水质，加强对水污染防治的监督管理和水土保持。实行河道采砂许可制度，禁止围湖造地。

（9）国家对水资源实行流域管理与行政区域管理相结合的管理体制。国务院水行政主管部门负责全国水资源的协调管理和监督工作。

（10）水利是基础产业，国家实行优先发展水利产业的政策，鼓励社会各界及境外投资者通过多渠道、多方式投资兴办水利项目。

3. 水资源管理体制

改革开放以来，中国水利管理体制几经变革，2002 年修订的《水法》规定："国家对水资源实行流域管理与行政区域管理相结合的管理体制。国务院水行政主管部门负责全国水资源的统一管理和监督工作。国务院水行政主管部门在国家确定的重要江河、湖泊设立流域管理机构，在所辖范围内行使法律、行政法规规定的和国务院水行政主管部门授予的水资源管理和监督职责。县级以上地方政府水行政主管部门按照规定权限，负责本行政区域内水资源的统一管理和监督工作。"

中国现行水资源管理体制是基于这一规定建立的，大致格局是全国水资源与水土保持工作领导小组（由分管副总理任组长，国务院有关 11 个部委负责人组成），负责审核大江大河流域综合规划和水土保持的重要方针政策和水害防治的重大问题，处理部门间、省际有关水资源综合规划及重大水事矛盾。水利部为国务院的水行政主管部门，负责全国水资源的统一管理，指导省级水行政的主管部门的业务；各流域机构按照水利部的授权协同执行《水法》，负责协助水利部处理流域内有关河流治理与防洪安全，统筹流域水资源综合开发、利用和保护水资源，协调流域内省际和行业间的水事矛盾等。目前设有七大流域机构，即长江、黄河、淮河、海河、珠江、松辽河和太湖水利委员会。各级地方政府也设立了相应的水利行政机构。中央有关部委和水利部互相配合、协调管理某一方面水务。如国土资源部管理海洋资源，环境保护总局协同管理水污染治理和水资源保护，建设部管理城市地下水开发利用、污水处理，交通部管理内河航运及航道等，如表 7-4 所示。

表 7-4　中国水资源管理体系（国务院部门）

部门	主要职能
水利部	负责地表水管理
国家环保局	水环境保护
地矿部	管理地下水
建设部	有关城市水资源开发与保护的建设
农业部	有关农业用水的管理
能源部	管理水电建设
林业部	保护流域森林
国家土地管理局	管理保护流域的工程项目
国家计委	批准水资源工程项目

部门	主要职能
交通部	管理内陆航运
卫生部	监测与保护饮用水
财政部	批准防洪资金
国家科委	管理水资源科学研究
国家气象局	预报与管理降水预报

水利部的主要职能有以下几点。拟定水利工作的方针政策、发展战略和中长期规划，组织起草有关法律法规并监督实施。统一管理水资源（含空中水、地表水、地下水）。组织拟订全国和跨省（自治区、直辖市）水长期供求计划供水量分配方案并监督实施；组织有关国民经济总体规划、城市规划及重大建设项目的水资源和防洪的论证工作；组织实施取水许可制度和水资源费征收制度；发布国家水资源公报；指导全国水文工作；拟订节约用水政策、编制节约用水规划，制定有关标准，组织、指导和监督节约用水工作。按照国家资源与环境保护的有关法律法规和标准；拟订水资源保护规划；组织水功能区的划分，控制向饮用水源区等水域排污；监测江河湖库的水量、水质，审定水域纳污能力；提出限制排污总量的意见。组织、指导水政监察和水行政执法；协调并仲裁部门间和省（自治区、直辖市）间的水事纠纷。拟订水利行业的经济调节措施；对水利资金的使用进行宏观调节；指导水利行业的供水、发电及多种经营工作；研究提出有关水利的价格、税收、信贷、财务等经济调节意见。编制、审查大中型水利基建项目建议书和可行性报告；组织重大水利科学研究和技术推广；组织拟定水利行业技术质量标准和水利工程的规程、规范并监督实施。组织、指导水利设施、水域及其岸线的管理与保护；组织指导大江、大河、大湖及河口、海岸滩涂的治理和开发；办理国际河流的涉外事务；组织建设和管理具有控制性的或跨省（自治区、直辖市）的重大水利工程；组织、指导水库、水电站大坝的安全监督。指导农村水利工作；组织协调农田水利基本建设、农村水电电气化和乡镇供水工作。组织全国水土保持工作。承担国家防汛抗旱总指挥部的日常工作，组织、协调、监督；指导全国防洪工作，对大江大河和重要水利工程实施防洪抗旱调度等。

7.4.4　水资源管理的制度缺陷

目前，中国的水资源管理制度还没有建立以经济手段为核心的管理体制，仍处于分散的水管理阶段，出现的水污染和水源问题，大多与制度和政策有关，具体有以下几个方面。

1. 水资源产权关系不明晰

国家所有权受到条块的多元分割，国有资源所有者代表的地位模糊，各个利益主体之间的经济关系缺乏协调，以使用权、经营权的管理代替所有权管理时有发生，造成权益纠纷迭起。正是由于产权关系不明确，在水资源开发利用中常常是用使用权挤压所有权，用使用者的权益挤占所有者的权益，用地方或部门利益挤占国家利益，用资源的经济效益挤压生态环境效益，各个行为主体为了自身利益，盲目开发，造成水资源浪费严重。

2. 缺乏健全的水资源价格体系

长期以来，人们把水资源当作天赐之物，认为是取之不尽、用之不竭的，导致水资源长期无偿占有，掠夺性开发和浪费使用，以至造成工农业、生活用水的巨大浪费。不论是城市自来水供给，还是水利工程供水，水价没有包括水资源本身的价值，使得越来越多的水利工程缺少维修和运行费用，工程效能衰减，难以为继。加上主要依靠政府投资，投入渠道单一，数量有限，制约了水利事业的发展。如黄河几乎年年断流，但引黄水价每吨仅几分钱，甚至几厘钱。目前城市工业用水费用仅占其成本的 0.1%～1%，居民生活用水费仅占其生活费用的0.5%～1%，农业用水的水费更低。

3. 水资源管理体制不顺畅、不协调

中国现行的分散水资源管理体制存在许多弊端，水的开发是国家投资，用水却是无政府状态，造成了用水浪费、水体污染、产业布局不合理等现象。在水资源利用和水环境保护方面也是分散管理，难于贯彻水量水质管理并重的原则。分散的管理体制不利于水资源和地区经济社会的协调发展，致使水体污染加重、水环境遭受破坏。虽然水利部是水行政主管部门，但各部门和各地区协调不畅，难以形成合力，缺少一个权威机构在行业、地区之间进行协调、平衡和最终决策。由于管理分散，造成信息不能分享，决策不能统一，部门之间时有摩擦发生，在防洪减灾、城乡用水、污染防治、保护生态环境等方面存在诸多矛盾，出现不应有的浪费和损失。

4. 水资源法律法规不健全

1988 年中国颁布了《水法》，虽然明确规定了水资源归国家所有，在水资源的开发利用、水域和水工程保护、用水管理等方面作出许多规定，但还有一些水资源管理问题，如对水资源费的征收的原则和管理使用办法、生态环境用水、水

资源使用权和排污权的转让等没有明确规定。2002 年全国人大常委会对《水法》进行了修订，并从 2002 年 10 月 1 日起开始实施，但尚有一些深层次问题没有解决，相关的配套法律制定问题没有落实。

7.5　水资源管理的制度创新措施

水资源既具有流动、循环、关联、有限、不确定、不均匀、多态等自然特征，又具有稀缺、多用途、不可替代、二重性和外部性等经济社会特征，这也决定了水资源问题的复杂性。因此，解决中国水资源问题，靠单一的学科不行，单一的部门不行，应该构建和完善一个由若干制度子系统相互配套的制度保障体系，实现水资源高效地优化配置。

7.5.1　理顺水资源管理体制

中国现行的条块分割，政企、政事不分的水管理体制，已不适应水事业发展的需要，应对水资源管理体制进行重大改革。根据国家经济体制深化改革的要求，水资源管理体制改革的总体目标是要逐步建立能适应社会主义市场经济体制的管理体系，提高科学管理水平，确保水资源的可持续开发利用，以满足社会经济持续发展和人民生活水平不断提高而增长的合理用水需求，并产生最大的社会效益、环境效益和经济效益。

1. 完善流域水资源统一管理体制，处理好与区域行政管理的关系

我国水资源状况和水资源特性决定了流域水资源统一管理的改革思路，这是由于流域是水资源供给的完整载体，以流域为单元进行水资源管理符合水的自然属性。同时，水资源开发利用既要考虑到上中下游、流域间、地域间乃至于各种资源间的辩证关系，也要考虑到资源、经济、社会之间的辩证关系。因此，水资源管理体制的改革要坚持和完善"国家对水资源实行流域管理和行政区域管理相结合的管理体制"，保证流域水资源的统一管理，并在此基础上，逐步建立全国的水资源统一管理体制。因此，要建立强有力的流域统一管理模式，调整流域和行政区域水资源管理机构，减少管水部门的机构层次，提高办事效率，确立流域机构在水行政主管部门的权威地位，赋予流域机构应具备的行政处罚权，才能有效地调配本流域的水资源。

2. 实现城乡水务一体化管理，组建城市水务（集团）公司

城乡水务一体化管理体制是资源管理方式的转变，是水行政管理职能的重大

改革。其总体思路是适应城市化和经济社会发展的要求，建立政事分开、政企分开、政资分开的城乡水务管理体制，建立投资主体多元化、产业发展市场化、行政监管法制化的城乡水务运行机制，建立发挥体制优势、强化行业管理的水务法规体系，加强城乡水资源统一管理。因此，在城乡水务一体化管理体制中，需要组建城市水务（集团）公司，统一规划、建设和经营水源、供水、排水和污水处理等工程设施，为城市社会提供全面的服务。集团公司的组成模式要根据城市的具体情况而定，既可由供水公司和排水公司组成，也可由原水公司、制水公司、售水公司、排水公司、污水公司和中水公司组成。

3. 发展水资源中介机构

随着政企、政事分开和政府职能的转变，从政府中分解出来的职能一部分下放到企业，一部分将向事业单位转移。因此，发展水资源中介机构是体制改革可供选择的一条出路。水资源中介机构首先是行业协会，行使行业管理服务，从事水权交易、水质水量评价的咨询和服务，为任何涉水主体提供水信息服务和水纠纷仲裁法律服务。城市水资源中介机构的功能：一是作为政府机构的参谋和助手，为政府水管理机构提供政策咨询和技术支持；二是为城市水经营企业提供技术服务。因此，有关水量管理、水质监测和水价核算等方面的技术工作都是中介机构业务发展的目标。

4. 处理好政府、企业、中介之间的关系

在水资源管理中，要处理好政府、企业和中介组织之间的关系，各级人大、政府、企业、中介、市场各司其职、各负其责。人大立章立法，政府依法行政。各级政府要改变传统的自己配水、自己调水、自己监管、自己审批的管理模式，建立一批涉水企业甚至是上市公司、保险公司，成立"水监会"，监管涉水企业和各类水市场，维护水市场秩序，为培育水资源企业和中介组织的成长创造好的环境。

7.5.2　加强水量、水质和生态环境用水的管理

1. 水量管理

人类对水的需求首先表现在对水量的需求上，人们通常所说的"缺水"，就是缺乏足够的水量。以有限的水资源来满足社会经济的可持续发展，其最根本的途径便是通过节约用水，控制用水需求。国内外的经验表明：用水需求不仅必须控制，而且是能够控制的，有限的水资源可以支持社会、经济的持续发展，充分认识并加强用水需求控制，对于我国这样一个缺水国家来说尤为重要。调整产业

结构及用水结构，变更水用途和供水方向等是实现用水需求有效控制的重要措施，调整城市食品等耗水多、污染大的轻工业的布局，优先发展机械、电子、高新技术等附加值高、耗水量低、污染小的产业，增加水的供应。

2. 水质管理

我国在水质管理工作中，必须坚持以保证城市供水水质为中心、以污染治理为重点的原则，切实做好污水处理和水源保护工作，充分发挥国家水质中心、国家站、地方站在供水水质管理中的行业监测和行政监督作用。城市供水的水质作为一种商品，应符合法定的质量标准，这是城市供水水质管理的核心问题。供水水质的优劣不仅取决于供水设施条件，还取决于水源的水质状况。因此城市污水处理、供水水源的保护、供水水质的控制应是水质管理工作的重要组成部分。防治水污染的关键是加强对城市污水管理，增加污水的有效处理率和回用率，严格执行污水达标排放制度和实行水环境污染物总量控制，是防治水污染、实现城市节约用水和合理配置水资源的有效手段。

3. 重视生态环境用水

在人类发展的过程中，生态环境是人类生存和发展的基础。生态系统一旦受到破坏，将危及人类自身生存的安全。而我国许多地区生态环境脆弱，特别是干旱、半干旱地区，必须确保生态环境用水，遏制地下水严重超采，保证主要河道的基流，防止灌溉农业的盲目发展和生态环境的进一步恶化。在 21 世纪，要遵循自然规律，围绕我国生态环境面临的突出问题，以重点地区治理开发为突破口，加强水土保持法制体系建设，把生态环境建设与经济发展紧密结合起来，充分发挥水土保持对促进经济和社会可持续发展的基础作用。

7.5.3　健全水资源产权制度

产权制度是制度体系中的核心制度，必须按照资源资产化，资产产权化的思路，建立起水资源产权明晰、政资分开、权责明确、流转顺畅的水资源产权制度。水权制度的核心是水权的界定，应根据水资源特点将水资源所有权、使用权、经营权、配置权、收益权分设，形成流转顺畅的可交易产权的水权。

1. 协调各水权主体之间的关系

政府作为公共管理者，参与水资源管理规则的制定，统一协调管理水权。因此，在水权制度中，应由公众授权成立用水者协会，促进政府与用户的沟通，有利于各项改革措施更易为用户和公众接受。尤其是中国农业水权主体不应像土地承包者一样过于分散和具体，应通过农户用水者协会与灌区管理局作为灌溉供水服务机构和特许经营者向农户供水，使协会真正成为农户自己的组织，维护自己的权益，成为农户的服务机构。

2. 建立适合国情的公众参与制度

《水污染防治法》的第十三条规定："环境影响报告中，应当有建设项目所在地单位和居民的意见。"但由于该条款过于抽象，没有细则规定，限制了公众参与权的实现，而公众参与权一直是我国水资源管理中一个薄弱的环节。这是由于传统规划往往从工程的角度出发，大部分规划者也不是来自流域地区，流域内的居民参与少，结果导致流域管理规划的失败。而实际上，公众参与在国际上被公认是解决水资源与水环境问题的一个重要环节。所以根据我国国情实际，建立健全公众参与制度，对于现代水利的发展至关重要。

3. 建立合理的水权分配制度

水权分配制度是一项十分复杂的系统工程，涉及社会、经济、环境、生态等多方面。因此，政府配水要遵循公开、公正、民众参与、民众监督的原则，由政府相关部门组成水资源评价委员会，出台相应法规，运用市场手段，因地、因时、因事制宜，确定配水轻重缓急优先顺序，统一配置。如按生活用水、生态用水、农业用水、工业用水等顺序分配。

7.5.4　完善水资源水权市场制度体系

水资源市场制度就是要建立全国统一的水资源市场和区域、流域市场，清洁水市场和污水市场。一是要完善水市场交易秩序，确立交易规则，杜绝"第三方付款"，依法管理水市场，价格竞争切实反映供求规律，切实具有调节水资源配置，实现供求均衡的功能，保证市场秩序的尊严。二是要推进水利设施运营公司化或商业化。计划经济模式下，水利设施属于基础设施，一般由国家投资兴建，由政府部门直接经营。市场经济条件下，政府水行政主管部门不再直接参与运营管理，运用商业化原则经营公用事业、引入竞争和广泛的用户参与、改革收费办法，推进水利设施运营的商业化。

7.5.5　创建新型的水资源价格管理机制

1. 深化水价改革，加大污水处理费和水资源费的征收力度

我国的水价制度比较单一，实行政府制定的单一计量水价，不利于节约用

水，更不利于水资源的优化配置与合理使用。市场经济下要按照"补偿成本、合理盈利"的原则，根据市场供求和成本变化，将城市供水和水利工程供水价格提高到合理水平。同时，要加大污水处理费的征收力度，使污水处理费与耗水量之间形成一种递进关系，将征收标准提高到补偿污水处理的合理水平。

2. 建立节水型水价制度

根据国家产业政策，实行分类水价政策，如农业供水价格与城镇供水价格的差异。同时，要制定合理的地区和季节差价，在水资源充足与水资源短缺地区的水价之间保持合理的地区差价，正确划分流域丰水期和枯水期，制定合理的丰枯季节差价，使水价在补偿成本的基础上，体现出水资源的供求关系，发挥价格杠杆对水资源的调节作用。

3. 增加水价改革目标的透明度

水价制度改革政策性强，涉及面广，直接关系到社会经济的各个方面。各级政府要加大对水价制度改革的宣传力度，认真研究各项具体落实措施，考虑社会各方面的承受能力，建立政府宏观调控、涉水各方民主协商和市场调节三者有机结合的供水价格机制，既要保证供水者的成本费用得以真实反映，提高运行效率，又要消除用水户的疑惑，保证社会的稳定。

7.5.6　建立和完善水资源法律制度

在正式制度约束中，法律制度可视为最明确、最严肃、最强硬的制度。法律制度的强制性和国家意志性决定了它的优越性，特别是法律制度往往是利益集团冲突的一种均衡选择，因而，法律制度具有一定的公共选择性和权威性。现行涉水法律很不完备，不具备普遍适用的、严格的涉水法规，执法主体不明，且带有浓厚的部门利益倾向，在涉水重大决策、配水重大项目上缺乏监管权威性。因此，急需建立完备的水资源管理法。一是要建立流域水资源综合管理的法律，出台《流域水资源管理法》，依法行政，解决如何建立流域管理与区域管理相结合的管理体制及南水北调的水价、水权以及水市场的建立等重大问题。二是完善水资源交易制度的法律空白，建立一套水权管理的政策法规体系，明确规定在水市场交易中如何保护第三者的利益，实现水资源的优化配置。三是健全水环境保护的法律支持体系，应以《宪法》、《环境保护法》和《水污染防治法》等基本法律为依据，并在《水污染防治法》的框架下制定具体的实施条例，如主要流域水污染防治条例、一般流域水污染防治条例、水污染纠纷处理条例、环境影响评价条例和排污总量控制条例等。

7.5.7　加强水资源信息系统建设

伴随着经济发展与科学技术的进步，信息化已经深刻改变着人类生存、生活、生产的方式。因此加强水资源管理工作中的信息管理建设，是实现水资源开发的重要途径。要实现水资源管理的信息化，关键是实现水资源数字化管理。水资源数字化管理就是通过数字河流（湖泊）、工程仿真模拟、遥感监测、决策支持系统等水资源数字化建设，利用现代信息技术管理水资源，提高水资源管理的效率。如果再引入新信息系统和智能决策支持系统，优化水资源管理的各项技术，会进一步提高信息的质量以及利用信息进行预测、决策的管理水平。同时，建立水环境的信息资源共享机制，将各部门采集的数据组合起来，进入统一的水环境信息库，各有关部门均可对其进行自由调用，才能消除由于数据采集方案和方法上的不同而可能出现的数据相互间分析、比较的困难，切实达到信息资源共享。

第8章 水资源环境保护

8.1 自然水循环与社会水循环

8.1.1 自然水循环与社会水循环的发展与提出

水循环是解决水资源相关问题的基础，受人类活动的影响，水循环系统表现出"天然—人工"二元特性，二元水循环理论研究正受到水资源领域专家及研究人员的重视。有学者提出："水文学在其发展过程中，出现了又一次重要转折，进入水资源水文学发展阶段"，从此水文学不仅要研究水在自然界中的循环、平衡和变化，还要扩展到人类社会中，研究水在开发利用过程中的循环、平衡和变化。可以毫不夸张地说，在现代社会，人类社会系统与自然水资源系统的相互作用是空前的，水在社会经济系统的活动状况正成为控制社会系统与自然水系统相互作用的主导力量。因此，研究自然水循环和社会水循环就变得非常必要。

8.1.2 自然水循环和社会水循环的内容

1. 自然水循环

自然水循环是地球上的水在太阳辐射和重力作用下，通过蒸发、蒸腾、水汽输送、凝结降雨、下渗以及地表径流、地下径流等环节，不断发生水的相态转换而周而复始的运动过程。引起水自然循环的内因是水的三种形态在不同温度条件下可以相互转化，外因是太阳辐射和地心引力。自然水循环由大循环和小循环组成，发生在全球海洋和陆地之间的水分交换过程称为大循环，又称外循环；发生在海洋和大气之间或陆地与大气之间的水分交换过程称为小循环，或者称为陆地水循环。目前，人们研究较多的是陆地水循环，具体见图 8-1。

2. 社会水循环

社会水循环的提出可追溯到"人工侧支循环"概念，即发展进程中的人类活动，从循环路径和循环特性两方面明显改变了天然状态下的流域水循环过程，在自然水循环的大框架内形成并发展为"取水—输水—用水—排水—回用"五个基本环节，并使天然状态下地表径流和地下径流量逐步减少。尤其是从工业革命以来，全球经济总量迅速增加，人类用水规模和干扰自然水系统的深度得到前所未有的提高，不合理的水资源利用引发了一系列以水短缺、水污染和水生态系统退化等日益成为人类持续发展瓶颈的诸多水问题；在很多地区，人类社会经济系统已成为影响水系统演化的主导力量。

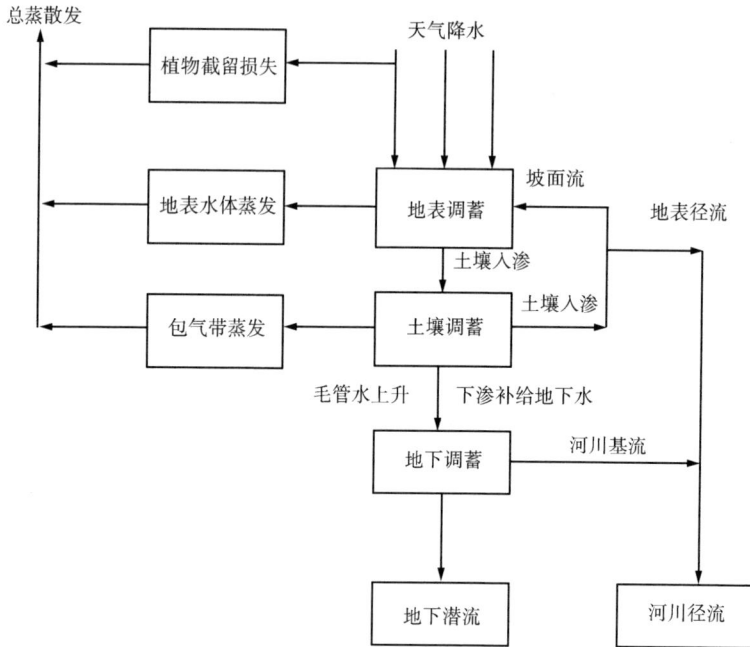

图 8-1   陆地自然水循环系统示意图

在当前水资源按用途分类并重复利用、维护低成本的原则下，社会水循环系统包括或可类似地概括成供（取）水、用（耗）水、排水（处理）与回用四个子系统，取水系统是社会水循环的始端，用水系统是社会水循环的核心，污水处理与回用系统是伴随社会经济系统水循环通量和人类环境卫生需求而产生的循环环节。水的社会循环系统如图 8-2 所示。

3. 二元水循环

水在社会经济系统的运动过程与水在自然界中的运动过程一样，也具有循环性特点。社会水循环通过取用水、排水与自然水循环相联系，这两个方面相互矛盾，相互依存，相互联系，相互影响，构成了矛盾着的统一体——水循环的整体，即二元水循环系统，其系统结构如图 8-3 所示。

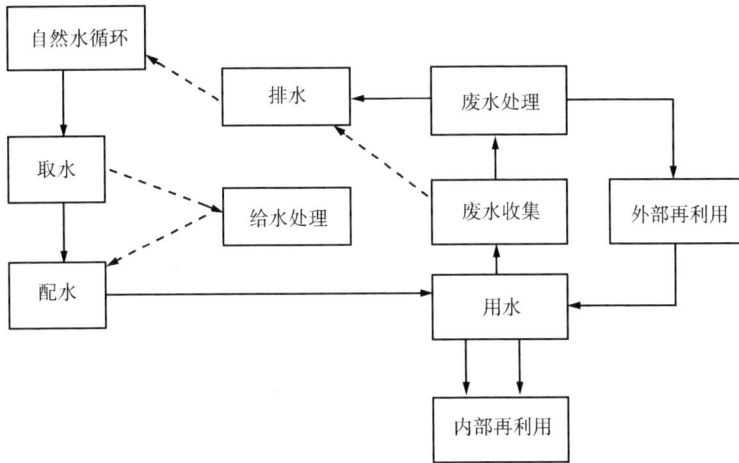

图 8-2　社会水循环系统示意图

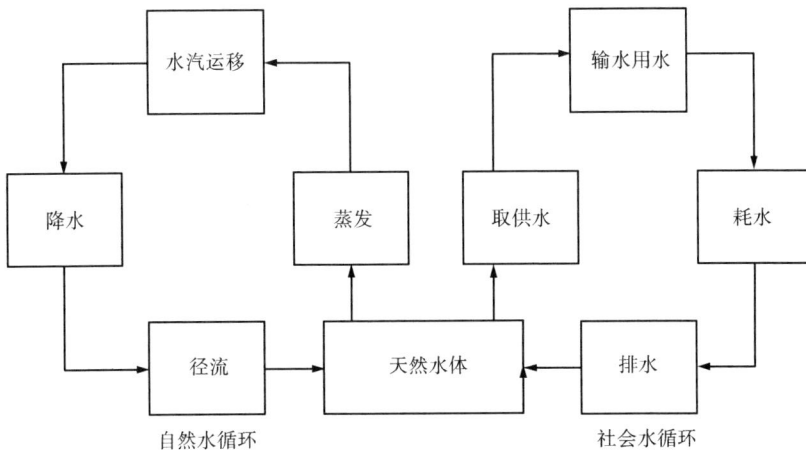

图 8-3　二元水循环系统结构示意图

8.1.3　自然水循环和社会水循环的互动关系与耦合机制

1. 自然水循环和社会水循环的互动关系

自然水循环和社会水循环存在着互动关系，在没有人类活动或人类活动干扰可以忽略不计的情况下，水循环过程主要以自然水循环为主，也就是所谓的一元驱动，自然水循环为社会水循环提供可持续发展的水资源要素。但是随着科技进步和经济社会的快速发展，大规模人类活动对自然水循环带来了越来越大的影响，主要表现在：

（1）由于二氧化碳、甲烷、氮氧化物等温室气体的大量排放，引起了全球气候的显著变化，对降水的时空变化产生了重大影响，极端气候现象发生频率加大，水旱灾害的强度、影响范围和持续时间都呈加剧趋势。

（2）随着城市化进程及工业、交通等基础设施建设的快速发展，不透水地面大量增加，加上地下水超采，地下水位持续下降，以及因盲目垦荒导致的天然植被破坏等原因，导致下垫面发生显著变化，使降水—地表水—地下水的演化规律发生重大改变。

（3）社会水循环通量与自然水循环通量比例失调对自然生态系统造成严重损害。特别是北方地区，由于河道外过量引水和地下水长期超采，引发了河道断流、湖泊湿地萎缩干涸、地下水位持续下降甚至疏干等生态环境问题。

（4）社会水循环系统加大了水资源消耗量，与自然状态比较，相当于减少了河流入海量，会对河口及近海生态产生不利影响。

2. 自然水循环和社会水循环的耦合机制

根据秦大庸等（2014）的研究，水循环演变规律受自然和社会二元作用力的综合作用，是具有高度复杂性的巨系统。水循环在驱动力、过程、通量三大方面均具有耦合性，并衍生出多重效应，如图 8-4 所示。

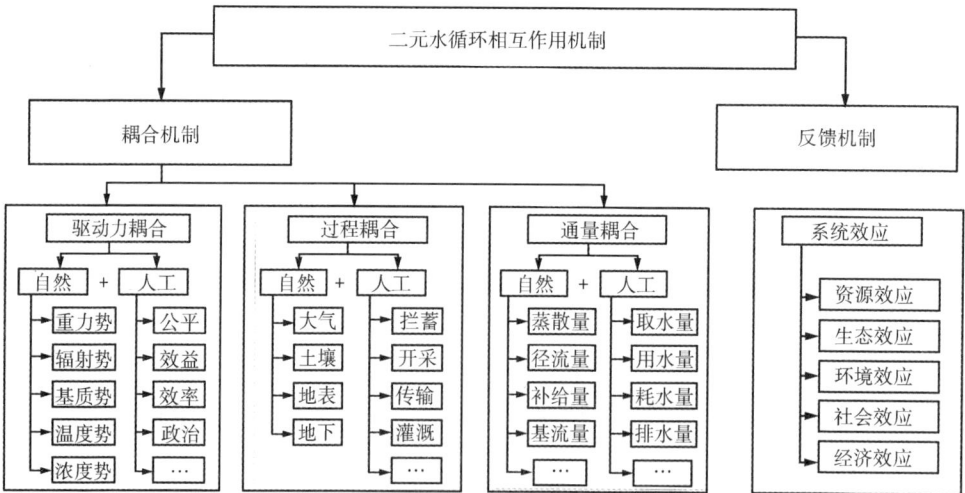

图 8-4　二元水循环耦合作用机制

在驱动力方面主要表现为自然驱动力和人工驱动力的耦合，水循环不仅受到自然过程的重力势、辐射势等影响，也受到人工驱动力，如公平、效益等作用。自然驱动力是水循环产生和得以持续的自然基础，人工驱动力是水的资源价值和服务功能得以在社会经济系统中实现的社会基础。在过程耦合方面，主要体现为自然水循环过程和人工水循环过程的耦合。自然水循环过程可划分为大气过程、土壤过程、地表过程和地下过程，社会循环过程较多体现为外在干预的形式，通过人工的外在干预参与自然水循环过程中的每一个环节，如地表过程中的水库拦蓄过程、温室气体排放过程等。在通量耦合方面，现代环境下的自然水循环通量与社会水循环通量紧密联系在一起。自然水循环的各项通量，如蒸散量、径流量、入渗量、补给量等，与社会经济系统的取水量、用水量、耗水量、排水量等既是构成系统整体通量的组成部分，又相互影响，此消彼长，存在着对立统一的关系。在驱动力、过程、通量耦合机制作用下，二元水循环系演变成资源（如水资源衰减）、生态（如天然生态退化和人工生态的发展）、环境（如水体污染和环境污染）、社会（如生产力布局、制度与管理、科技水平等）、经济（如产业结构优化、经济发展等）五维反馈效应。

8.2　水资源开发利用与水环境保护

8.2.1　水资源开发利用与可持续发展

可持续发展的要素是人口、资源与环境，即控制人口、珍惜资源、保护环境。土地和淡水资源是有限的，石油和煤等矿场资源是不可再生的，单方面强调改造自然、忽略对自然的维护，破坏人与自然的平衡协调，依赖短缺自然资源的工业经济是不可无限持续发展的经济。关于可持续发展的定义表述有很多种方式，但无论哪一种表达方式，都认为可持续发展的核心是经济发展。在整个自然生态系统中，水是生命支持系统的关键性要素；在整个社会系统中，人是最重要的关注对象，在整个经济系统中，水、土地、能源是最基本的三大战略性资源。在整个自然生态系统中，水资源与森林、植被、生态环境等密切相关，森林、植被、生态环境的破坏必将引起水土流失和水资源短缺，而水资源的短缺必将导致森林、植被的破坏和生态环境的进一步恶化。因此，不能靠牺牲环境、过度消耗和破坏水资源，来追求外延增长的单纯经济发展，而必须保证在水资源的开发利用上做到合理、均衡和协调。

8.2.2　水资源开发利用与水环境保护问题与影响

中国水资源开发利用的两大问题是水资源供需失衡与生态环境恶化，这两大类问题也越来越成为制约中国社会经济可持续发展的重要因素。21 世纪水资源可持续利用的指导思想是：保障水资源供需平衡，保护水生态环境。随着城市水量的增多、产业规模的扩大、人口增长、城市缺水的矛盾日益突出，水资源保护和水污染治理的难度也在加大。而且，中国水土流失分布范围广、面积大、类型多、危害重，水资源和水环境方面的危害对中国经济社会的可持续发展和人民群众的生产、生活造成多方面的严重危害，表现为降低水资源的有效利用，加剧非点源污染以及水体体质恶化，大大制约了经济社会的可持续发展。

8.2.3　中国在水资源开发利用和水环境保护方面的措施

针对水资源开发利用和水环境保护方面的问题，中国在科研与生产、水资源管理结合方面不断加大对水土保持和流域的综合治理，大大减轻了水土流失治理地区的生态环境，减轻了下游地区泥沙危害、洪涝灾害，明显促进了这些地区经济社会的可持续发展，逐步建立起完善的水土保持技术体系，对推动中国水土保持工作具有重要的科技支撑与引导作用。

1. 水土保持措施

水土保持措施包括工程措施、生物林草措施和农业技术措施，这三个措施可以有效地减少地表径流，减少入河泥沙，拦截江水，增强土壤肥力。水土保持工程措施通过改变一定范围内的小地形增加土壤降雨入渗，建立良性生态环境，减少或防止土壤侵蚀。不同类型措施拦减水沙的机理不同，根据水体保持措施的特征可以包括滞蓄型，即造林、种草和作物轮种等措施，对土壤有良好的改造作用，增大了流域的滞蓄量和径流调节能力，直接影响径流量和径流含沙量；拦蓄型水土保持措施包括淤地坝和水库等工程措施，通过修建水利工程，形成一定的容量空间，可以削减洪峰，减少下游冲刷，是解决水土流失的有效措施。生物林草措施主要通过林冠截流、林下草灌和枯枝落叶层的拦蓄，在水土流失区植树造林种草，保护地表土壤免遭雨滴打击，提高植物覆盖度、增加土壤抵抗水流冲刷的能力。农业技术措施是以保水保土保肥为目的，提高水分入渗时间，达到涵养水源、减少水土流失的作用。

2. 集约用水体系和科学技术体系的建立

控制水污染，保护水资源应把合理开发、节约使用和防治污染结合为一个整体来考虑，统一规划、管理、立法，改变多头管理的混乱局面，将供水、地表水、地下水同污水处理、污染控制、土壤的排水、渔业用水和防洪有机地联系起来。建立以节水社会为中心，以区域内水的综合开发、利用和保护为基本点的集约用水体系。

另外，水资源的保护中也涉及科学技术体系，从生产、污染治理、水环境管理等各个层面都涉及科学技术。首先是生产层面，企业的清洁生产和绿色生产需要科学技术，以科学技术促进污水循环利用，实现"零排放"。其次是水污染的治理和生态建设需要科学技术。例如，半导体及其他电子器件生产过程中，必须使用大量的丙酮、甲苯有机溶剂对器件进行化学清洗，溶剂经一次性使用后立即变成有毒有害废液，国内甚至国际上都没有好的治理方法，只好进行排放和焚烧处理，严重污染了水环境和水大气，赵佳仁通过技术革新和创新，研制出的废液综合提纯设备，可同时将两种废溶剂直接提纯为分析化学试剂，提纯率高达98％以上，且无二次污染。目前此套新型节能环保装置已引起专家的高度重视，并被列为推广应用项目，另外，政府在从事水环境决策、水环境管理并对社会提供环保服务时需要科学技术。

3. 水资源管理的市场化运作

水作为一种特殊商品，对水资源的保护和开发的工程项目需要巨额投入，应按照市场需求和资源成本对其按质论价，应用价格杠杆杜绝水资源的浪费现象。另外，为促进水资源的节约利用，应充分利用市场机制（如前面所述的水权、水价、水市场）发挥水资源的经济效益。

8.3　水资源与社会经济发展的协调性

8.3.1　水资源生态环境与社会经济的关系

1. 水资源生态环境和社会经济的有限约束性

人类可利用的水资源是有限的，这种有限性，不仅局限于水资源的使用，还包括依附于水资源而存在的各种生物群落和各种环境因子，即水资源生态环境也是有限的。这决定了以水资源为基础要素的社会经济活动也必须在水资源及其水资源环境承载力的范围内进行。

2. 水资源生态环境与社会经济发展的互动耦合性

这种互动性首先体现在相互促进和相互约束。水资源是社会经济发展的基础性要素，如果水资源利用得当，社会经济就会良性发展，而社会经济的良性发展又为水资源利用效率的提高提供了资金和技术支持。反之，如果水资源过度浪费和利用不当，水资源短缺及水污染就会对社会经济发展产生巨大的约束性。

其次，不同时期，社会经济发展和水资源生态环境的侧重点不同。不同时期、不同发展阶段，水资源生态环境和社会经济发展对提高生活满意度的效用不同。在经济较为贫困的地区或时期，人们面临着贫困或生态的博弈，对经济发展的诉求较为强烈，社会经济发展对人们生活满意度的效用也较大。当经济发展水平比较高的时候，根据边际效用递减规律，社会经济发展对提高人们生活满意度的边际效用变小，水资源或水生态环境对提高人们生活质量的效用增大。

最后，水资源生态环境与社会经济发展存在耦合性。不同时期、不同地区的水资源生态环境对社会经济发展的促进作用和方式是有差异的，在农耕文明时代，水资源对社会经济发展的促进作用主要体现在生活的补给和天然降水，水利工程的引蓄调水作用并不明显。在工业文明时代，水资源对社会经济发展的促进作用除了生活补给和天然降水之外，水利工程、水资源利用方式等对农业灌溉、工业化的发展等同样起着非常重要的作用。而且，由于经济发展水平和水资源利用方式的差异，水资源生态环境在不同地区和不同时期所能承载的社会经济规模和社会发展能力也不相同。

因此，水资源生态环境与社会经济发展存在互动耦合性，只有尊重自然经济规律，才能促进水资源生态环境与社会经济的协调发展。

8.3.2 水资源环境与社会经济发展的协调性评价指标选取与计算方法

1. 评价指标选取

水资源开发利用和社会经济发展方式密切相关，从经济的未来发展和世界整体水资源形式来看，水的问题已经成为经济发展的瓶颈和关键。选择一些指标来分析水资源与社会经济发展的协调度，指标选取力求科学性、综合性、简洁性和可靠性。结合中国水资源开发利用的实际情况，从水资源量及其开发利用、区域经济社会发展和生态环境状况等3个方面选取了6个指标，分析中国各地区水资源与社会经济发展协调程度。鉴于指标数据的可比性，选择的指标均以人均量为基础。①区域水资源条件性指标，选择人均水资源量和人均用水量两个指标来反映水资源条件及其利用情况，人均水资源量是区域发展的条件性和基础性指标。人均用水量可以反映区域人口的综合用水水平。因此，这两个指标可以作为区域水资源及其开发利用情况的指标。②区域发展性指标，选取人均GDP、人均耕地面积和有效灌溉率。③生态环境保障性指标。生态环境状况是区域持续发展的一个重要方面，而水又是地球生命系统的重要组成部分，也是人类进行生产活动的重要资源，属于生态环境的控制性要素，因此，选取单位面积水资源量，即供水模数来反映水资源对生态环境的保障能力。

2. 计算方法

以全国平均水平为参照基准，各地区水资源与社会经济类指标协调度的计算公式为：

$$CI_i = WPCR_i / OPCR_i \tag{8-1}$$

$$WPCR_i = WPC_i / WPC \tag{8-2}$$

$$OPCR_i = OPC_i / OPC \tag{8-3}$$

其中，CI_i 为协调度指标，$WPCR_i$ 为各地区人均水资源相对指数；$OPCR_i$ 为各地区社会经济指标和生态保障性指标相对指数；WPC_i 为地区人均水资源量。WPC、OPC 为全国人均水资源量和社会经济指标及生态环境保障性指标。

　　由于协调度指标以全国平均水平为参照基准，去除了量纲，因此，大的协调度值表示水资源对区域社会经济发展较强的支撑能力，并且协调度大于 1 和小于 1 分别表示某地区对社会经济发展支撑能力大于全国平均水平和小于全国平均水平。

8.3.3　水资源环境与社会经济发展的协调性评价结果与启示

　　由于水资源与社会经济发展协调度是个综合指数，因此需加权计算所选指标的协调度来反映区域水资源开发利用与社会经济发展的协调程度，各指标的权重应根据其对水资源的依赖性和对社会经济的重要性进行赋值。鉴于区域经济发展在水资源和生态环境中的纲领性作用，区域经济发展指标取 0.5，其中人均 GDP 为 0.3，人均耕地面积和灌溉覆盖率各取 0.1，人均供水量从侧面反映了区域发展的水资源保障，因此取权重为 0.3，另外，生态环境对区域社会经济发展的影响深远，在此权重取 0.2。各地区的水资源与区域社会经济发展各项评价指标的综合协调度可以由各项指标的相对指数加权计算得出，计算结果见表 8-1。

表 8-1　中国各地区水资源与社会经济协调度评价

地区	水资源利用率/%	利用程度	人均GDP/元	万人均耕地面积/（10^3 hm²/万人）	有效灌溉率/%	人均供水量/m³	单位面积产水量/（10^4 m³/km²）	综合协调度	综合评价
北京	90.84	高	87 475	0.11	89.58	175.54	23.51	0.18	极不协调
天津	70.22	高	93 173	0.31	76.41	167.12	27.63	0.17	极不协调
河北	82.93	高	36 584	0.87	72.86	268.90	12.40	0.22	极不协调
山西	69.07	高	33 628	1.12	32.52	203.75	6.81	0.30	极不协调
内蒙古	36.13	中	63 886	2.87	43.73	741.63	4.31	1.88	协调
辽宁	25.99	中	56 649	0.93	41.58	324.28	36.98	0.58	不协调
吉林	28.19	中	43 415	2.01	33.46	472.09	24.57	0.78	弱协调
黑龙江	42.65	高	35 711	3.09	40.38	936.10	179.41	0.66	不协调

续表

地区	水资源利用率/%	利用程度	人均GDP/元	万人均耕地面积/($10^3 hm^2$/万人)	有效灌溉率/%	人均供水量/m^3	单位面积产水量/($10^4 m^3$/km^2)	综合协调度	综合评价
上海	342.12	高	85 373	0.10	81.58	490.62	54.51	0.10	极不协调
江苏	147.92	高	68 347	0.60	82.49	698.21	36.39	0.16	极不协调
浙江	13.71	低	63 374	0.35	76.58	362.20	141.92	1.12	协调
安徽	41.75	高	28 792	0.96	62.56	489.52	50.28	0.53	不协调
福建	13.24	低	52 763	0.35	72.81	535.84	125.95	1.57	协调
江西	11.15	低	28 800	0.63	67.46	539.44	130.28	2.04	协调
山东	80.86	高	51 768	0.78	67.30	229.58	17.46	0.18	极不协调
河南	89.86	高	31 499	0.84	65.67	253.92	15.90	0.19	极不协调
湖北	36.77	中	38 572	0.81	54.65	518.86	43.43	0.59	不协调
湖南	16.53	低	33 480	0.57	71.67	496.88	93.89	1.26	协调
广东	22.26	中	54 095	0.27	66.22	427.53	109.66	0.88	弱协调
广西	14.52	低	27 952	0.90	36.54	649.76	88.19	1.92	协调
海南	12.44	低	32 377	0.82	35.29	513.98	107.15	1.77	协调
重庆	17.39	低	38 914	0.76	31.44	282.86	57.87	0.87	弱协调
四川	8.50	低	29 608	0.74	44.77	304.99	59.27	1.94	协调
贵州	10.35	低	19710	1.29	27.08	290.01	57.30	1.83	协调
云南	8.99	低	22195	1.30	27.63	326.87	42.89	2.23	协调
西藏	0.71	低	22 936	1.18	69.42	975.94	34.40	61.56	协调
陕西	22.55	中	38 564	1.08	31.53	234.91	18.97	0.70	不协调
甘肃	46.10	高	21 978	1.81	27.85	478.71	5.87	1.01	协调
青海	3.06	低	33 181	0.95	46.37	480.26	12.42	9.71	协调
宁夏	641.54	高	36 394	1.71	44.38	1 078.00	1.63	0.35	不协调
新疆	65.53	高	33 796	1.85	97.68	2 657.39	5.41	3.11	协调
全国	20.80	中	38 420	0.90	51.79	454.71	32.02		

由于人工采取的节水和开源、工程措施（如南水北调工程的实施）和许多非工程措施（如以节水为目的的分段定价）等方面的影响使得区域性水资源的支撑能力具有相对弹性，从而可以在一定程度上提高水资源对社会经济的支撑能力。因此，综合协调度的划分标准为：综合协调度小于 0.30 为极不协调，0.31～0.70 为不协调，0.71～0.9 为弱协调，0.9～1 为基本协调，大于 1 为协调，依据该标准可以对各地区的综合协调度进行划分。对中原经济区水资源与社会经济

发展的协调度进行评价。在具体的评价过程中，以水资源的开发利用率作为参考指标。按国际通用标准，一个区域的水资源开发利用率不宜超过 30%，若超过 40% 就可能会引起生态危机。对水资源开发利用程度划分的标准为：利用率小于 20% 为低开发利用区；利用率在 20%~40% 闭区间为中开发利用区，大于 40% 为高开发利用区。

由表 8-1 的分析结果可以看出，北京、天津、河北、山西、上海、江苏、山东、河南属于水资源高开发利用地区，且水资源与社会经济发展极不协调；内蒙古属于水资源中度开发利用地区，且水资源与社会经济发展处于协调状态；浙江、福建、江西、湖南、广西、海南、四川、贵州、云南、西藏、青海属于水资源低度开发利用地区，且水资源与社会经济发展处于协调状态；其他地区，要么水资源高开发利用，要么水资源与社会经济发展不协调或弱协调。

因此，鉴于以上结论，关于地区水资源与社会经济协调发展的几点启示和建议如下：

第一，水资源和社会经济协调发展是一个综合层面的问题，要加强水资源保障和水源地建设保护，在重水、惜水、护水、管水以及生产、生活、生态等各方面，充分考虑气候、水利条件、用水效率等变化情况，全面、动态、发展、前瞻性地充分分析各地区用水需求变化，进一步在区域范围内充分挖掘水资源保障潜力。

第二，水资源和社会经济协调发展方面，要加强水生态环境建设。水生态文明是生态文明建设的资源基础，要从水资源空间布局优化、水资源节约、水生态修复、水环境提升等方面入手，完善严格的水资源管理制度，加快实施一批重点水土保持生态工程，充分考虑用水的社会效益和生态效益，优化水资源配置。

第 9 章　水资源安全战略

9.1　水资源安全内涵与态势

9.1.1　水资源安全的理论内涵

众所周知，安全通常与危险、威胁相关联。水资源安全是指在一定的经济技术条件下，人类在利用水资源的过程中，正视水资源的有限性，在水资源和水环境的承载能力范围内，不过度开发和非科学使用水资源，不过度消费和挤占生态用水，破坏生态环境，同时借助于水资源的高效利用更好地促进经济发展以及提高人们的生活质量。对水资源安全的理解有广义和狭义之分。

从广义上讲，水资源安全是水资源自然循环和社会循环相互耦合；国家经济和社会生活不因洪涝灾害、干旱缺水、水质污染、水环境破坏等造成严重损失；水资源约束下社会经济能够可持续发展。从狭义上讲，水资源安全是指有充足的水资源可以满足人们的生存需要，工业用水能够得到供应和满足，河海流域单水体污染应在水体自净能力承受范围内，生态用水能够满足生态环境需要；对水资源的开发利用在水资源承载能力范围内。

2011 年中央一号文件提出，水是生命之源、生产之要、生态之基。水资源不仅关系到防洪安全、供水安全、粮食安全，而且关系到经济安全、生态安全、国家安全。因此，水资源安全与国家经济、生态安全存在密切的关系。

9.1.2　水资源安全态势与辨析

从众多关于中国水资源的研究可以看出，中国的水资源安全形势严峻，主要表现在水量短缺、水质污染两个方面。

1. 水量短缺影响水资源供需均衡

新中国成立初期，中国水资源开发利用基础设施十分薄弱，供水设施基本以小型分散为主，全国仅有大中型水库 20 多座，1949 年总供水量仅 1030 亿 m³。党和国家对水利事业高度重视，兴建了大量的水资源利用工程，对防御洪涝灾害、保证农业持续稳定增产，为工业及城镇生活供水、解决边远山区和牧区的居民和牲畜饮水困难，以及保护生态环境等方面作出了重要贡献。但经济持续高速增长、城市化进程加快、人口的迁移对水资源的需求增加加剧了水资源供求不均衡的矛盾。据有关统计显示，当 2030 年中国人口将达到 16 亿人，人均水资源量为 1700m³，即处于世界公认的贫水警戒线 1800m³ 以下。目前，正常年份全国每年缺水量近 400 亿 m³，有 400 余座城市供水不足，缺水比较严重的有 110 座。与之并存的是用水效率不高。据有关资料分析，目前渠灌区灌溉水利用率只有 20%～40%，而同一指标先进国家为 70%～80%。

2. 水质污染、水环境恶化影响水生态安全

首先，水质污染严重。据 1997～2012 年的《中国环境统计年鉴》和《中国统计年鉴》的经济增长和废水排放数据显示，log（water）＝2.7937＋0.2825×log（GDP），其中，调整过的 R^2＝0.98，D.W＝1.25，因此，GDP 增长 1%，会导致废水排放增加 0.2825%。废水排放增加和有限的废水处理导致的直接结果就是水域污染严重，特别是平原河网和城市内河污染问题更是突出。2013 年《中国环境状况公报》显示，部分城市河段，如黄河流域的山川河山西吕梁段、汾河山西太原段、渭河陕西西安段，珠江流域的深圳河广东深圳段，松花江流域的阿什河黑龙江哈尔滨段，西北诸河的克玫河新疆喀什段等均为重度污染。不同河段上下游之间的污染导致流域间矛盾突出，经济发展付出了沉重的环境代价。

其次，水环境压力大。通常认为，当径流量利用率超过 20% 时就会对水环境产生很大影响，超过 50% 就会产生严重影响。目前，中国水资源开发利用率超过 19%，接近世界平均水平的 3 倍，另外，诸如地下水的过度开采、蓄养水源的湿地干旱、水土流失、土地沙化、荒漠化等水生态问题也比较突出，造成了巨大的水环境压力。根据中国地质科学院所承担的《全国地下水资源及其环境问题综合评价及专题研究》项目研究成果显示，华北平原深层地下水超采状况居全国之首，开采程度（以实际开采量与允许开采量之比来表示）达到 177.2%。2008年，中国地质调查局历时 5 年完成的《华北平原地面沉降调查与监测综合研究》表明，地面沉降给该地区造成的直接经济损失达 404.42 亿元，间接经济损失 2923.86 亿元，累计损失 3328.28 亿元，而且随着地面沉降情况的恶化，经济损失也不断扩大。

9.1.3　水资源安全评价指标体系

水资源安全问题的提出时间较长，对其概念的认识较为一致。目前一致认为应从水资源供需均衡关系、具体区域的水质污染和水环境恶化方面考虑水资源安全问题，但是如何描述水资源是否安全以及其安全程度，目前并没有统一的认识，不同学者提出了不同看法。例如，韩宇平和阮本清（2003）等在建立水安全

评价体系时，从水供需矛盾、饮用水安全、干旱灾害控制 3 个方面构建水资源安全评价指标体系，其实质也是考虑现状的水资源供需平衡关系。宫少燕等（2005）将水资源安全度定义为不同时期水资源需求量与供给量之比，并根据计算结果将水资源安全划分为安全、较安全、较不安全、不完全和极不安全 5 个等级类型。陈光和孙才志（2007）运用模糊识别方法，从社会、经济、生态协调发展的角度构建了辽西地区水资源指标体系，具体指标包括：城市人均日用水量、氟病区人数比例、地表水控制率、工业产值增长率、人均 GDP、灌溉面积占耕地面积的比率、人均粮食占有量等。葛学谦等（2008）从社会安全、经济安全、生态安全三个方面对黑河流域水资源安全进行评价，选取指标包括：人均生活供水量占标准需水量的比重、符合饮用水水质标准的供水人口占总人口的比例、水价、家庭水费支出占家庭可支配收入的比例、低收入人群饮用水安全供水覆盖率等。代稳等（2012）从人身安全、经济安全、社会安全、环境安全的角度构建了水资源安全评价指标，具体包括：城市人均生活日用水量、农村人均生活日用水量、工业总产值增长率、工业用水重复利用率、城市化率、工业产值万元取水量、农田灌溉定额、污废水处理率等。

综上所述，水资源安全评价指标的选取不仅要考虑水资源的供需均衡，也要考虑到各个子系统各个部门的协调经济发展。尽管各个学者所选取的水资源安全评价指标各有差异，但其所包含或反映的水资源指标类是相同的。无论是选取人均供水量、人均水资源量，还是选取地表水开发利用程度、供水模数等指标，都要考虑到一个地区的社会、经济、生态的安全性和相互之间的协调性。

9.1.4 水资源安全预警与水资源安全保障

水资源是否安全关系到国家经济安全、社会经济可持续发展与生态系统的稳定，有时甚至是毁灭性的影响。因此，为规避水资源不安全可能出现的问题，必须从水资源安全预警与水资源安全保障入手。

1. 水资源安全预警

水资源预警强调对由于自然和人类社会的因素所引起的重大水资源不安全（或水资源危机）进行预期性评价，通过观察、监测、探明自然因素和社会因素对水资源开发利用产生的影响，预测各种安全指标（或参数）是否偏离水资源安全阈值，根据对应情况制定消除或缓解水资源不安全的措施。

2. 水资源安全保障体系

要想保证水资源安全，除了必要的水资源预警之外，还必须有对应的水资源保障体系的建设，中国对应的水资源保障体系包括：供给保障体系、需求保障体系、贸易保障体系、政策保障体系、技术保障体系、法律保障体系 6 大类，这 6 大类保障体系还涉及具体的长期性措施和短期性措施，各具体措施的重要性和紧迫性是有差异的，在具体实施的工程中，"重要"和"紧迫"组合的项目要优先实施，"比较重要"与"紧迫"的组合或"重要"与"比较紧迫"的组合次之，其他组合再次之。

表 9-1　中国水资源安全保障体系实施策略

保障体系类别	保障体系名称	重要性			时间性		
		重要	比较重要	一般	紧迫	比较紧迫	一般
供给保障体系	水生态保护补偿机制	+			+		
	水污染防治机制	+			+		
	多水源联合开发机制	+				+	
	水资源功能转换机制		+			+	
	水利工程建管并重机制	+			+		
	水资源高效利用机制	+			+		
需求保障体系	水价调节机制	+			+		
	调整用水结构机制	+				+	
贸易保障体系	水权、水市场交易机制	+				+	
	水污染排污权交易机制	+				+	
	虚拟水贸易制度			+			+
政策保障体系	水资源管理体制	+			+		
	水利工程投融资体制		+			+	
	社会保障机制	+				+	
	经济补偿机制	+				+	
	公众参与机制		+			+	
	水危机预警与应急机制	+			+		
	水资源储备制度		+				+
	循环经济政策	+			+		
技术保障体系		+			+		
法律保障体系	国际法		+			+	
	国内法	+			+		

因此，由表 9-1 可见，水资源安全作为一个完整的概念体系，应包括水资源安全概念及范畴、水资源安全评价、水资源安全预警及水资源安全保障体系等内容，但无论怎样，构成水资源安全问题的基础研究内容都应包括这样几个方面：达到供水保障率的前提下保质保量、用水效率和节水技术的提高、水资源多用途的合理配置、洪涝灾害的规避和治理、水资源利用和社会经济发展的协调等。

9.2　水资源安全与用水效率

水资源是社会经济发展的重要支撑和保障。随着全球气候变化影响日益明显和中国城镇化进程的加快，水资源不足与社会经济发展的矛盾将越发凸显。在水资源供给约束的前提下，解决水资源供需不足的问题只有两个途径：一是水资源使用的总量控制，二是水资源利用效率的提高。水资源使用的总量控制是社会经济可持续发展的前提条件，而水资源利用效率的提高是能否对水资源使用进行总量控制的关键。水资源利用效率的提高关系到水资源安全战略的实现。专家、学者、政策制定者、公众都意识到提高用水效率的重要性。如何提高水资源利用效率水平，是世界各国水资源政策制定者所关注的焦点问题。因此，全面客观地评价当前中国水资源的利用效率，并探讨影响水资源利用效率的因素就显得至关重要。在对水资源利用效率进行文献述评的基础上，考虑到水资源的数据可得性，以及水资源管理的区域性现实特点，研究的区域以中国内地的 31 个省份为研究对象，并结合中国东中西部经济区特点进行分析。

9.2.1　水资源利用效率分析的文献研究

水资源的供需矛盾突出使得水资源利用效率问题受到越来越多关注。现有的研究主要集中在水资源利用效率评价方法、水资源利用的行业效率分析、水资源利用效率的评价指标选取等方面。

现有的水资源利用效率评价包括生产函数法、包络分析法、前沿生产函数法等，每种方法侧重点各有差异，但研究的结论大同小异。基于研究问题的简化和数据的可得性，本章采用比值分析法和因子分析法，以测度中国地区的水资源效率及影响因子。

9.2.2　中国水资源利用效率的演化及区域差异

1. 中国用水结构与用水效率演变（2003～2012 年）

根据历年《中国水资源公报》、《中国统计年鉴》收集整理 2003～2012 年中国农业、工业、生活和生态用水数据，分析中国总用水量和用水结构变化趋势，如图 9-1 所示。可以看出，中国 2003～2012 年总用水量呈现增长趋势，2003 年为 5320 亿 m³，2012 年为 6141 亿 m³，中国 2003～2012 年用水结构比较稳定，农业用水稳定在 61%～65%，工业用水比例稳定在 22%～24%，生活用水比例为 11%～13%，基本处于世界平均水平。从次坐标轴可以看出，万元 GDP 的用水量一直呈现下降趋势，从 2003 年的 382m³ 下降到 2012 年的 107m³，由此可见，中国的用水量趋于上升的同时，用水效益也一直在提高。从表 9-2 所示的世界上不同经济发展水平国家的用水结构来看，以 2000 年美元为不变价格计，中国的单位用水生产率从 2003 年的 2.93 美元/m³ 提高到 2012 年的 8.16 美元/m³，从中低收入国家水平上升到接近世界平均水平。中国各类型用水生产率发展并不平衡，农业单位用水生产率从 2003 年的 0.63 美元/m³ 提高到 2012 年的 1.95 美元/m³，从不到世界平均水平上升到超过上中等国家收入水平；而工业单位用水生产率从 2003 年的 5.34 美元/m³ 提高到 2012 年的 16.46 美元/m³，从低收入国家水平上升到接近下中等收入国家水平，在工业单位用水生产率水平上还有很大的提升潜力。

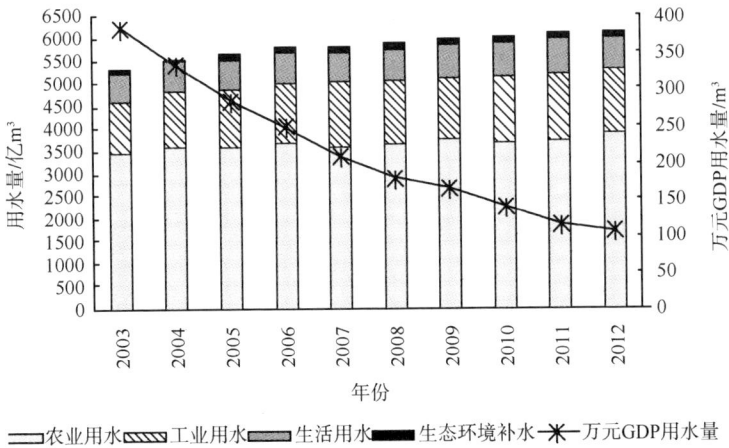

图 9-1　中国 2003～2012 年用水总量分配及用水效率

表 9-2　不同经济发展水平国家的用水结构及生产率

	国家	世界平均水平	低收入国家	中低收入国家	下中等收入国家	上中等收入国家	高收入国家
用水结构	农业用水（%）	69.9	88	78	75	53	42
	工业用水（%）	20.1	5.9	13.3	17	28	43
	生活用水（%）	10	6.1	8.7	8	19	15
用水效率	总的单位用水生产率	8.6	0.8	2.3	2.5	7.2	28.2
	农业单位用水生产率	0.8	0.3	0.5	0.4	1.4	2.7
	工业单位用水生产率	18.7	7	14	17.9	23.7	33.6

注：参考 2007 年中国可持续发展战略报告的相关指标，主要数据来源于 World Bank

2. 水资源利用效率的区域差异

从 2003～2012 年《中国水资源公报》和《中国统计年鉴》来看，万元 GDP 用水量大于 200m³ 的地区基本上都位于西部，小于 100m³ 以下的地区基本都位于东部（图 9-2）。历年万元 GDP 用水量以北京、天津为最低。2012 年万元 GDP 用水量比 2003 年下降了 72.1%，同期万元工业增加值下降幅度为 72.5%。从各级行政区域看，万元 GDP 用水量年均递减率较高的地区为天津、内蒙古、山东、湖南、广西、海南、贵州、陕西、青海、宁夏，年均递减率均在 7.5% 以上；万元工业增加值用水量年均递减率较高的地区为天津、江西、海南、四川、青海，年均递减率均在 8% 以上；值得注意的是西藏地区，万元工业增加值用水量在 2003～2012 年先递增后下降，万元工业增加值用水量 2003 年为 246.91m³，2008 年最高达到 444.74m³，2012 年降为 298.75m³，相对 2003 年仍为上升，因此，西藏万元工业增加值用水量表现为负递减。由此可见，中国 2003 年以来水资源利用效率整体上在提高，但各地区之间差异较大（图 9-3）。

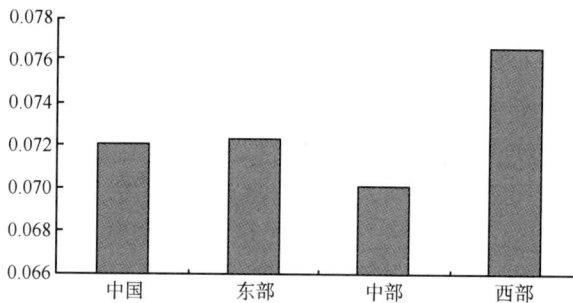

图 9-2　2003～2012 年中国及中国的东中西部万元 GDP 用水量年均递减率差异

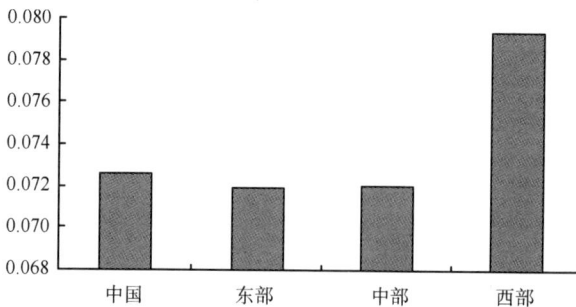

图 9-3　2003～2012 年中国及中国的东中西部万元工业增加值用水量年均递减率差异

从全国及东中西部地区来看，万元 GDP 用水量年均递减率高低排序依次为西部地区、东部地区、中部地区，万元工业增加值用水量年均递减率高低排序依次为西部地区、中部地区、东部地区，原因在于西部大开发战略及中部崛起的后发优势效应使得西部、中部（西部的后发优势更为明显）的水资源效率有了很大程度的提高。从各经济区万元 GDP 用水量和万元工业增加值用水量的变异系数来看：各经济区万元 GDP 用水量变异系数均低于全国水平，而万元工业增加值用水量变异系数则不一定。西部地区万元 GDP 用水量和万元工业增加值用水量的变异系数均在上升，且上升值幅度比较大；东部地区万元工业增加值用水量和中部地区万元 GDP用水量的变异系数也在上升，但上升幅度比较小；东部地区万元 GDP 用水量和中部地区万元工业增加值用水量的变异系数均有效大幅度下降。这说明西部地区内部水资源利用效率地区间差距较大，且差距有进一步拉大的趋势，东部地区工业用水效率和中部地区社会经济发展用水效率差距上升趋势较小，东部地区社会经济发展用水效率和中部地区工业发展用水效率趋同（图 9-4）。

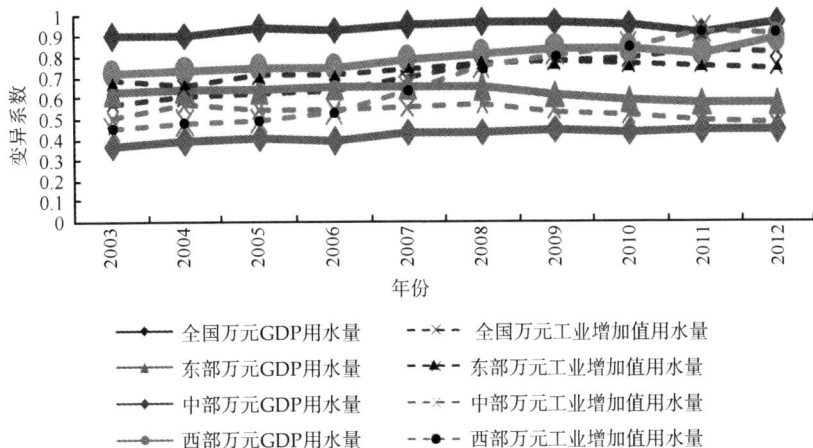

图 9-4　各经济区万元 GDP 用水量和万元工业增加值用水量的变异系数

9.2.3　中国用水效率影响因素分析

1. 中国用水效率影响因素

1）水资源禀赋

中国水资源地区之间分布并不均匀，以 2012 年为例，人均水资源禀赋最高的西藏（人均水资源为 137 378m³）是最低的上海（人均水资源禀赋为143.404m³）的 957 倍。北京、天津、河北、山西、上海、山东、河南、宁夏 8个地区人均水资源均在 300m³ 以下；福建、江西、广西、海南、西藏、青海、新疆 7 个地区人均水资源均在 4000m³ 以上，这种区域间的水资源禀赋差异可能会通过用水价格影响其节水积极性和用水效率。

　　2）产业结构优化对用水效率的影响

　　地区间的产业结构状况对工业用水效率有较大影响，由上所述，农业用水效益低于工业用水效益，农业比重较高的地区，其用水效益自然较低，低水平、粗放式的工业结构，其投入-产出水平较低，其用水效率也较低。

　　3）经济发展水平对用水效率的影响

　　根据贾绍凤等（2006）对发达国家和地区的研究发现，当一个国家或地区的人均 GDP 达到一定水平后，其工业用水量反而会随着人均 GDP 的提高而减少。经济发展水平可能会通过节水技术、水价市场化方式等影响用水效率。

2. 实证分析

　　为了进一步验证各因素对用水效率的影响，以地区的万元 GDP 用水量为因变量（y），选择地区人均水资源量作为水资源禀赋状况（x_1）、地区的人均 GDP 代表经济发展水平（x_2）、因为目前并没有产业结构优化的统一测量标准，借鉴徐德云于 2008 年的研究结果，产业结构优化程度用 $x_3 = \sum_{j=1}^{3} l_j \times j = l_1 \times 1 + l_2 \times 2 + l_3 \times 3$ 表示。其中，x_3 表示产业结构优化指数，l_j 表示第 j 产业的增加值与整个 GDP 的比值，x_3（取值范围为 [1, 3]）。指标越接近 1，意味着该地区产业结构层次越低；越接近于 3，该地区产业结构层次越高。利用 2004～2013 年的《中国统计年鉴》关于 2003～2012 年有关上述数据，做面板数据的多元线性回归。利用 Eviews 软件对计量模型进行回归，研究希望截距项反映一定的个体特征，截距项和各解释变量之间存在一定的相关性，从定性角度看，选择固定效应会更适合本模型的估计，豪斯曼检验结果也支持个体固定效应模型优于个体随机效应模型，得到多元线性回归方程如下：

$$y = 2825.556 + 0.0118x_1 - 0.0057x_2 - 1073.539x_3$$

调整后的 $R^2 = 0.851$。因为用水效率用万元 GDP 的用水量表示，所以该值越大表示用水效率越低，回归方程中回归系数符号用水效率与水资源禀赋负相关，和经济发展程度以及产业结构优化程度正相关，水资源禀赋丰富的地区用水效率较低，经济发展水平的提高和产业结构的优化都会促进用水效率的提高。该结论和前面的因素理论分析基本相符。从回归系数还可以看出，产业结构优化对用水效率的影响最大、水资源禀赋次之，而社会经济发展水平对用水效率的影响作用相对较小。

9.2.4　基本结论与政策建议

1. 基本结论

通过本部分的分析可以看出，各地区用水效率存在较大差异，东部地区用水效率最高，但中西部地区的后发优势使得其获得较快的用水效率提升。地区间的用水效率差异是由其水资源禀赋、社会经济发展状况和产业结构优化状况等因素共同作用的结果。

2. 政策建议

由于各地区用水效率存在较大差异，而其差异又是由水资源禀赋、社会经济发展水平和产业结构优化程度决定的。因此，制定国家层面的节水计划及目标时，应根据地区的情况，制定出有区别的区域节水目标和政策措施。

明确水资源产权，利用水价、水费、税费等各种经济手段提高水资源的配置效率和用水效率。各地区用水效率差距较大，应建立起合理的水资源价格制度，有效抑制江河上游地区工业用水的过度消费现象；另外，应建立起水资源经济补偿制度。促进水资源产权更加明晰化，引导水资源高效流转。

促进各种形式的区域用水技术交流和合作，鼓励先进地区对其他地区的节水技术援助和先进节水技术、办法和管理经验的交流，促进落后地区各种用水效率的提高。

9.3　水资源紧缺与虚拟水贸易战略

水资源短缺是以中国为首的水资源紧缺国家乃至全球在 21 世纪亟待解决的问题之一。如何在水资源紧缺的前提下保障水资源安全问题，政府、学界、社会公众之间展开了广泛的讨论，从水资源优化配置的水利工程建设到提高用水效率，从水权、水价到水市场化，随着"虚拟水贸易"的提出，传统的习惯于工程措施、技术措施解决水资源短缺问题的思维得到转变，从系统思考的方法在问题发生的范围之外寻找解决问题的应对策略。本节从虚拟水的概念入手，探讨水资源紧缺与虚拟水贸易的解决思路。

9.3.1　虚拟水与虚拟水贸易相关概念

虚拟水贸易是 Allan 于 1996 年提出的新概念，是指生产商品和服务所需要的水资源量，也被称为"嵌入水"和"外生水"。前者是指特定的产品以不同的形式包含有一定数量的水，如畜产品在生产过程中要消耗大量的水资源，比如生产 1kg 牛奶需要 4.5kg 新鲜青草，0.5kg 精饲料，而 1kg 新鲜青草需要 0.28m³ 的水，1kg 麦麸需要 0.3m³ 的水。因此，生产 1kg 牛奶的水需求为牲畜饲草料的生产需用水 1.41m³；奶牛饮用水需求为 0.03m³；牛奶加工用水为 0.003m³；合计生产 1kg 牛奶的虚拟水含量为 1.45m³。后者是指进口虚拟水的国家或地区使用了非本国或非本地区的水。一种产品到底包含多少虚拟水，是由产品的生产时间、地点及用水效益等因素决定的。如干旱地区、湿润地区生产同样数量的粮食所用的水可能相差 2～3 倍。虚拟水以其非真实性、可交易性、运输便捷性、价值隐含性等特点引起了广泛的关注，与之对应的水市场被称为虚拟水贸易。虚拟水贸易概念的提出，主要是为了解决干旱或缺水地区的水资源紧缺状态，与之对应的水资源紧缺应对战略称为虚拟水贸易战略。换句话说，虚拟水战略，就是富水国家或地区通过实物贸易向贫水国家或地区输出水密集型产品，这和提高水资源用水效率一样被视为解决缺水地区水资源安全问题的有效手段。Brown 和 Halweil（1998）指出 1997 年中东和北非地区只拥有世界 5％的人口，却占有了世界粮食进口量的 25％。每年进口到中东地区的粮食的虚拟水量相当于尼罗河的年径流量。

9.3.2　虚拟水贸易的理论基础

从 20 世纪 90 年代开始，很多学者就展开了关于世界上国家间的虚拟水流动的研究，并精确地计算在主要出口国中为了出口这些粮食所需要的水资源量。虚拟水贸易战略最早由 Zimmer 于 2003 年提出，在量化虚拟水的基础上，阐述了虚拟水战略的思想。Dennis Wichelns 将比较优势理论融入虚拟水理论中，将虚拟水的研究上升到了经济增长和粮食安全等国家宏观研究的高度，并以埃及为例进行了理论研究。国内也有此方面的相关研究。程国栋（2003）首先引入虚拟水概念，并以西北干旱区为例进行说明。刘梅等研究了基于虚拟水理论的河北省水足迹时空差异。周姣和史安娜（2008）则对虚拟水贸易计算方法及实证进行了研究。许长新等（2011）则研究了虚拟水贸易对区域经济的作用机理及贡献份额。张晓宇等研究了中国虚拟水贸易结构变迁及空间分布，等等，这些研究多侧重于以虚拟水贸易缓解国内水资源的紧缺问题，或者拓展了虚拟水概念，或者改进了虚拟水贸易的计算方法。对虚拟水贸易理论基础的分析，有助于更清楚地把握虚拟水以及虚拟水贸易战略。虚拟水贸易的理论基础主要包括以下几个方面。

1. 比较优势学说

Wichelns（2004）和 Allan（1996，2003）都认为，虚拟水概念以及虚拟水

贸易学说的提出是比较优势理论在水资源方面的应用。赫克歇尔-俄林所提出的比较优势学说认为，一个国家应该生产并出口那些密集使用其丰富要素所生产的产品，进口那些密集使用其稀缺要素所生产的产品。虚拟水贸易理论拓展了赫克歇尔-俄林的劳动力、资本两要素假说，把水资源也作为一种要素，这样，水资源丰富的地区就可以生产并且出口水资源密集型的产品，水资源紧缺的地区进口水资源密集产品，并出口密集使用其他要素的产品。比较优势理论从水资源要素的角度反映和揭示了虚拟水贸易发生的动力和机制，并且对于虚拟水贸易战略也具有宏观上的战略指导意义，通过区域间水资源利用比较优势和水资源要素丰缺的分析，利用虚拟水这种无形的工具能在一定程度上缓解区域性的水资源紧缺问题，保障水资源安全。

2. 资源替代理论

资源替代从广义上讲是指随着生产规模的扩大，当面临资源要素紧缺的时候，用外部的资源替代自身资源、较高层次要素资源替代较低层次要素资源所起的作用。由于水资源的特殊性，通常认为水资源在人类社会经济发展中的作用无可取代，但从狭义的国家或区域间层面上，水资源作为一种生产要素是可替代的。通常解决水资源要素紧缺的途径有三种：一是跨地区调水工程；二是水市场机制下的水交易行为；三是虚拟水贸易。相对而言，虚拟水贸易直接用水资源密集产品的流动替代本地区参与生产的那部分水资源，绕过了实体水资源的流动，对于本地区的水资源而言，是一种水资源功能的替代。

3. 资源流动理论

资源流动是指资源在人类活动作用下，在产业、消费链条或不同区域之间所产生的运动、转移和转化，包括资源在不同行业部门、不同空间位置、不同产业组群的运动和转移。在市场机制日趋完善的背景下，资源流动机制是以市场机制为主导、政府宏观调控为补充的多层次流动机制。虚拟水贸易内涵了水资源以虚拟水形式在行业、部门和区域间的转移和流动，在全球化的背景下，虚拟水贸易必然是以市场机制为主导，通过商品流通而产生的水资源在社会经济各环节及不同区际的流动。虚拟水研究主要是从水资源利用过程和流动机理出发，通过准确估算农产品或工业产品生产和消费所需要的资源量，从而通过虚拟水流动或贸易的形式反映人类经济活动对水资源系统的影响及水资源在区域间流动过程，从而解决国家或地区水资源短缺问题，为国家或地区制定水资源安全战略提供理论基础。

4. 产业关联理论

产业关联理论又被称为投入-产出理论，侧重于研究产业之间的中间投入和中间产出之间的关系，其产业间关联系数可以由里昂惕夫的投入产出法解决。周姣和史安娜（2008）就把传统的价值型投入产出表和水资源在生产过程中的物质循环描述相结合，在投入产出模型之外构造了单独的水资源分析模块，通过改进的水资源投入产出表不仅计算了生产过程消耗的"虚拟新鲜水"，同时计算了"虚拟废水"对生产地的环境带来的负面影响。

9.3.3　虚拟水及虚拟水贸易对中国的实践指导意义

根据 Chapagain 等的研究成果，1997～2001 年，世界上虚拟水（包括农产品、畜产品及工业产品的虚拟水）出口大国为美国、加拿大、法国、澳大利亚、中国、德国、巴西、荷兰、阿根廷和俄罗斯。虚拟水进口大国是美国、德国、日本、意大利、法国、荷兰、中国、墨西哥和比利时。中国既是虚拟水出口大国也是虚拟水进口大国，年出口量 730 亿 m^3 与年进口量 631 亿 m^3 之差为 99 亿 m^3，这表明中国是虚拟水年净出口国。所以要将虚拟水贸易的量化结果与中国的水资源战略相结合，这也是以后研究的重点。

由于水资源条件和生态环境特点，历史上中国一直是"南粮北运"。但是由于南方地区经济效益的提高和粮食生产成本的上升，粮食增产减缓和消费水平上升使得粮食供求出现缺口，粮食流向格局逆转为"北粮南运"格局。而这种格局进一步加剧了北方地区水资源紧缺的状况，目前，每年"北粮南运"的粮食约 1400 万 t，若按 $1m^3$ 的水生产 1kg 粮食计算，则相当于 140 亿 m^3 的水从北方运到南方，这种布局和配置是否合理？这涉及区域水土资源及国家宏观决策问题。因此，研究通过虚拟水贸易如何利用南方丰富的水资源，提高南方粮食自给能力，减轻中国北方农业用水压力，是虚拟水贸易研究的重要方向之一。

另外，中国人均水资源量在 2012 年为 $2186.2m^3$，大约仅为世界平均水平的 1/4。2012 年全国用水量为 6131.2 亿 m^3，全国实际可能利用的水资源量约为 8000 亿～9000 亿 m^3。在充分考虑节水的情况下，用水量已经满足可接近水量的上限。因此，仅仅依靠调水工程来满足北方和西部地区日益增长的水资源需求不利于中国水资源的持续利用，虚拟水贸易在一定程度上可以缓解局部区域的水资源危机。另外，水资源紧缺地区可以考虑借鉴国际上缺水国家采用虚拟水贸易的策略策略，以资源性替代的方式解决水资源紧缺的状况，从而减少耗资性巨大的调水工程建设和维护性投资耗资。

　　总之，虚拟水及虚拟水贸易研究在中国还刚刚处于起步阶段，在其应用和发展上，应结合中国的实际，使得虚拟水及虚拟水贸易在中国的理论研究更为成熟，并能够将其理论应用到具体的问题中，使其在指导中国水资源战略管理，缓解中国水资源危机，提高中国水资源的利用效率等方面充分发挥作用。

参 考 文 献

卜庆才，陆钟武.2004.中水回用对钢铁工业水资源效率的影响.冶金能源，（2）：46-48

才惠莲.2004.中国水权制度的历史特点及其启示.湖北社会科学，（5）：36-38

畅明琦，刘俊萍.2008.水资源安全的内涵及其性态分析.中国农村水利水电，（8）：23-25

陈光，孙才志.2007.辽西生态脆弱区水资源安全研究.青海师范大学学报（自然科学版），

    （1）：88-91

陈家琦，王浩，杨小柳.2002.水资源学.北京：科学出版社

陈家秋.2004.珠江三角洲城市节水减污研究.中山大学

陈菁.2001.水管理体制基本概念的整理及分类.中国水利，（3）：25，26

陈菁.2003.流域水资源管理体制初探.中国水利，（1）：29-31

程国栋.2003.虚拟水：中国水资源安全战略的新思路.中国科学院院刊，（4）：260-265

崔琬苗，等.2009.二元水循环理论浅析.东北水利水电，（9）：7，8

崔延松.2008.水资源经济学与水资源管理理论、政策和运用.北京：中国社会科学出版社

代稳，等.2010.水资源安全研究进展.水科学与工程技术，（1）：13-16

代稳，谌红星，仝双梅.2012.水资源安全评价指标体系研究.节水灌溉，（3）：40-44

德鲁克.1987.管理：任务、责任、实践（上）.北京：中国社会科学出版社

杜建明，张路锁.2007.水利投资经济学：理论与方法.郑州：黄河水利出版社

法约尔.1908.工业管理和一般管理.北京：中国社会科学出版社

凡勃伦.有闲阶级论.北京：商务印书馆

高而坤.2001.西部地区水利政策法规建设贵在创新.中国水利，（5）：25

高而坤.2005.廓清水资源管理的几十概念.中国水利报，4：14

葛学谦，等.2008.黑河流域水资源安全指数探讨.人民长江，（5）：27，28

耿雷华，等.2008.水资源合理配置评价指标体系研究.北京：中国环境科学出版社

宫少燕，管华，陈沛云.2005.河南省水资源安全度的初步分析.河南大学学报，（3）：46-51

韩宇平，阮本清.2003.区域水安全评价指标体系初步研究.环境科学学报，（3）：267-272

何金祥.2004.美国国土资源管理的基本制度及在国土资源管理中的一些重要经验.国土资源

    情报，（7）：8-10

胡松，等.2010.喀斯特地区水安全指标体系的构建及评价模型研究.节水灌溉，（8）：58-69

胡振鹏，傅春，王先甲.2003.水资源产权配置与管理.北京：科学出版社

贾绍凤，张军岩，张士锋.2002.区域水资源压力指数与水资源安全评价体系.地理科学进展，

    （6）：25，26

贾绍凤，等.2003.社会经济系统水循环研究进展.地理学报，（3）：255-262

贾绍凤，等.2006.水资源经济学.北京：中国水利水电出版社

贾绍凤，姜文来，沈大军.2006.水资源经济学.北京：中国水利水电出版社

姜文来.2014-02-19.初论水资源管理学.http：//hwcc.com.cn/newsdisplay/newsdisplay.asp? Id＝93057

矫勇，等.2001.英国法国水资潭管理制度的考察.中国水利，（3）：41

康芒斯.1983.制度经济学.北京：商务印书馆

科斯.1990.企业、市场与法律.盛洪，陈郁，译校.北京：商务印书馆.上海：三联书店

克雷逊.2000.水资源管理中的新的伙伴关系：以法国为例.http：//www.tjwch.gov.cn/fblw/16.htm

孔茨，韦里克.2000.管理学.第10版.北京：经济科学出版社

雷社平，汪妮，解建仓.2002.论水价及其在水资源管理中的作用.兰州铁道学院学报（自然科学版），（4）：132-135

雷玉桃，蒋璐.2012.基于投入产出分析的中国城乡居民虚拟水消费研究.生态经济，（11）：78-81

李可可，邵自平.2004美国西部水权管理制度及启示.中国水利，（6）：40-43

李奎白，李星.2001.水的良性社会循环与城市水资源学.中国工程科学，（6）：37-40

李世祥，成金华，吴巧生.2008.中国水资源利用效率区域差异分析.中国人口.资源与环境，（3）：215-220

李巍，陈俊旭，于磊.2011.中国水资源优化配置研究进展.海河水利，（1）：5-9

李曦，雷海章，熊向阳.2002.我国流域管理的现状问题及对策.科技进步与对策，（3）：42

梁灵军，王树谦.2006.区域水资源安全评价研究初探.东北水利水电，（24）：12-18

刘国光.1988.中国经济体制改革的模式研究.北京：中国社会科学出版社

刘钦锐.2002.福建省水法制建设的实践与思考.http：//www.cws.net.cn/cwsnews/newshtm/gwp-f-5.htm

刘世锦.1993a.经济体横效率分析导论.上海：三联书店

刘世锦.1993b.经济体制创新的条件、过程和成本：兼论中国经济改革的若干问题.经济研究，（3）：44

刘渝，张俊飚.2014.虚拟水战略与中国农业水资源配置研究.北京：经济科学出版社

龙爱华，等.2011.社会水循环理论基础探析：科学问题与学科前沿.水利学报，（5）：505-413

吕兰军，卢兵.2012.水文在社会水循环中的作用与思考.水利学报，（3）：435-440

罗必良.2003.市场轻济离不开现代产权制度.南方日报，10

罗争玉.2004.企业的文化管理.广州：广东经济出版社

马克思.1999.资本论.北京：人民出版社

马克思，恩格斯.1990.马克思恩格斯选集.第2卷.北京：人民出版社

钱堃，朱显成.2008.水资源效率模型以及辽宁省为例的实证研究.大连工业大学学报，（6）：188-190

钱文婧，贺灿飞.2011.中国水资源利用效率区域差异及影响因素分析.资源与环境，（2）：54-60

钱正英．2012．中国水利．北京：中国水利水电出版社

秦大庸，等．2014．流域"自然-社会"二元水循环理论框架．科学通报，(4-5)：419-425

秦雪峰，夏明勇．2001．从日本的水权看我国水权法规体系的健全．中国水利，(12)

青木昌彦，奥野正宽．1999．经济体制的比较制度分析．北京：中国发展出版社

邱林，田景环，段青春．2005．数据包络分析在城市供水效率评价中的应用．人民黄河，(7)：
　　33-39

邱泽奇．1999．在工厂化和网络化的背后：组织理论的发展与困境．社会学研究，(4)：23-25

仇保兴．中国城市外调水模式陷入困境-南水北调后或将导致长江入海口遭受更大程度的咸潮
　　倒灌．http：//www.iepz.cc/New/View.aspx? ID=5965

沈满红．2006．水权交易制度研究：中国的案例分析．浙江：浙江大学出版社

沈满洪．2008．水资源经济学．北京：中国环境科学出版社

施熙灿．2010．水利工程经济学．北京：中国水利水电出版社

史普博，萨巴奇．2010．水资源经济．上海：上海人民出版社

水利部．2008-07-06.2002 年中国水资源公报．http： // www.mwr.gov.cn/ztbd/zgszygb/
　　index.asp

水利部．2008-07-11．关于水资源综合规划配置阶段工作指导意见．http： // www.hnwr.
　　gov.cn/ news/html/2005/04/20050410161329-1.htm

宋岩，刘群昌，江培福．2013．区域用水效率评价体系研究．节水灌溉，(10)：56-59

孙爱军，董增川，王德智．2007．基于时序的工业用水效率测算与耗水量预测．中国矿业大学
　　学报，(4)：547-553

孙才志，李红新．2008．辽宁省水资源相对效率的时空分异．资源科学，(10)：1142-1147

孙才志，杨俊，王会．2007．面向小康社会的水资源安全保障体系研究．中国地质大学学报
　　(社会科学版)，(1)：52-57

孙才志，王妍，李红新．2009．辽宁省用水效率影响因素分析．水利经济，(3)：1-6

孙国辉，张淑金．2000．管理学概论．北京：现代出版社

孙继伟．1998．经济学和管理学的区别．经济学家，(3)：31-33

泰勒．1999．科学管理原理．北京：团结出版社

唐纳利，吉布森，伊凡．1982．管理学基础职能·行为·模型．北京：中国人民大学出版社

田贵良，顾巍，谢文轩．2013．基于虚拟水贸易战略的缺水地区用水结构优化研究．水利经济，
　　(1)：1-6

万伟，等．2007．水资源生态环境与社会经济的关系研究．人民黄河，(1)：53-55

汪党献，等．2011．水资源与环境经济协调发展模型及其应用研究．北京：中国水利水电出
　　版社

汪恕诚．2000．水权和水市场：谈实现水资源优化配置的经济手段．http： // www.slwr.gov.cn/
　　04/ViewFile.asp? ID=2612

王浩，等．2006．基于二元水循环模式的水资源评价理论方法．水利学报，(12)：37

王浩，等．2011．社会水循环理论基础探析：定义内涵与动力机制．水利学报，(4)：379-387

王红端.2006.关于虚拟水和虚拟水贸易的探讨.北京师范大学学报，(2)：633-638

王来华，黄明健.2004.我国环境法基本制度探析.2004年武汉大学环境法研究所基地会议论
文集

王顺久，李跃清，丁晶.2007.基于指标体系的水安全评价方法研究.中国农村水利水电，
(2)：2-4

王晓，韩宝平，顾强.2003.建立我国水权交易机制的七项基本制度保障.水利发展研究，
(5)：3-22

王学渊，赵连阁.2008.中国农业用水效率及影响因素：基于1997—2006年省区面板数据的
SFA分析.农业经济问题，(3)：10-17

王亚华.2013.中国水利发展阶段研究.北京：清华大学出版社

文伯屏.2003.水资源可持续利用的法律对策.重庆大学学报（社会科学版），(5)：27

乌家培.2001.未来管理的五大趋势.中国改革报，4：17

西蒙.1982.管理决策新科学.北京：中国社会科学出版社

熊向阳.1996.水权的市场属性及水权制度的完善.中国水利，(5)：25，26

许长新，等.2011.虚拟水贸易对区域经济的作用机理及贡献份额研究.中国软科学，(12)：
110-119

许激.2004.效率管理：现代管理理论的统一.北京：经济管理出版社

许新宜，等.2007.水资源紧缺类型及其对策分析研究.北京师范大学学报（自然科学版）：
87，88

许新宜.2001.水资源合理配置是南水北调工程总体规划的理论基础.中国水利，(8)：22

杨培岭.2003.水资源经济.北京：中国水利水电出版社

杨文士，张瑾.2002.管理理论与思想的演进.http：//www.ctisz.com.cn/browseInfo.asp?
ID=1197&category=tbll

杨志云.2002.也说"包江第一案"为何失败.经济学消息报，5

姚润丰.2004.南水北调工程建设管理基本制度出台.http：//news.xinhuanet.com/
newscenter/2004-10/13/content_2085639.htm

张承耀.2004.企业管理前沿问题.北京：企业管理出版社

张德，曲庆.2002.MBA联考清华辅导教材：管理.北京：清华大学出版社

张钢.2000.跟踪国外公共管理发展的最新趋势.http：//paoscholarship.zju.edu.cn

张国兴.2014b.中原经济区水资源与社会经济发展的协调性研究.河南工业大学学报（社会
科学版），(2)：107-109

张国兴.2014a.中原经济区资源环境承载力研究.经济论坛，(1)：6-8

张杰，熊必永.2004.城市水系统健康循环的实施策略.北京工业大学学报，(2)：185-189

张曙光.1999.中国经济学和经济学家.成都：四川人民出版社

张晓慧，朱振安.2007.水利产业化研究.山东水利，(6)：34

张晓岚，等.2011.水资源安全若干问题研究.中国农村水利水电，(1)：16-19

张谊浩，陈柳钦.2003.经济全球化背景下的经济制度变迁.中国研究，(12)：21

郑通汉 . 2003. 论水资源安全与水资源安全预警 . 中国水利，（6）：19-23

中共中央党史研究室 . 1999-08-31. 1950. 把梦想变为现实：为建设社会主义现代化强国而奋
　　斗的人民日报，（9）：33

中国大百科全书出版社编辑部 . 1983. 中国大百科全书环境科学（卷）. 北京：中国大百科全
　　书出版社

周姣，史安娜 . 2008. 区域虚拟水贸易计算方法及实证 . 中国人口 . 资源与环境，　（4）：
　　184-188

周霞，等 . 2001. 我国流域水资源产权特性与制度建设 . 经济理论与经济管理，（12）：11-15

朱尔明，赵广和 . 2002. 中国水利发展战略研究 . 北京：中国水利水电出版社

朱启荣 . 2007. 中国工业用水效率与节水潜力实证研究 . 工业技术经济，（9）：48-53

朱群芳 . 2013. 人口、资源与环境经济学概论 . 北京：清华大学出版社

朱淑枝，吴能全 . 2004. 论水权的起源及其管理 . 学术研究，（5），34

邹君，严大贤 . 2012. 湖南呈现居民虚拟水消费结构及其用水效率评价 . 资源开发与市场，
　　（10）：89

Allan J A. 2003. Virtual water-the water, food, and trade nexus useful concept or misleading
　　metaphor? IWRA, Water International, 28 (1)：4-11

Allan J A, Karshenas M. 1996. Managing Environmental Capital：The Case of Water in Isael,
　　Jordan, the West Bank and Gaza, 1947-1995//Allan J A, Court J H. Water, Peace and
　　the Middle East：Negotiating Resources in the Jordan Basin. I. London：Taurus Publishers

Brown L R, Halweil B. 1998. China's water shortage could shake world food security. World
　　Watch, 11 (4)：10

Coase R H. 1937. The nature of the firm. Economica，4：386-405

Coase R H. 1960. The problem of social cost. Journal of Law and Economics，3：1-47

Hardin G. 1968. The tragedy of the commons. Science，168：1243-1248

Kast F E, Rosenzweig J E. 1970. Organization and management：A systems approach. NY：
　　McGraw Hill

Taylor F W. 1911. The principles of Scientific Management. New York：Harper Bros

Wichelns D. 2004. The policy relevance of virtual water can be enhanced by considering
　　comparative advantage. Agricultural Water Management，66：49-63

Wichelns D. 2010. Virtual water：a helpful perspective, but not a sufficient policy criterion.
　　Water Resource Management，24：2203-2219